Bernhard Thill

# Unbekannter
# Breisgau

Streifzüge in die Geschichte
und die Welt der Sagen
und Legenden

Bernhard Thill

# Unbekannter Breisgau

Streifzüge in die Geschichte
und die Welt der Sagen
und Legenden

rombach verlag

Auf dem Umschlag: Burgruine Staufen

Bibliografische Information der Deutschen Nationalbibliothek

Die Deutsche Nationalbibliothek verzeichnet diese Publikation in der Deutschen Nationalbibliografie; detaillierte bibliografische Daten sind im Internet über <http:/dnb.d-nb.de> abrufbar.

## Impressum

© 2018. Rombach Verlag KG, Freiburg i.Br. / Berlin / Wien
1. Auflage. Alle Rechte vorbehalten
Umschlag: Bärbel Engler, Rombach Verlag KG, Freiburg i.Br. / Berlin / Wien
Satz: Martin Janz, Freiburg i.Br.
Druck: Rombach Druck- und Verlagshaus GmbH & Co. KG, Freiburg i.Br.
Printed in Germany
ISBN 978-3-7930-5169-5

# Inhalt

# Vorwort

Der Erfolg des Stadtführers »Unbekanntes Freiburg«, den ich zusammen mit Astrid Fritz geschrieben habe, hat mich dazu ermuntert, diesen Nachfolgeband zu verfassen. Nach wie vor ist die
Triebfeder das Interesse für die Region und deren vergessene oder
verborgene Geschichte. Die Vorstellung, dass auch der Ort, an dem
wir wohnen, wo wir unseren Alltag verbringen, voller Überraschungen und Rätsel steckt, liegt uns erst einmal fern. Doch schauen wir
genauer hin und erfahren etwas über diesen oder jenen Platz, dann
sehen wir ihn mit anderen Augen: Verstaubte Sagen werden wieder
lebendig, und wir wundern uns, was hier schon alles geschehen ist,
welche Rätsel und Geschichten es um ein Haus, eine Statue, einen
Berg gibt. Die Recherchen haben eine Vielzahl von Hinweisen auf
Verborgenes, Verrücktes und Verwunderliches gebracht. Lange nicht
alle konnten hier ihren Niederschlag finden. Der an der Region, dem
Breisgau Interessierte soll mit diesem Buch auch dazu angeregt werden, selbst zu forschen, nachzufragen, sich in den vielen Museen zu
informieren. Die Bibliographie gibt dazu eine Hilfestellung. Viele Themen und einige Hinweise beziehen sich auch auf das »Unbekannte
Freiburg« und sind mit dem Kürzel »UF« und der Seitenzahl versehen.
Orte des Breisgaus sind im Text fett hervorgehoben, außerdem kann
man im Register schnell den Namen eines gesuchten Ortes oder einer
Person finden.

Wer sich etwas mit der Geographie des Breisgaus befasst, wird bald
merken, dass es gar nicht so einfach ist, seine Grenzen festzu-
machen. Nach Norden hin begrenzt traditionell der **Bleichbach**
(ehemals »Bleiche«) das Gebiet und im Westen der Rhein. So weit,
so klar. Wer sich aber um die Ostgrenze bemüht, stellt fest, dass
**Elzach** noch zum Breisgau gehört – noch nicht zum Schwarzwald –
und dass jenseits von **Kirchzarten** Unklarheit herrscht. Ich habe
mich dafür entschieden, das Höllental zum Schwarzwald – also
nicht mehr zum Breisgau – zu zählen. Der Schauinsland erschien
mir wichtig als Hausberg **Freiburgs**, der Feldberg hingegen gehört
nicht mehr ins Gebiet. Auch nach Süden hin bestehen verschiedene Vorstellungen, wo genau die Grenze zum Markgräflerland
verläuft. **Staufen** hat den Zusatz »im Breisgau«, in einigen Schriften ist dann die Rede von Seefelden als südlichstem Breisgauort,
viele Bewohner von Heitersheim sehen sich aber als Markgräfler an.
Wenn man bedenkt, dass zeitweise der Breisgau bis Basel reichte!
Entsprechend divergent sind auch die Eintragungen in den gängi-
gen Landkarten ...

Nach Materiallage ziehe ich die Linie bei **Eschbach**, so ist die vielfach gelesene Vorgabe »südlich der **Staufener** Bucht« eingehalten. Die Artikel zu Beginn eines Kapitels sind thematisch oder chronologisch, in der Rubrik »Vor Ort« in der Regel geographisch, von Nord nach Süd, angeordnet.

Bleibt nur noch, die Bewohner der Region zu beschreiben. Dies überlasse ich einem Werk mit dem Titel »Das Großherzogtum Baden« von 1885, in dem es heißt:

> Der durch den ganzen Breisgau an der westlichen Abdachung des Schwarzwaldes und dessen Vorthälern herrschende Weinbau bringt wohl etwas rascher wallendes, reizbares Blut, aber die dem Volk angeborene Klugheit und Besonnenheit macht es erklärlich, daß dennoch verhältnismäßig wenig gewaltthätige Ausschreitungen vorkommen. Ausnahmen kommen allerdings auch vor, wie z.B. in einzelnen Dörfern des Kaiserstuhls und des Hachbergischen. [...] [B]esonders in den Thälern hinter Freiburg, wohnt eine echt alemannische Bevölkerung, hochgewachsen, blondhaarig, während an dem Kaiserstuhl [...] sich besonders in den westlichen Orten in Wesen und Sprache viel Übereinstimmendes mit dem benachbarten Elsaß nachweisen läßt.

*Bernhard Thill*

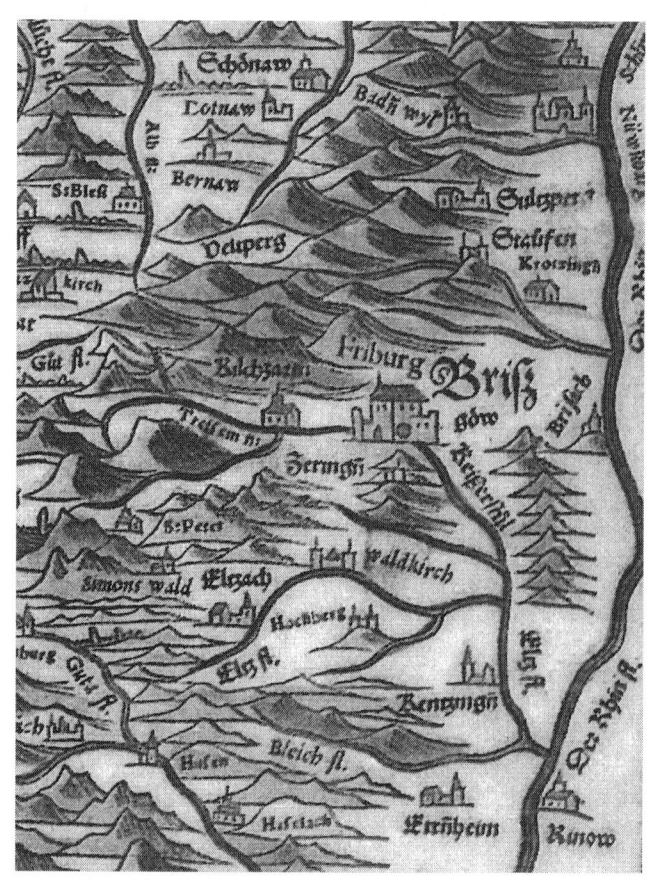

# Facetten des Breisgaus

So vielfältig die Landschaft des Breisgaus ist, so reich an Geschichte und Geschehnissen ist sie auch. Vieles, was nicht an konkrete Orte gebunden ist, hat dennoch seinen Charme, oder ist einfach bemerkenswert. Die folgende, chronologische Sammlung soll erste Eindrücke aus dem Gebiet vermitteln, Anregungen auch, sich mit der Region insgesamt zu beschäftigen, vielleicht sogar selbst zu recherchieren oder gar zu forschen. Denn es lohnt sich ...

### Das Gespensterheer

Aus den Jahren 1123 und 1516 ist eine makabre Prozession überliefert, die als das »wütende Heer« in den Sagenschatz Badens und des Elsasses einging. Laut Augenzeugenberichten aus allen Gegenden des Oberrheins handelte es sich um im Krieg Gefallene, die in Rüstung und mit Pfeifen und Trommeln durch die Gegend zogen. Der eine trug seinen Kopf, der andere seine Innereien, der dritte sein abgeschlagenen Bein, und voraus lief einer, der fortwährend rief: »Abweg, abweg, daß niemand nichts geschehe!« Die Anzahl der »grausamen Gespenster« schwankte je nach Ort zwischen 10 und 500 Wiedergängern.

Eine **Freiburgerin** erkannte ihren Mann in dieser grausigen Schar und lief auf ihn zu; da bemerkte sie, dass sein Schädel gespalten war. Trotz des Schreckens verlor sie ihren Mut nicht und band ihn mit ihrem Schleier zusammen. Für diese couragierte Tat erhielt sie als Belohnung einen großen Goldbecher. Nicht allen bekam der Kontakt mit dem Jenseits so gut; so mancher starb nach Berührung mit einem der Geister.

### Der feurige Himmelsstein

Am 15.6.1143 landete auf dem **Breisacher** Münsterberg ein Meteorit und blieb vor einem Türflügel des Münsters liegen. Die Annalen des Klosters St. Blasien beschreiben ihn als »feurigen Stein gleichsam einer glühenden Masse von Eisen«. Gewöhnlich deutete man diese Himmelserscheinungen als Zeichen Gottes, der mit den Menschen unzufrieden ist. Häufig wurde der »Meteorschlag«, ähnlich wie bei den Kometen (s.u.) auch als Vorzeichen eines nahenden Krieges gesehen. In katholischen Gegenden bespritzte man daraufhin das betroffene Gebäude mit Weihwasser, was in unserem Fall schnell zur Hand gewesen sein dürfte ...

### Der Kinderkreuzzug

Ein unheimlicher Zug soll sich im Jahre 1212 am Rhein entlang und durch den **Breisgau** gen Mittelmeer bewegt haben. Tausende von Kindern und Jugendlichen sollen unter Führung eines Zehnjährigen als Endziel das Heilige Land gehabt haben, um es von den muslimischen Herrschern zu erobern. Siegessicher schritten sie einher und waren von der Prophezeiung erfüllt, das Mittelmeer würde sich vor ihnen teilen und sie könnten Jerusalem ohne Waffen, nur mit Worten befreien. Dass das ganze Unternehmen elendig scheitern musste und unzählige Opfer forderte, ist uns Heutigen klar. In jener tiefgläubigen Zeit aber waren Himmelserscheinungen und Visionen, wie es uns die zahlreichen Heiligengeschichten lehren, keine Seltenheit. Zwei Hirtenknaben hatten angeblich im Frühjahr desselben Jahres an unterschiedlichen Orten eine himmlische Offenbarung erfahren (bei Vendôme der junge Schafhirte Stephan, bei Köln der etwa zehnjährige Hirtenknabe Nikolaus). Der Verdacht drängt sich auf, dass sie eine Anleitung hatten, vielleicht sogar »Helfer«. Was Stephan und Nikolaus ihren Anhängern predigten,  entsprach genau dem Credo der Franziskaner: In Armut, Frieden und ohne Waffen durch die Welt zu ziehen und dabei die Ungläubigen allein durch Gottes Wort und gelebten Glauben zu  bekehren. Und wer wäre hierzu besser geeignet als unschuldige Kinder und Jugendliche aus den untersten Schichten, die ohnehin nichts zu verlieren hatten? Dazu würde auch passen, dass der  eine Knabe Nikolaus auf seinem Gewand ein Kreuzzeichen in der Form eines T getragen haben soll, genau wie Franz von Assisi ... Neugierig geworden? Lesen Sie Näheres in dem Roman »Unter dem Banner des Kreuzes« von Astrid Fritz.

## Schweifende Boten

Neben den oben erwähnten Meteoriten wurden auch auftauchende Kometen über Jahrhunderte als Vorboten außergewöhnlicher Ereignisse angesehen, die Gott als Zeichen für die Menschen geschickt habe. Das Handwörterbuch des deutschen Aberglaubens nennt folgende Vorausdeutungen in Gedichtform aus dem Jahre 1579:

> Achterley unglück ein Comet
> Bedeut, wann er am Himmel steht:
> Gross wind, gewessr, unfruchtbarkeit,
> Pestilenzisch seuch und grossn neid,
> Erdbeben und eins Fürsten end,
> Darzu endrung im Regiment.

Kometen,
wie man
sie früher sah

Ein solcher Himmelsbote Gottes zeigte sich auch im **Breisgau** ausgerechnet im Jahr 1618 und es ist nur verständlich, dass man ihn mit dem Beginn des Dreißigjährigen Krieges im selben Jahr in Verbindung brachte. Als Abwehrmaßnahmen gegen den Kometen wurden häufig die Mittagsglocken geläutet. Die Häuser, über

denen die Himmelserscheinung sichtbar wurde, waren mit Weihwasser einzusegnen. 1680 erließ die österreichische Regierung in
Wien das Verbot jeglicher Art von Vergnügungen, um Gottes Zorn
zu beschwichtigen. Es wurde per Dekret bestimmt, »daß in dero
Erbländern alles üppige und ruchlose Wesen gänzlich abgeschaffet
und wöchentlich gewisse Fest-, Buß- und Bettage gehalten werden
sollen«. Im 17. Jahrhundert wurden aber auch nichtchristliche Methoden ersonnen. So prägte man Kometenmedaillen, auf denen auf
der Vorderseite ein Schweifstern zu sehen war, auf der Rückseite
aber der Spruch: »Der Stern droht böse Sachen – Trau nur Gott –
wirds wohl machen.« Wurden sie, wie angenommen wird, auch als
Schutz-Talismane getragen?

### Der große Brautzug

Die Politik der Kaiserin Maria Theresia beruhte bekanntlich auf
der Verheiratung ihrer vielen Kinder mit verschiedenen Prinzen
und Prinzessinnen in ganz Europa. Besonders wichtig aber pre-
kär war die Alliance mit dem ehemals verfeindeten französischen
Königshaus der Ludwige. Da eine Ehe des XV., der lieber mit Ma-
dame Dubarry das Bett teilt, nicht in Frage kommt, und, so Stefan
Zweig, »Kaiser Joseph, zum zweitenmal verwitwet, […] keine rechte
Neigung [zeigt], sich mit einer der drei altbackenen Töchter Lud-
wigs XV. verkuppeln zu lassen«, so fällt das Los auf den zukünf-
tigen König (Ludwig XVI.). Schon 1766 kann man die elfjährige
Marie Antoinette in Erwägung ziehen, die dann vier Jahre später
– mit 14 – offiziell verheiratet wird. Zuvor müssen aber viele dip-
lomatische Hürden überwunden werden. Damit keines der adligen
Häuser im Protokoll vernachlässigt wird, kommt man schließlich
auf den genialen Plan, das Mädchen auf einer Rheininsel bei Straßburg in einem extra gebauten Holzpavillon von den habsburgischen
Kleidern zu entledigen und französische anzulegen.

1770 ist es dann soweit: Der Brautzug, der allein 340 Pferde zählt,
die bei jeder Poststation gewechselt werden müssen, setzt sich in
Bewegung, von Wien aus über Oberösterreich, dann nach Bayern.
Vom Höllental herkommend, das extra für diesen Anlass befahrbar
gemacht wurde, bewegt sich der Tross von 57 Wagen mit 21 Sechs-
spännern, die besonders prächtig geschmückt sind, Richtung Freiburg. Insgesamt sollen so über 250 Personen Richtung französische
Grenze transportiert worden sein. Das »Arma-Christi-Kreuz« in Zarten (Urbershof) war zu Ehren des Brautzuges aufgestellt worden. In
**Freiburg** schreitet die Prinzessin durch Ehrenpforten aus Holz (vgl.
UF, 50) von reichen Bürgern wird das Tafelsilber entlehnt, um die
vielen Gäste bewirten zu können. Da man Menschenaufläufe be-

fürchtet, sind die Wachen überall in der Region verstärkt worden. Die **Opfinger** Bürger müssen damit rechnen, im Falle eines Brandes – jeder mit einem Eimer – in Freiburg löschen zu müssen.

Schließlich kommt der Zug auf der Insel an, die jüngste Tochter der Kaiserin wird an Frankreich übergeben und, niemand ahnt es zu diesem Zeitpunkt, wird nie mehr an den heimatlichen Hof in Wien zurückkehren. Stattdessen wird sie am 16.10.1793 öffentlich guillotiniert ...

### Diplomatische Herkules-Arbeit

Nicht vielen Kennern des Breisgaus dürfte die folgende Geschichte aus der Geschichte geläufig sein, obwohl sie in der näheren Vergangenheit, um 1800, spielt. Damals wurde der **Breisgau** wieder einmal neu »verteilt«, als nach dem Frieden von Campo Formio ein gewisser Herzog Herkules III. von Modena die Stadt Freiburg und das Umland als Entschädigung von Österreich bekommen sollte. Der zierte sich aber, das »Geschenk« anzunehmen, da das Gebiet angeblich nicht genug abwerfen würde. Erst nach weiteren Verhandlungen und der zusätzlichen Abtretung der Ortenau willigte er ein. Drei Jahre später ging dann unsere Region an den Landesadministrator Erzherzog Ferdinand von Österreich, der selbst allerdings nie im Breisgau gesehen wurde. Dessen Vertreter vor Ort war Herrmann von Greiffenegg (vgl. UF, 96), der seine Beamten anwies, für den Italiener eine Art Volkszählung vorzunehmen, in der auch wichtige Informationen zur örtlichen Wirtschaft aufgenommen wurden.

Marie Antoinette:
Mit 14 verheiratet ...

... weil die Mama
Maria Theresia
es so wollte

Die Regentschaft des Herzogs Herkules dauerte aber nur drei Jahre. Im Pressburger Frieden von 1805 ging der Breisgau dann an den Kurfürsten von Baden. Nicht aber die Akten, die Greiffenegg – völkerrechtswidrig – nach Wien schickte. Die Spur wird nun dünner und man findet die Papiere erst wieder vor dem Ersten Weltkrieg im Wiener Staatsarchiv. Als Kriegsverlierer musste Österreich 1919 viele Archivakten an Italien ausliefern. Da die breisgauischen mit dem Vermerk »Modena« versehen waren, landeten sie eben auch im dortigen Staatsarchiv, nur einen Katzensprung vom Herzogspalast des Herkules entfernt.

*Erst 1987 entdeckt:*
*Das Wappen für*
*den Breisgau*

Hier schlummerten und verstaubten die ca. vier Meter Papiere, bis der Freiburger und Bundestagsabgeordnete Hermann Kopf sie 1956 dort entdeckte und nun alle Hebel in Bewegung setzte, damit sie an ihren Heimatort zurückkämen. Er hatte die Rechnung aber ohne die sturen Italiener gemacht, die sich weigerten, die Akten herauszugeben. Erst 1985 kam Bewegung in die Sache, als das Wissenschaftsministerium interveniert hatte. Die italienischen Stellen erlaubten jetzt, die Akten auf Mikrofilme aufzunehmen. Fast 35 000 Fotos wurden gemacht – die beim Transport aus dem Zug gestohlen wurden. Schließlich konnte, nach erneuten Aufnahmen, im November 1987 der Direktor des Staatsarchivs, Bernd Ottnad, die Filmrollen in Empfang nehmen, nach 30 Jahren »babylonischer Gefangenschaft«. Ein Kleinod fand sich auf den Filmen außerdem: Herzog Herkules hatte für seine neuen Lande extra ein Wappen (s. Abbildung) entwerfen lassen, das nie zum Einsatz kam und so erst 1987 entdeckt wurde.

### Abschied von der Heimat

Vor allem der indonesische Vulkanausbruch 1815 mit seinen katastrophalen Folgen für Fauna und Flora (vgl. Kapitel »Tragödien und Katastrophen«), das starke Bevölkerungswachstum, schließlich auch die zunehmende Industrialisierung waren Gründe für viele Breisgauer, ihre Heimat zu verlassen, um in der Neuen Welt, ganz selten auch auf anderen Kontinenten, einen Neuanfang zu suchen. Vielerorts konnte oder wollte man mittellose Familien nicht mehr vom Gemeindesäckel ernähren und verkaufte Land, um so Geld für die »Abschiebung« dieser Kostgänger zu erzielen. **Pfaffenweiler** beispielsweise verkaufte ein Stück Baumland im Gewann »Afrika«, das so genannt wurde, weil ein Teil der Auswanderer dorthin emigrieren sollte. 1853 schickte man 27 Familien, insgesamt 136 Bewohner, fort. Ein Kreuz in Jasper, Indiana (1847) wurde nach einem Gelöbnis wegen glücklicher Überfahrt für elf Familien gestiftet, nachdem deren Schiff auf dem Atlantik in einen Tage dauern-

*Werbeanzeige für*
*die große Überfahrt*
*ins Ungewisse*

*Warten auf das Schiff: Auswanderer im 19. Jahrhundert*

den Sturm geraten war. Der ganze Ort Jasper bestand ursprünglich aus Pfaffenweilerern.

Zwischen 1845 und 1855 verließen etwa 130 000 Menschen Baden, das entsprach zehn Prozent der Bevölkerung. Nachdem 1868 der Bergbau im **Münstertal** stillgelegt worden war, wurden auf einen Schlag 400 Bergleute arbeitslos.

Nicht immer glückte die Überfahrt, waren die Menschen Werbeanzeigen auf den Leim gegangen, die die schnelle Reise nach Amerika anpriesen (s. Abbildung). Ein Brief des Handlungskommis Fritz Maier vom 20. März 1817 aus Amsterdam, wo viele Flüchtlinge Zwischenstation nach Amerika nehmen mussten, beschreibt deren verzweifelte Lage: »Mit den Auswanderern ist es ein wahres Elend. Scharenweise sieht man die Leute herumlaufen, und zum größten Teil schmachten sie in der größten Not. Die Menschen wissen teils nicht, wieviel die Reise kostet, teils glauben sie, [...] von dem Capitain auf Borg angenommen zu werden, und es in Amerika durch Arbeit wieder abverdienen zu können. Allein kein Capitain nimmt neuerdings mehr Passagiere ohne Vorausbezahlung an. Zum Umkehren entschließt sich nicht leicht einer; zu Hause ist alles verkauft, und Scham kommt auch dazu. Da bleibt am Ende nichts übrig, als sich hier aufs Betteln zu verlegen ...«. Die Gemeinden kümmerten sich allerdings nicht mehr um das weitere Schicksal der Ausgebürgerten. Nur Einzelnen gelang die erfolgreiche Rückkehr.

Ein Gutteil der Flüchtlinge starb gar an Hunger oder Cholera irgendwo unterwegs – oder, wie die Ehefrau des Andreas Hutter aus

**Opfingen**, die ihrem Mann mit den Kindern nach New York folgen wollte, ging mit dem Schiff unter, in diesem Fall kurz vor der Ankunft, der amerikanischen Küste.

Auch wer das Ziel seiner Hoffnungen erreichte, fand nicht immer entsprechende Bedingungen vor: Ein Notruf 1845 aus Venezuela spricht von hartem Mangel, viele erlagen auch Krankheiten, die dem, zum Teil tropischen, Klima geschuldet waren. Geradezu herzzerreißend ist das Schicksal der Familie Strohecker, ebenfalls Opfinger Ex-Bürger, die den beschwerlichen Weg über Marseille nach Algerien nahmen. Ende Juli 1854 kam die Frau ins afrikanische Spital und gebar am 2.8. dort ein Mädchen. Der Ehemann Johann Georg wurde aufgrund eines Zusammenbruchs in der sengenden Hitze in dasselbe Krankenhaus gebracht und starb, ohne dass die Frau davon erfuhr. Kurz darauf sterben Tochter und Ehefrau. Von den fünf Kindern überleben daraufhin drei das Leben in der Fremde nicht. Die beiden übrigen kehren nach Opfingen zurück ...

### Schneckenpost

Viel Geduld brauchte man Mitte des 19. Jahrhunderts, wenn man mit den öffentlichen Verkehrsmitteln reisen wollte. Diejenigen, die heute mit dem Auto in ca. einer Viertelstunde von Breisach nach **Bad Krozingen** fahren, hätten wohl nur ein mitleidiges Lächeln übrig für die Benutzer der Pferdekutschen ehemals. Ab 1864 gab es eine Postkutschenverbindung zwischen **Breisach** und Krozingen, deren »Fahrplan« (mit Zwischenzeiten, nicht Zeitverlauf!) so aussah:

| Ort | Dauer zwischen Halten |
|---|---|
| Breisach | 0 Minuten |
| Hochstetten | 32 Minuten |
| Grezhauser Weg | 68 Minuten |
| Oberrimsingen | 18 Minuten |
| Hausen a.d. Möhlin | 34 Minuten |
| Biengen | 24 Minuten |
| Krozingen | 26 Minuten |
| **insgesamt:** 3 Std. | **22 Minuten** |

Bei einer Entfernung von ca. 20 km entspricht das einer Geschwindigkeit von 5,9 km/h. Man konnte also bequem während der Fahrt Blumen pflücken...

## Der (angeblich) erste Strafzettel

»Grossh. Bad. Bezirksamt                    Waldkirch, den 16. Mai 1895

Sehr geehrter Herr Gütermann! Sie werden hiermit mit M 3.- (drei Mark) in Strafe genommen, weil Sie am gestrigen Sonntag mit Ihrem Benz-Motor-Pferd nachmittags zwei Uhr mit einer derartigen Geschwindigkeit durch **Denzlingen** gefahren sind, dass in einer Wirtschaft die Vorhänge geflattert haben. (gez.) Krohn, Oberamtmann.«

Mit diesem Brief wurde der Nähseidenfabrikant aus **Gutach** zum allerersten Temposünder – und nun scheiden sich die Geister: ... der Welt?

Doch beginnen wir von vorn: Herr Alexander Gütermann war gewiss der erste Besitzer eines »Motor-Pferdes« (siehe Strafzettel!) im gesamten Elztal, dessen ist sich Urenkelin Alexandra Gütermann sicher. Die Autorin der Familienchronik erzählt auch, dass sich so manche Bäuerin bekreuzigte, wenn der Unternehmer mit seinem Gefährt mit der schwindelerregenden Geschwindigkeit von maximal 30 km/h über die noch nicht asphaltierten Wege bretterte. Vielleicht hielten sie das Vehikel auch für einen Zauber, denn der Motorwagen Benz Viktoria sah aus wie eine Kutsche ohne Pferde.

Die Geschichte mit dem Strafzettel ist jedoch komplizierter als man denken könnte: Auch die Nachfahrin des Rasers besitzt nicht das Original-Dokument, Spezialisten halten es denn auch für eine Abschrift und zwar mit Schreibmaschine. Genau jene wiederum hatte die Firma Mercedes Benz aber 2016 für eine Werbeanzeige benutzt und großspurig behauptet, es handele sich um den »ersten Strafzettel der Welt«. Schnell hatten dann Experten bemerkt, dass man im Jahre 1895 noch nicht mit Schreibmaschine geschrieben habe, zumindest nicht in den Amtsstuben. Der Oberamtmann war dann auch erst ab 1899 in **Waldkirch** im Dienst. Ob die einzig denkbare Wirtschaft in **Denzlingen** auch wirklich Vorhänge hatte, die flattern hätten können, sei dahingestellt – diese Frage wurde aber ebenfalls erörtert.

Eines steht allerdings fest: Der oben zitierte Brief existiert noch, im Archiv des Automobilmuseums »PS.Speicher« in Einbeck/Niedersachsen.

Man kommt der Wahrheit wohl am nächsten, wenn man zusammenfasst: Dieser Strafbrief stellt die einzige Abschrift aus der Zeit nach 1910 des wahrscheinlich ersten Strafzettels für zu schnelles Fahren dar.

### Der Elzach-Dollar

*Not macht erfinderisch: Elzacher Ersatzgeld*

Das Jahr 1923 ist wegen der großen Inflation in die Geschichte eingegangen, die bereits im Jahr 1919 begonnen hatte. Binnen kürzester Zeit verliert die Reichsmark immer mehr an Wert. So steht der Dollarpreis im November 1921 bei 300, im August 1922 aber bereits bei 1040 Mark. Die Entwertung wird sich bis Oktober 1923 auf den Dollarkurs von 80 Milliarden Mark erhöhen. Im Alltag ergibt dies absurde Zahlen: Eine Zigarette kostet im Dezember desselben Jahres 50 Mrd. Die Geldscheine haben oft nicht mehr den Wert des Papiers, auf dem sie gedruckt wurden.

Viele Gemeinden sinnen auf Wege, wie man wieder vernünftig handeln könnte. **Elzach** löst das Problem, indem es ein Notgeld in Dollar-Währung ausgibt (siehe Bild). Und das nicht, weil besonders gute Kontakte zwischen der Stadt und den USA bestanden hätten ...

## Mikrofilm und Mäuse

Von außen wirkt der Barbarastollen wie viele andere ehemalige Bergwerkseingänge. Doch der Inhalt dieses Tunnels in **Oberried** ist einzigartig – womit wir gleich beim Thema sind. Denn um Unikate geht es, Kulturzeugnisse, die so einzig sind, dass sie für alle Zukunft, auf Mikrofilm aufgenommen, bewahrt werden sollen. Grundlage ist die Haager Konvention zum Schutz von Kulturgut bei bewaffneten Konflikten vom 14.5.1954. Mit typisch deutscher Gründlichkeit lagern hier seit einigen Jahren in über 1500 Fässern über eine Milliarde Mikrofilmbilder. Symbolträchtig wurde übrigens 2016 das Grundgesetz als 1 000 000 000. Bild hier eingebunkert. Falls keine neuen Fässer angeliefert werden – was höchstens dreimal im Jahr geschieht – herrscht hier das absolute Dunkel. Höchstens lösen Mäuse das Meldesystem aus und die Polizei muss anrücken. Zum Schluss noch ein paar Zahlen: Die Mikrofilmrollen messen zusammen ca. 34 000 Kilometer und der Stollen soll sie ungefähr 500 Jahre lang konservieren – also doch nur die halbe Ewigkeit!

## Rekord im Galopp

Ein Wunschtraum für viele Menschen ist es, einmal im Guinness Buch der Rekorde zu stehen. Wohl eher selten liegt der Fall wie bei der folgenden Geschichte um ein Foto.

Es ist Herbst 1963. Peter Thomann aus **Emmendingen** ist mit seiner Kamera unterwegs, als er zweier Pferde gewahr wird, einer Stute mit ihrem Fohlen. Das Junge ist auffallend heller als die Mutter und läuft neben ihr her. Thomann zückt sei-

*Inflationäres Plagiat: Das Pferdle-Motiv*

ne Kamera und drückt ab – ein einziges Mal. Das Besondere: das Fohlen trabt beim Davonlaufen so neben der Stute, dass es mit ihren Beinen völlig synchron läuft, der Rest des Körpers hebt sich deutlich von dem dunklen Muttertier im Hintergrund ab. Dieser rührende »Gleichschritt« verschafft dem Bild den Titel des weltbesten Fotos. Doch damit nicht genug: Die Abbildung animiert bald zahllose Pferdeliebhaber, sie zu kopieren; und in diesem Zusammenhang steht der Rekord: 1996 wird das Foto ins Guinness-Buch als die meistkopierte Fotografie eingetragen. Und das nicht immer zum Gefallen des Urhebers. Noch einen drauf setzte die Verwaltung des US-Bundesstaates Kentucky: Sie ließ das Motiv kurzerhand auf alle seine Nummernschilder drucken: insgesamt ca. 3,5 Millionen Mal. Inzwischen haben die Amerikaner wohl ein Einsehen gehabt, denn neuerdings gibt es keine Schilder mehr mit den Pferdchen.

## Alle Jubeljahre

Die einen können es kaum erwarten, bis ein Ortsjubiläum ins Haus steht und sprühen vor Einfällen, wie man das Dorf, die Stadt ins beste Licht rücken und nebenbei viele Touristen anziehen könnte. Die anderen werden von der runden Jahreszahl überrumpelt und tun sich schwer mit dem Erbe, oder mit der Finanzierung des Festes: In **Freiburg** gab es 2017 heftige Diskussionen um das Budget für 900 Jahre »Friburgum« im Jahr 2020 – wobei dessen Gründungsjahr 1120 von Historikern angezweifelt wird (vgl. UF, 12f).

Auch für die beiden ersten Probleme gibt es im Breisgau beredte Beispiele.

Für **Pfaffenweiler** war es klar: 1966 stand das 1250-jährige Bestehen auf dem Kalender und man beging das Jahr mit Festen und Feiern, mit viel Wein, Weib und Gesang. Eine Kleinigkeit passte aber nicht so ganz. In den historischen Quellen, vor allem der St. Galler Urkunde Nr. 3, ist zwar ein hiesiger Ort erwähnt, dummerweise heißt er dort aber »Openwilare«, von »Pfaffenwilare« keine Spur! Um gemeinsam mit dem Nachbarort **Ebringen** (erste Erwähnung 717/8) der älteste Breisgauort (!) sein zu dürfen, nahm man's dann nicht so genau, sprach und schrieb von einer untergegangenen Vorgängersiedlung und übertönte die Zweifel mit einer – zugegeben eindrucksvollen – historischen Feier inklusive Ausstellung zum Thema.

Das Dorf **Heuweiler** wurde 1266 erstmals erwähnt, so steht es im Kreiswappenbuch und im Landkreisbuch seit langem – und in der Ortsbroschüre. Von einem »Johannes von Heinwiler« ist angeblich in einer Urkunde der Deutschordenskommende Beuggen am Hochrhein die Rede. Damit war 2016 eine 750-Jahr-Feier fällig (denn in diesem Fall stimmt der Name inklusive Sprachwandel überein!). Erst im März des Jahres aber fiel dies jemandem im Rathaus auf und man begann – nach einem Vierteljahr – zu überlegen, wie man diesen runden Geburtstag der Gemeinde begehen könnte. Die Badische Zeitung titelte: »Heuweiler wacht auf: Wir sind 750!« Reichlich spät, denn in aller Regel gehören zu einem anständigen Jubiläum Veranstaltungen, Gäste, Feiern, Broschüren. Also kein Umzug, keine Festschrift? Lange waren am Ortseingang die Lettern »Wir haben's verpennt« zu lesen. Aus der Patsche half schließlich Historiker Dargleff Jahnke, der herausfand, dass es im Oberbadischen

Geschlechterbuch einen Fehler gegeben und dass man diesen brav in den Folgejahren abgeschrieben hatte. Die früheste Erwähnung des kleinen Ortes sei 1275 erfolgt. Auf ein Neues im Jahr 2025?

## Fernseh-Fiktionen

Wer erinnert sich nicht an die »Schwarzwaldklinik« mit Dr. Brinkmann? Viele wissen auch, wo das Vorbild für die Serie steht – im Glottertal.

Die malerische Kulisse für die Fernsehklinik bot der Carlsbau, ursprünglich eine Kurklinik der Landesversicherungsanstalt Württemberg. Aufgrund der geschickten televisionären Verknüpfung von Klinikalltag mit romantischer Landschaft pilgerten in den 80er-Jahren Tausende von Touristen ins Tal. Die Drehorte im Schwarzwald, allen voran das Glottertal, wurden zum Mekka der Arztromantiker. Um die Jahreswende 1985/86 war die »Schwarzwaldklinik« sowohl im Fernsehen wie auch in der einschlägigen Presse ständiges Thema. Als 1986 wieder mit den Dreharbeiten begonnen wurde, war der Zuschauerandrang so groß, dass das ZDF das Areal weiträumig absperren musste.

Dabei entsprachen die Lokalitäten keineswegs den Erwartungen der angereisten Fans: In der Sendung wurde durch den Schnitt der Eindruck erweckt, als würde sich der Titisee sozusagen nebenan befinden, der Drehort für das Wohnhaus der Arztfamilie befindet sich in Wirklichkeit weitab, im 60 km entfernten Grafenhausen. Besonders enttäuschend muss für die Serienpilger gewesen sein, dass die Klinik nur für die Außenaufnahmen benutzt wurde, während drinnen ein ganzer normaler Krankenhausalltag herrschte. Das hat sich bis heute nicht geändert. Und so mussten die TV-Touristen erfahren, dass in der Realität oft nicht alles so wunderbar ist, wie es uns die Fernsehmacher vorgaukeln.

Nicht ganz so überrannt war und ist eine andere Spielstätte im Münstertal, der Kaltwasserhof. 1650 erbaut, um Wohnraum für zwangsumgesiedelte Taglöhner zu bieten, die unter Maria Theresia im Silberbergbau arbeiten mussten, wurde er bis zur Mitte des 19. Jahrhunderts bewohnt. Als Bauernhaus im klassischen Sinn diente es dann für die Doku-Soap »Schwarzwaldhaus 1902«, als man eine ganze Familie hier für drei Monate einquartierte, die dann während ihres Versuchs gefilmt wurde, zu wirtschaften, zu schuften, eben zu leben wie vor ca. hundert Jahren. Unter 700 Bewerbern (!) entschied man sich für die Berliner Familie Boro, Eltern mit zwei Töchtern und einem Sohn. Das Gebäude war extra zurückgebaut worden, um den Selbstversorgern die Bedingungen um 1900 zu bieten. Die Boros hatten zuvor im Freilichtmuseum Vogtsbauern-höfe in Gutach eine Trainingswoche abgeleistet und zu Hause mit einem Melksimulator (im Wohnzimmer!) geübt.

Was als spannendes Abenteuer »Zeitreise« begonnen hatte, stellte sich sehr schnell als äußerst prekäres Experiment heraus. Neben den alltäglichen Schwierigkeiten, mit denen auch die Münstertäler in jener Zeit kämpfen mussten, brachte das entbehrungsreiche Leben die Berliner Städter an ihre psychischen und vor allem körperlichen Grenzen: Vater Ismail Boro erlitt schon während der ersten Sen-dung einen Leistenbruch, seine Frau Marianne fror nachts und zog sich eine Blasenentzündung zu. Die älteste Tochter Reya holte sich wegen der schweren Arbeit eine Sehnenscheidenentzündung, der kleine Akay eine Blutvergiftung. Aber auch die Tiere, Schicksalsge-nossen der Menschen, blieben nicht gesund; nachdem die Milch-kuh eine Euterentzündung bekommen hatte, versiegte die Milch und damit die einzige ergiebige Geldquelle. In der Realität hätten die Berliner hier nicht überlebt: Nicht nur, dass man die existenziel-le Heuernte leichtsinnig bis in die Regenzeit verschoben hatte, die Sommervorräte waren auch bis im Winter verdorben, das Viehfutter verfault ...

Heute betreut ein Verein das Bauernhaus, der Theateraufführungen dort veranstaltet.

# Alltagskultur
# und Brauchtum – Museen

»An Sonn- und Feiertagen und auch sonst während der heiligen Ämter und vor allem während der Messe ist es unter Strafe verboten, Kutteln, Sulz, Schuhe oder anderes zu verkaufen. Dies gilt vom Zusammenläuten bis zum Erheben des heiligen Sakraments und bis das Vesperamt beendigt ist.« So lautete der Anfang des (ins Neuhochdeutsche von Ursula Huggle übertragene) §7 der Dorfordnung aus der Gemeinde **Eschbach** des Jahres 1506, der im Original »Von kouffen und verkouffen an gebannen [gebannten] tagen« heißt. Man mag über die Banalität der Regelung schmunzeln, auch unterstellen, dass die Verordnung deshalb formuliert wurde, weil eben das »Vergehen« vorkam, also wenig christliche Dorfbewohner auch während der heiligen Messe ihre Waren verkauften. Hier soll das Zitat den Leser aber in den Alltag vergangener Zeiten versetzen, sozusagen mitten hinein ins (dörfliche) Leben, das jahrhundertelang für die große, bäuerliche, Mehrheit geprägt war von der Sorge um genügend Nahrungsmittel und dem Umgang mit Glauben und Recht. Dem Thema Religion und Frömmigkeit ist ein eigenes Kapitel gewidmet, die folgenden Artikel sollen vor allem das Bild des profanen Lebenswandels ergänzen und so manch Überraschendes bringen, denn – ist es nicht so? – der Alltag schreibt oft die interessantesten Geschichten ...

### Vom »zutringken und schweren«

In der bereits oben genannten Dorfordnung aus **Eschbach** nimmt das Verhalten im Wirtshaus großen Raum ein. Aufgrund verschiedener Vorkommnisse musste wohl geregelt werden, dass die Wirte den Wein nur nach geeichtem Maß ausschenken und zwar zu einem von Amts wegen bestimmten Preis. Außerdem mussten sie die Wirtschaft mindestens ein Jahr lang betreiben, auch immer genügend Brot und Wein vorrätig haben. Hieraus kann man folgern, dass man mit diesem »Gewerbe« damals nicht viel Gewinn machen konnte. Entsprechend waren die meisten auch Wirte im Nebenerwerb.

Zum Verhalten, vor allem beim Trinken, lassen sich beide Ordnungen (von 1506 und 1560) aus, indem sie die Gotteslästerung bereits am Stammtisch eindämmen wollen, wo unter Alkoholeinfluss auch damals schon so manche große Rede geschwungen wurde.

Aber lesen Sie selbst: »Item es ist auch unser gnedigen herschaft [...] ernstliche meynunge, welcher gehört wurdet, mit bössen und übeln seltzamen schwüren, die leider yetz in die menschen wurtzelnt, Got lestern, seins heiligen lidens [Leiden] [...] mit swern verwissentlich ufheben, [...] das ein yeder, [...] der solichs höret, soliche schwure on alles schonen an einen vogt zu bringen [...] schuldig sein sollendt.«

*Der Untertan gibt*
*seinen Zehnten ab*
*(16. Jahrhundert)*

Jeder Bürger hatte die Pflicht, solche sprachlichen Entgleisungen anzuzeigen, der Vogt vertrat dabei den Herrn. Auch das Zutrinken, das bedeutet, nach germanischer Sitte auf das Wohl eines Heiligen anzustoßen, um beispielsweise vor Krankheit geschützt zu sein, »dardurch Gotteslestrung gemert [vermehrt] und schwere kranckheit des libs«, also das Gegenteil bewirkt, gar ein schnellerer Tod verursacht werde, war verboten und musste gemeldet werden.

### Des Untertanen Freud und Lustbarkeit

Wirtschaften waren ursprünglich auch Ort der Gemeindeversammlungen und des Gerichts, auch wenn sie nicht »Zur Linde« hießen. Als Zentrum der Kommunikation, des Austauschs im Ort über Neuigkeiten und neue (politische) Entwicklungen konnte die Gaststube auch schnell zum Unruheherd werden. Die Obrigkeit hatte deshalb ein großes Interesse daran, die Hand draufhalten zu können. Im Hochbergischen (**Teningen** und Umgebung) waren um 1780 so genannte »Hatschierer« (berittene Gendarmen) dazu angehalten, zu kontrollieren, welche Fremden aus welchem Grund wie lange beherbergt wurden. Ferner, ob auch ordnungsgemäß die Nachtzettel ausgefüllt wurden, die dem heutigen Meldezettel entsprechen. Machte der Wirt auch, wie vorgeschrieben, im Winter um 9 Uhr und im Sommer um 10 Uhr Feierabend? Gab es etwa Spiele um Geld? Oder Tanz ohne Erlaubnis? So ganz sollten sie ihn »nicht hindern, indem man dem Untertanen seine Freud und Lustbarkeit nicht zu entziehen gedenkt«, aber wenn »Weibsleute« dabei seien, sei dies zu unterbinden. Besonders streng sollte gegen die Nachtschwärmer, vor allem Jugendliche, vorgegangen werden, die »aus

*Bauernpaar beim Mähen (15. Jahrhundert) – wer viel arbeitet ...*

*... kann auch feiern: bäuerliches Fest*

bloßem Mutwillen« auf der Straße nach dem Abendläuten unterwegs waren. Sie mussten sofort arretiert und baldmöglichst der Obrigkeit vorgeführt werden. Denn die Gefahr war groß, dass sich die jungen Herren mit jungen Frauen trafen und sie schwängerten. Bei Hochzeiten wurde das »unzüchtige Schuhausziehen« beim Tanz beklagt (1717).

In den Kirchen waren extra Stühle für »gefallene« Mädchen reserviert, so dass jeder sie während der Messe auch erkennen konnte. Bis 1766 wurden auch die Namen der unverheirateten Mütter in den Predigten verkündet. Später hatte dies wohl das aufgeklärte Denken immer mehr unmöglich gemacht.

Auch andere nächtliche Aktivitäten wurden in Visitationsprotokollen und Gemeindeakten geächtet: Das »Zusammenschlupfen« von Männlein und Weiblein beim winterlichen »Lichtgehen« – das Beieinander von Verwandten oder Freunden um ein Licht – fördere die Promiskuität, wusste ein Bericht vom 9.2.1744 aus **Merzhausen**.

### Ein unanständiger Ortsname?

A propos Sexualität – welcher Besucher des Breisgaus hat sich nicht schon zumindest gewundert über den Namen »**Sexau**«? Das Topographische Wörterbuch von Albert Krieger von 1905 klärt uns erst einmal auf, dass es außerdem ein »Obersexau, Zinken und Vordersexau, Weiler gibt.« Wer nun gehofft hat, dass sich der Name in alten Quellen als harmlos entpuppen würde, und dass, wie so oft, der Volksmund seine Fantasie im Spiel gehabt hätte, der irrt. Zwar entspricht die Erstnennung aus dem Jahre 862 (Straßburg) als »Secchosowa« nicht der schlüpfrigen Form, doch bereits 1284 schreibt man »Sexowe«!

Erst ganz am Schluss, nach einer Litanei der Schultheißen, Vögte, dem Kloster Andlau, das zeitweise hier Besitz hatte (und den Namen wohl nicht besonders keusch wähnte), nach den Markgrafen von Hachberg, den verschiedenen ansässigen Kirchen, folgt im Lexikon die »befreiende« Angabe in eckigen Klammern, dass der Name wohl als »Au des Saconi« zu deuten wäre.

## Der Rabenwirt

Zustände herrschten noch im 18. Jahrhundert!, möchte man ausrufen, wenn man die folgende Begebenheit hört, die sich so in der Gastwirtschaft »Raben« in **Horben** 1772 zugetragen hat. Eine junge Dame möchte hier mit einem Freund übernachten. Ahnungslos begibt sie sich in das ansässige Gasthaus und bestellt ein Abendessen. Man setzt ihr Wassersuppe vor und dazu mit Wasser vermischten Wein – der Wirt scheint ein Sparprogramm aufgelegt zu haben. Es mag wohl spät am Abend sein, die junge Frau ist müde und will keinen Streit anfangen. Vom ersten Schock der Enttäuschung erholt, lässt sie sich ihr Zimmer zeigen. Die nächste Erniedrigung: Sie muss mit ihrem Begleiter in einem Bett übernachten, obwohl sie weder verliebt noch verlobt sind. Als auch diese Zumutung wohl aus Mangel an Alternativen oder einfach nur aus Müdigkeit akzeptiert wird, legt man sich – wahrscheinlich im Dunkeln – zu Bett, um erst einmal über alles zu schlafen. Doch – oh Schreck! In der Nacht betritt auch noch der Hausknecht die Kammer und legt sich – freilich in sein Bett – hin, es ist nämlich auch die seinige!

*Wappen von Horben*

## Katastrophale Apfelküchle

Eine beliebte badische Spezialität sind sie und in vielen Stuben werden sie zu Mittag, meist im Anschluss an eine deftige Suppe, serviert. Wer hätte geahnt, dass Apfelküchle einmal eine regelrechte Katastrophe ausgelöst hätten?

Es ist Karfreitag, der 27. März 1807. In einem Holzhaus, das wie noch viele damals mit Stroh gedeckt ist, mitten in der Innenstadt von **Kirchzarten** gelegen. Wir stellen uns vor, dass die Familie angesichts des hohen religiösen Feiertags eher still im Haus ist, es ist gegen 19 Uhr. Die Hausmutter möchte allen noch etwas Gutes tun und bäckt die schmackhaften Küchle aus. Vielleicht durch einen

Funken, der von dem Herd ausgeht, der möglicherweise zum Braten noch einmal kräftig befeuert werden muss, schlagen plötzlich Flammen in die Höhe, ergreifen die Wand, das Haus, das blitzschnell lichterloh brennt, es ist kein Halten mehr. Alles rennt panisch auf den Kirchplatz, um den herum bis Mitternacht insgesamt 72 Wohnhäuser in Brand stehen, darunter vier Wirtshäuser, die Gemeindestube, eine Bäckerei, das Lehrer- und Mesnerhaus. 22 Familien werden über Nacht obdachlos, das Rathaus, die Schule sind abgebrannt. Was für ein Ostern! Als der erste Schreck verwunden ist – über Tote oder Verletzte schweigen sich die Quellen aus – soll ein Gelübde ausgesprochen worden sein, das in eine Stiftung des Rosenkranzgebets mündete, das bis heute jeden Abend um 17 Uhr in der St.-Gallus-Kirche abgehalten wird.

Auch das Kloster **St. Ulrich** soll übrigens 1463 aus »Nachlässigkeit der Köche« niedergebrannt sein.

### Baden in Saus und Braus

Wir können uns heute, wo jede Familie zumindest ein Badezimmer mit fließend Warmwasser besitzt, kaum vorstellen, welche (hygienischen) Zustände im 15. Jahrhundert herrschten, als man schon das **Glottertäler** Bad, das Glotterbad, besuchte. Dank einer Aufstellung, die im Jahre 1492 entstand, weiß man auch, wer mit welchen Gebrechen oder Bedürfnissen diese Institution aufsuchte, die bald im ganzen Breisgau bekannt und auch in höheren Kreisen beliebt werden sollte. Schon 1550 gab es eine Badeordnung, die

*Eine Institution – das Glotterbad*

wiederum die Auswüchse spiegeln, die offensichtlich an diesem Ort der Zusammenkunft von Entblößten, sicher auch durch die angenehme Temperatur euphorisierten Gästen vorkamen. So mahnt man an, dass die Badenden »in jren Gemachen ainander bey tag und nacht ruehig lassen, und sovil möglich still sein, daß die in den neben-, ober- und undern Gemachen [Zimmern] jre Rueh und jren Schlaff haben kinden [können]«. Dass die Kur auch nicht ohne entsprechenden Alkoholgenuss abging, darüber berichtet die Badeordnung ungewollt auch. Sie belehrt, dass man »nit überessen und drincken soll, auch nit bezecht und vollen Magens in das Bad sitzen soll, allso ist auch das überflüssig essen und drincken verpotten.« Ab 1570 gab es dann ein extra Badgericht unter Vorsitz des Schultheißen: Richter, Anwälte und Polizist wurden unter den Badegästen ausgewählt ...

Die Badekur war den Leiden angepasst. Neben heilkundigen »Wybern«, die ihre Kunst bei den Kranken zeigen konnten, gab es noch andere Dienstleistungen am Badekunden: Scheren und Schröpfen waren erlaubt, allerdings wurden von »etlichen wybern, so die artzney bruchent«, auch Zähne ausgebrochen, zur Ader gelassen und Wunden verbunden, was eigentlich verboten war, denn das durfte nur der Bader.

Auch in **Kappel** bestand lange Zeit das Kybbad. 1586 wurde ein Prior aus **Oberried** seines Amtes enthoben, weil er hier ein allzu lockeres Leben geführt hatte. Während und nach dem Dreißigjährigen Krieg entstanden dann viele weitere Bäder, wie beispielsweise das im Jahre 1669 erschienene »Bad-, Trink- und Curbüchlein von den sehr heilsamen Bad- und Trinkbrunnen zu **Vogtsburg**« zeigt. Daneben waren auch welche in **Suggental, Achkarren, Leutersberg** und **Grunern** entstanden.

### Qualität statt Quacksalber

Seit Ende des 18. Jahrhunderts erst gibt es eine allgemeine medizinische Versorgung, die von beruflich ausgebildeten (Land-)Ärzten ausgeübt wird. Zuvor musste man noch zu den Badern (vgl. zu den Badstuben) und Wundärzten oder kräuterkundigen Frauen aus der Nachbarschaft gehen, die meist aufgrund ihrer Erfahrung in Heilssachen arbeiteten. Zusätzlich wallfahrtete man zu bestimmten Kapellen, um von den entsprechenden Heiligen Hilfe in der Not, vielleicht sogar Gesundung zu erbitten (vgl. Kapitel »Heiliges und Heidnisches«).

Auf Jahrmärkten oder Kirchweihen traten außerdem Quacksalber auf, die so genannte »Allheilmittel« anpriesen, die allzu oft entwe-

Das erst Buch/der großen

*Schmerzensmensch aus der »großen Wundartzney« des Paracelsus*

der unwirksam oder abenteuerliche, unbekömmliche Mischungen waren. War die Qualität der Heilkundigen auch nicht immer schlecht, so bestand das größte Problem in der Erreichbarkeit. Meist war man auf Nachbarschaftshilfe angewiesen. Auch außerhalb der Zeiten der großen Seuchen wie der Pest, Blattern, Pocken, war die Kindersterblichkeit extrem hoch. Nahezu ein Drittel erreichte nicht das 10. Lebensjahr. Eine Methode, die in **Schlatt** die Gesundung der kranken Kinder versprach und angeblich bis ins 19. Jahrhundert praktiziert wurde, dürfte eher das Gegenteil bewirkt haben: Man zog sie dreimal durchs Wasser ... In **Weisweil** begnügte man sich dagegen offenbar mit dem Sensen-Fuchteln im Krankenzimmer – um Geister zu vertreiben?

Die Preisaufstellung für eine neue Apothekerordnung aus dem Jahre 1607 listet unter anderem folgende Artikel auf: gebrannte Regenwürmer (lumbrici terrani assati), Menschenfleisch (mumia), Pflanzen-, Murmeltier- und Wildkatzenschmalz, Menschenschmalz (pinguedo humana). Ob es sich hier tatsächlich um Menschenfleisch gehandelt hat, lässt sich nicht beweisen. Sicher ist jedoch, dass die Scharfrichter einen lukrativen Handel trieben mit den Leichenteilen Hingerichteter: Nach der damaligen Vorstellung wohnte dem Körper vorzeitig und gewaltsam aus dem Leben geschiedener Menschen überschüssige Lebenskraft inne, die auf andere zu Heilungszwecken übertragen werden konnte. Eine Apothekerordnung von 1745 bestimmte, dass Gifte nur noch in den obrigkeitlich kontrollierten pharmazeutischen Läden verkauft werden durften.

### Alltägliche Wohnmisere

Wie am Beispiel der Apfelküchle-Katastrophe (s.o.) deutlich wurde, lebte man selbst in den Städten bis ins 17. Jahrhundert noch in Holzhäusern mit Strohdach, wenn man nicht gerade den höheren Ständen angehörte. In den Wohnungen ging es eng zu, auf dem Land wohnte man lange noch mit dem Vieh unter einem Dach. In der »Bevölkerungsgeschichte von **Heimbach**« beschreibt Wolfgang Weber die Wohnverhältnisse folgendermaßen: »Zu kleine, niedrige, schlecht belüftete, von Mensch und Tier bewohnte, nah an Mist- und Dunggruben gebaute einstöckige Häuser«, die außerdem die Ausbreitung ansteckender Krankheiten förderten. Selbstredend konnten sich die einfachen Leute nicht durch Arbeit und Verdienst aus diesen prekären Verhältnissen befreien, war dem Teufelskreis der Armut nicht zu entkommen.

## Schwere Schul-Zeiten

> Willst wissen, du, mein lieber Christ,
> wer das geplagteste Männchen ist?
> Die Antwort lautet allgemein:
> Ein armes Dorfschulmeisterlein.
> Bei einem kargen Stückchen Brot,
> umringt von Sorgen, Müh und Not,
> soll es dem Staate nützlich sein,
> das arme Dorfschulmeisterlein.

Dieses Gedicht von Samuel Friedrich Sauter (1766–1845), das noch viele weitere Strophen hat, soll hier nur in Auszügen zitiert werden. Es gibt die Situation der Pädagogen noch bis zur Mitte des 19. Jahrhunderts realistisch, wenn auch mit ironischem Unterton, wieder.

> Noch eh der Hahn den Tag begrüßt,
> und alles noch der Ruh genießt,
> hängt's schon am Morgenglöckelein,
> das arme Dorfschulmeisterlein.
> [...]
> Oft macht's der Pfarrer ihm zu bunt
> und läßt ihm keine Ruhestund'
> was will's, es muß gehorsam sein,
> das arme Dorfschulmeisterlein.

Lehrer mussten nicht nur die Kinder unterrichten, sondern wurden auch als Mesner und Orgelspieler herangezogen. Dabei war der Verdienst denkbar schlecht, in einigen Orten, wie etwa in **Hochstetten**, hatte der Pädagoge das Recht, wechselweise am Mittagstisch mitzuessen.

Die ersten Schulmeister waren nicht speziell ausgebildet, Voraussetzung war nur, dass sie Lesen, Schreiben und Rechnen beherrschten, eben das, was noch bis ins 18. Jahrhundert eben gebraucht wurde, um ein anständiger Bauer, Handwerker oder Händler zu werden. Unterrichtende waren daher oft einfache Handwerker, die nebenbei etwas Geld verdienten. In **Merzhausen** erging gar die Klage

*Auch Lehrer Lämpel musste orgeln*

über einen Lehrer, der kaum des Lesens mächtig gewesen sein soll. Entsprechend hoch ist auch der Anteil an Analphabeten unter den Bürgern: Von den 67 Bewohnern **Neuershausens** können im Jahre 1755 24 nicht schreiben; darunter ein angesehener Mann, der auch zu Gericht sitzt. Das ändert sich erst durch den Erlass der Kaiserin Maria Theresia, die 1770 die »Normalschule« einführen lässt. Jetzt werden die künftigen Unterrichtenden auch systematisch ausgebildet. In fast allen Chroniken finden sich jedoch auch um 1820 noch Klageschriften von Schulmeistern, die mit dem geringen Gehalt nicht über die Runden kommen. Das Gedicht, das auch als Lied bekannt geworden ist, findet schließlich hierfür nur eine sarkastische Lösung:

> Doch ist ihm noch der Trost beschert,
> daß seine Not nicht ewig währt.
> Im Grabe, Gott, wie wohl wird's sein,
> dem armen Dorfschulmeisterlein.

### Unterricht je nach Wetter

Eine besonderes Bildungsangebot bestand in den Hirtenschulen, wie etwa in **Münstertal-Stohren** (Nr. 6), die, wie der Name sagt, auch für die zahlreichen jungen Hilfskräfte in der Landwirtschaft eingerichtet worden waren. 1864 beispielsweise besuchte neben den 15 »normalen« Schülern aus der Umgebung eine wechselnde Anzahl – meist ein Dutzend – Hütekinder die hiesige Einrichtung. Der Stundenplan war dem Bedarf angepasst: Von 6 Uhr bis ca. 9 oder 10 Uhr Unterricht, danach Vieh hüten. Schul- bzw. Ferientage wurden je nach Wetter anberaumt. Regnete es etwa während der

Erntemonate, wurde mal schnell zum Unterricht geläutet. Auch hier wurde von den Lehrern ein hohes Maß an Flexibilität abverlangt. Nebenan, im Stohren 3 befindet sich übrigens bis heute die kleinste Schule Baden-Württembergs.

## Der »Breisgauer Volksspiegel«

Pfarrer und Schriftsteller Johann Philipp Glock (1896–1916) war ein emsiger Sammler von Mundartwörtern und -ausdrücken. Und da der Dialekt zum Brauchtum gehört, sei er ausnahmsweise hier erwähnt. Der gebildete Mann veröffentlichte aber auch zu klassischer Dichtkunst und Bienenkunde. Deshalb und wegen seiner vielen landwirtschaftlichen Initiativen hätte er auch ins Kapitel »Kaleidoskop der Originale« gepasst.

Als Basis seiner Feldforschung diente ihm die Sprache des Ortes, wo er Pfarrer war und auch wohnte: **Wolfenweiler.** Zu den Dialektfunden, die auch etwas über die Mentalität, den Bilderreichtum und den Humor der Gegend aussagen, sollen einige Beispiele angeführt werden. So schrieben dem Pfarrer Kinder in sein Poesiealbum, hier beispielsweise das Stoßgebet gegen das Einnässen:

> Heiliger St. Vit weck mi zer Zitt,
> nit z'früh, nit z'spot,
> daß es nit ins Bettli goht.

Als Beispiele für originelle Pflanzen- und Tierbezeichnungen schrieb er auf: »Zahnbürschtle« (Wiesenknöterich), »Heuhupfer« (Heuschrecke), »Schnieder« (Wasserläufer), »Teufelsnagel« (Libelle).

Die Tätigkeiten des Winzers bestanden nicht nur aus dem »schaffe« (arbeiten), der Rebbauer ging »särmde«,»lieche«, »sticke«, »falge«, »verbreche«, »hefte«, »siefere« ...

Der Dialekt ist stets konkret, wenig abstrakt: Ist jemand gescheit, so »het er ebbis uff'm Kaschte«, jemand der eingeschüchtert ist, »sitzt do wie e Pfund Schnitz«.

Ein paar Sprichwörter sollen, neben den Dialektformen, auch die Lebenserfahrung zeigen, die in ihnen steckt:

> Me mueß nit alli Stai uffhebe, wo d'Litt no aim keie [werfen)].
> E Gizli gitt mit dr Zyt e Gais.
> De isch grad aß (wie) wemme ne Ochs ins Horn pfetzt [nicht zu beeindrucken].
> Die vo St. Jerge [St. Georgen] sinn stairiichi Litt [reich an Steinen].
> Im Schoppeglas versuffe meh Litt aß im Rhii [Rhein].

Außer diesen linguistischen Listen notierte Glock auch Schwänke, Spottverse, Kinderreime und Gedichte sonder Zahl.

### Die Glottertäler Nachtigallen

Unter diesem Namen traten mehrere Töchter aus dem Tal auf und machten den Breisgau schon in frühen Jahren international bekannt.

Wir schreiben das Jahr 1901. Der Bernethansenhof-Bauer Johann Blattmann heiratet Berta Reichenbach, die vom Adamshof in **Suggental** stammte und eine begeisterte Sängerin war. Begabung wie Interesse dafür gab sie auch ihren insgesamt zehn Kindern mit auf den Lebensweg. War eine Arbeit zu verrichten, auf dem Feld, in der Scheune, immer wurde dazu geträllert und zwar gleich mehrstimmig. Durch besonders schöne Stimmen taten sich die Töchter Berta, Franziska und Luise hervor. Und wie in einer amerikanischen Geschichte über die Entdeckung eines neuen Stars begab es sich, dass, anlässlich einer Hochzeit im Jahre 1930 in der Wirtschaft »Zur Sonne« die drei mit einigen Liedern auftraten, wo auch der Direktor des Glotterbades (s.o.) Ernst Rossmy entzückt lauschte. Stratege der ersten Stunde nahm er die Nachtigallen auf seine Werbetouren mit und bald konnte man sie auch im Radio hören. Parallel dazu erschienen immer mehr Bücher, welche die malerischen Seiten des **Glottertals** rühmten und, wie im Falle des Fotografen Hans Retzlaff, auch abbildeten (vgl. Abb. S. 23). Aber auch für die neuen Stars im Blümchenmieder blieb das Leben nicht stehen: Berta und Luise heirateten und an ihre Stelle rückten andere junge Kehlen, der Name »Glottertäler Nachtigallen« blieb und wurde sogar bis Hamburg, Berlin, ja Nizza bekannt. Den Bernethansenhof gibt es immer noch – ob dort auch heute noch viel gesungen wird?

### Der Ur-Fawkes?

Im **Elztal** hat die Fastnacht eine alte Tradition. Eine der Masken ist als »Mundlelarve« bekannt. Angeblich soll sie Edmund Kammerer um 1850 geschnitzt haben, der als »Mund« im Ort bekannt war. Er selbst wanderte nach 1871 nach Lyon aus und verschwand. Viele Nachahmungen wurden in der Folgezeit geschnitzt, immer mit dem auffälligen Design, das geschwungene, dünne Augenbrauen und einen gleichmäßig-ausladenden Schnurrbart zeigt.

Täuschend ähnlich sieht ihr die heute in der Protestbewegung gegen die Deregulierung des Bankensektors getragene und auf einen gewissen Guy Fawkes weisende Maske. Hier handelt es sich allerdings um ein Fantasieprodukt, das der Comiczeichner David Lloyd

für seine Graphic Novel »V wie Vendetta« 1982 geprägt hat. Guy Fawkes hatte am 5.11.1605 versucht, das britische Parlament in die Luft zu sprengen, weil er als Katholik seine Glaubensgenossen als unterdrückt sah und einen neuen (katholischen) König inthronisieren wollte.

Dem Forscherdrang des Lesers bleibt es überlassen, eine Verbindung vom London des 17. zum Maskenschnitzer des 19. Jahrhunderts zu rekonstruieren ...

Zur Figur des »Maudi« siehe Kapitel »Kaleidoskop der Originale«.

### Keltische Feuerkunst?

Am Sonntag Laetare, nach Fastnacht, wenn in den meisten Gegenden der Narrenrummel vorbei ist, versammeln sich im ganzen südlichen Rheintal, meist auf Anhöhen zur Ebene hin, die Menschen und frönen einem uralten Brauch: dem Scheibenschlagen. Aus **Windenreute** wird berichtet, dass früher die jungen Burschen dazu Stecken suchten und Scheiben selbst herstellten, die dann später angezündet und über einer Rampe abgeschlagen wurden. Am Tag des Rituals versammelte man sich um einen großen Holzstoß, der unter dem Spruch »Holzstir, Holzstir, zum Schibefir, e Welle Schdrau oder e aldi Frau *(Hexe! d. Verf.)* – alles brennt, alles brennt!« angezündet wurde.

Letzlich soll das Scheibenfeuerrad, das beim Abschlagen in Richtung Tal rollt und angeblich auf keltischen Ursprung hinweisen soll, in seinem Lauf das Glück oder Unglück des folgenden Jahrs darstellen. Vor dem Abschlagen rufen die meist jugendlichen, männlichen Teilnehmer

Schibii, Schiboo, [Schibandio],
wem soll die Schibe go?
Die Schibe soll der [Mädchenname] goh!

Neben derben Varianten wie »Goht si nit, so gilt si nit! – Het sie kei Loch so stinkt si nit!« wünschte man früher auch

si soll surre
im [Name] uff d'Schnurre!,

wohl wenn man sich rächen wollte.

Danach zogen die Jünglinge – ähnlich dem heutigen Halloween – um die Häuser und erheischten etwas zum Essen oder Trinken. So manche Bäuerin gab dann die begehrten »Kiechli«, der Bauer holte oft noch den Most dazu, denn:

Mir hän Euch au e Schibe gschlage,
Ihr kenne uns d'Kiechli nit versage!

### Christoph hilf!

Unzählig sind die Beispiele für den sogenannten »Aberglauben«, der den Alltag früherer Zeiten mitbestimmte. Damit ist ein sehr weit-gefächerter Begriff angesprochen, der in verschiedenen Formen an unterschiedlichen Stellen dieses Führers immer wieder auftaucht. Im Folgenden seien nur die besonderen Glaubensinhalte des magi-schen Denkens beschrieben, bei denen man durch besondere Mittel die Natur, Heilige oder das Schicksal beeinflussen wollte. Vieles erinnert heute an Zauberei. Zu den Magiern und Zauberern selbst siehe das Kapitel »Magier, Teufel, Hexen und Geister«.

Wer würde nicht gerne zaubern können, einen Schatz finden, oder gar den Tod bannen? Die leichtgläubigen Menschen wussten hier-zu ein spezielles Gebet, das sich an einen der vierzehn Nothel-fer richtete. Beim Christoffelgebet brauchte man viel Geduld und Ausdauer, denn neben der Besprengung mit Weihwasser war es »verbunden mit der Rezitierung des Ave Maria, des Vaterunsers, des Johannesevangeliums, der Litanei. Manche Formeln rufen auch die Wunden Christi, das Kreuz, die (72) Gottesnamen, das Tetragramm, das hebräische Alphabet, die Engel, Astarot usw. an.« (»Handbuch des Aberglaubens«). Das »Badische Sagenbuch« erzählt von zwei Männern aus **Oberprechtal** und einem aus **Biederbach**, die es ein dreiviertel Jahr lang beteten, immer freitagsnachts zwischen elf und zwölf Uhr. Sie mussten es – als magische Manifestation – vor-wärts und rückwärts sagen, indem sie auf dem Gesicht lagen und nicht aufschauen durften, selbst wenn es um sie herum lärmte.

Nach den Vorschriften des Volksaberglaubens musste man vorher ein unschuldiges Kind ausgegraben und ihm die Fingerspitzen und den Saum seines Kleides abgeschnitten haben. Wurden diese Leute allerdings erwischt, drohte ihnen die Todesstrafe ...

## Die Zeit der Geister

Außer im Schwarzwald hat sich vor allem im Elztal bis in die ältere Generation eine Tradition gehalten, die sich auf die Tage zwischen Weihnachten und Heiligdreikönig bezieht – die so genannten Rau(ch)nächte. An den auch als »Lostage« bezeichneten Abenden trollten sich in der Vorstellung unserer Vorfahren zahllose Geister, ereignen sich übersinnliche Dinge.

Die Geisterarmee, die auch als »wütendes Heer« bekannt wurde, soll zu ebender Zeit vorbeimarschiert sein (vgl. Kapitel »Facetten des Breisgaus«). In einigen Dörfern sprach man beim Anführer auch vom »Wode«, was als Wodan erklärt wird und damit in germanische Zeit zurückreicht! So hatte jeder Ort fast seine eigene Figur; in Waldkirch ging der »Schwarzenberger« um, im oberen Elztal der »Wittenbacher«.

Eine ganze Litanei von Ge- bzw. Verboten bezog sich früher auf Verhaltensweisen in den Raunächten. Wer sich nach Heiligabend in den Stall begab und den Tieren lauschte, musste oft sein eigenes Sterbeschicksal mit anhören. Deshalb wurde davon dringend abgeraten. Lautes Türzuschlagen bedeutete ein jähes Ende wegen eines Sommerblitzes. Hier wird auch schon eine Eigenschaft der Zeit »zwischen den Jahren« deutlich: Das kommende Jahr warf bereits seine Schatten voraus, an den Tagen konnte man das künftige Wetter ablesen (»Lostage«). Dabei stand jeder der zwölf für einen Monat. Hinzu kamen die Vorausdeutungen in den Träumen, die man des Nachts tätigte.

War das Jahresende überstanden, so brachte der Neujahrstag auch Positives, beispielsweise, wenn man daran gedacht hatte, in die Viehtränke ein Geldstück zu legen, denn dann stimmte die Kasse im folgenden Jahr. Mädchen konnten, wenn sie eine gesalzene Zwiebel aufs Fensterbrett gelegt hatten, an den Folgetagen das Gesicht ihres künftigen Geliebten erkennen.

Mit der Deutung als »Rauchnächte« sind die Bräuche verbunden, heilsame Kräuter vor allem in Haus und Stall zu verbrennen und die Lebens-Räume damit vor Krankheiten zu schützen.

## Unter der Türschwelle

Visitationsberichte religiöser Art entlarvten die **Glottertäler** als dem Aberglauben noch im 19. Jahrhundert stark ergeben: Demnach waren noch zahlreiche Zauberbücher in Gebrauch.

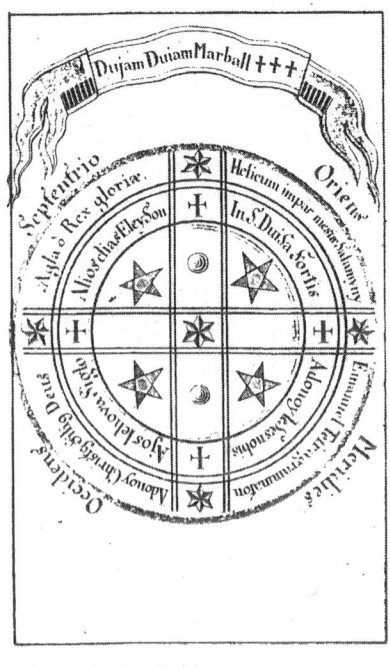

*So mancher begab sich in große Gefahr ...*

*... um zu diesen Beschwörungs-Vorlagen zu kommen (aus dem »Manual-Höllenzwang«)*

Häufig wurde das so genannte »6. und 7. Buch Mose« konsultiert, das eine lange Tradition aufzuweisen hat. Daneben waren noch andere, unter der Hand und oft für viel Geld verkaufte, in späteren Jahrhunderten auch oft genug willkürlich zusammengestellte magische Hilfsbücher im Umlauf. Da ist einmal das »Romanusbüchlein« (seit 1788) mit Segen, magischen Befehlen und Anweisungen, Schutzformeln und Diebsbannsprüchen. Auch Johann Faust (siehe Kapitel »Magier, Teufel, Hexen und Geister«) zugeschriebene »Höllenzwänge« mit abenteuerlichen Zeichen, so genannten »Siglen«, die bestimmte Geister erscheinen lassen sollten, waren in Gebrauch. Allein der Besitz eines Zauberbuchs sollte, so glaubte man, schon magische Kräfte verleihen. Es wurde im Haus aufbewahrt, unter der Türschwelle von Wohnungen und Stall vergraben oder unter dem Dach vermauert und galt dann als prophylaktische Maßnahme, als Schutzschild gegen böse Mächte.

Die Mosesbücher empfahlen beispielsweise, um sich vor Dieben zu schützen, einen Spiegel an einem Kreuzweg zu vergraben, ihn dann, nach einer Zeit und zur »ungeraden Stunde« wieder auszugraben, denn dann sei es ein Zauberspiegel, mit Hilfe dessen man Diebe erkennen könne. Um immer bei Kasse zu sein, reißt man von der ersten blühenden Kornähre die Blüten ab und isst diese. Nun hat man das ganze Jahr immer genug Brot. Das Klopfen auf die (Geld-)Tasche, wenn man den ersten Kuckuck hört, garantiert das nötige Kleingeld. Um sich unsichtbar zu machen, muss man schon etwas mehr Aufwand betreiben: Man benötigt den Schädel eines männlichen Toten, in dem man unter verschiedenen Zusätzen das Ei einer schwarzen Henne gart ...

# Vor Ort

Zunächst sind besuchenswerte Orte beschrieben, die das oben Erläuterte erfahrbar machen.

In den diversen Museen des Breisgaus kann man sich dann auf Entdeckungsreise zur Geschichte der Gegenstände begeben, die den Alltag ausmachen. Die folgende Auswahl – diesmal thematisch geordnet – soll die vielen Tipps ergänzen, die in den handelsüblichen Führern gegeben werden und auch die etwas außergewöhnlichen Museen nahebringen. Der Weg dorthin lohnt sich in jedem Fall.

## Archaisches Männchen

Das **Bahlinger** Rathaus birgt eine Figur, deren Herkunft den meisten Bürgern nicht bewusst sein dürfte. Sie spielt aber im Brauchtum der Gemeinde eine große Rolle: Der niedlich als »Hoselips« bezeichnete Wicht soll für ein wichtiges Grundnahrungsmittel der Region stehen:

> Im Rathaus sitzt der Hoselips,
> im Keller muß er sein,
> denn er allein füllt Bütt und Faß
> der Bahlinger gemein

So skandierte man zumindest früher. Mit seiner Weintraube in der einen Hand und einem Weinglas in der anderen, steht er auf der Vorderseite eines Fasses und scheint nicht gerade freundlich auszusehen. Schließlich hat er schon einmal den Bahlingern große Sorgen bereitet: Als 1880 ein Mannheimer Weinhändler die gesamte Ernte des Ortes kaufte, wollte er das Holzmännchen mit dem auffälligen Lendenschurz (»Hose«) als Dreingabe und bekam sie auch. Angeblich waren die folgenden Weinjahre so schlecht, dass man das Naturwesen zurückkaufte. Mit dem Rebenanbau brachten die Römer auch ihre Gottheiten mit an den Rhein. Der römische Gott Bacchus, der traditionell ebenfalls mit Trauben dargestellt ist und auf den griechischen Dionysos zurückgeht, wurde zeitweise mit ausschweifenden Festen (Bacchanalien) verbunden. Der Bahlinger Bacchus ist freilich brav mit Hose versehen ...

## Der Siechen Wandel

Für Aussätzige, häufig auch den von den Kreuzzügen heimkehrenden und mit fremden Erregern Infizierten gab es die Siechen- und Leprosenhäuser. Eines davon ist in **Staufen** bezeugt; es wurde im Norden der Stadt gebaut (etwa heutiger Bauhof), da man die Übertragung der Seuchen mit dem Wind fürchtete und der Nordwind sehr selten ist. Gleich zwei Leprosenkapellen hat die Stadt aufzuweisen. Die eine stand seit 1353 an dem Platz der heutigen St. Gotthards-Kapelle, zu der man mit Hilfe eines Schlüssels Zugang hat, den man im Gasthaus »Gotthardhof« erhält. Zwar ist es nicht das Originalgebäude, man kann sich aber mit etwas Fantasie vorstellen, welche Atmosphäre wohl in einem nur für Aussätzige geweihten Gebetshaus herrschte. Die Magdalenen-Kapelle, gegenüber dem heutigen Bauhof und neben dem ehemaligen Leprosenhaus, (s.o.), hat ihre Gestalt bewahrt und lohnt allein schon deshalb einen Besuch. Zwischendurch gehörte sie einem Bauern, der dort, wo einst die Toten beerdigt wurden, einen Garten anlegte. Am Eingang steht das folgende Gedicht des damaligen Leprosenpflegers Balthasar Beissel:

> Ich heis Baltzer beisel fir war
> Der waß Pfleger in disem Jahr:
> Der er bauwett mich in dieser Zeitt
> Dem Gott genott Z'aller Zeitt,
> Wir sollen Gott bitten on unter loß,
> Der ales gibt was man bedarff,
> Dem sie (sei) allein dir ehr
> Der ales kann und gibt was.
> Weis man mer?

In einer Zeit, in der Hygiene und Medizin wenig entwickelt und Seuchen dafür umso häufiger waren, gab es nur die Möglichkeit, die Krankheit rechtzeitig zu erkennen und die davon Betroffenen zu isolieren. Die »Beschau« der vermeintlich oder tatsächlich an Lepra Erkrankten wurde sehr ernst genommen: Der Stadtarzt und zwei Scherermeister (Barbiere), alle drei unter Eid, stellten die Diagnose. Der obligatorischen Maßnahme der »Gesundheitsbehörde« folgte meist ein kirchliches Zeremoniell: Der Aussätzige wurde in die Kirche gebracht, wo er sich mit verhülltem Gesicht auf eine mit schwarzem Tuch bedeckte Bahre legen musste. Anschließend wurde eine Messe gelesen, die seinen gesellschaftlichen Tod besiegelte. Nach der Überreichung der Utensilien des Aussätzigen (ein Gewand, eine Klapper, eine Krücke und ein Wasserkrug) führte die Prozession hinaus vor die Stadt, zum Gutleuthaus. Schon die Bibel tut es kund:

> Ein Aussätziger [...] soll in zerrissenen Kleidern einhergehen und sein Haupthaar aufgelöst tragen. Er soll seinen Bart verhüllen und: Unrein, unrein! rufen. Die ganze Zeit, solange er den Aussatz hat, ist er unrein. Da er unrein ist, soll er abgesondert wohnen, außerhalb des Lagers sich aufhalten. (Lev. 13, 45–46)

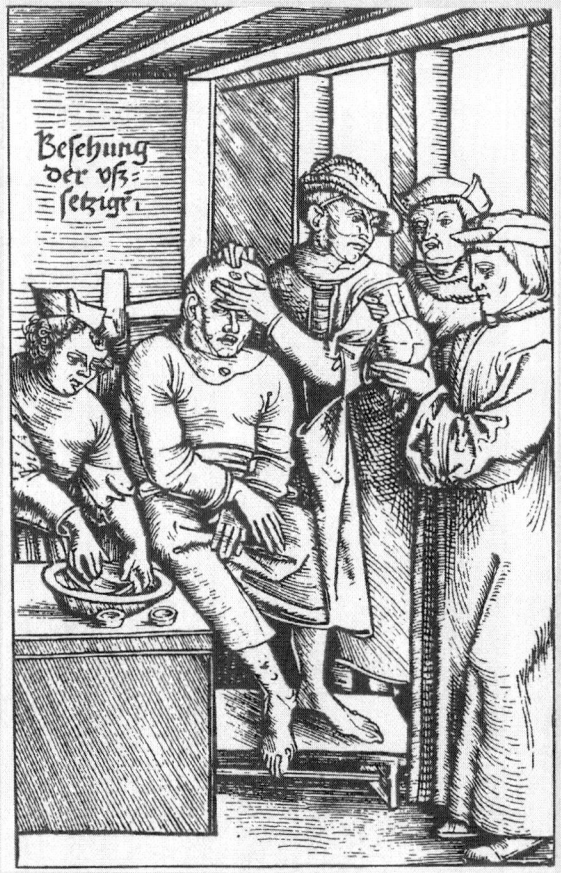

Besehung der ussetzigē

*Die ritualisierte
Krankenbeschau:
ein Aussätziger?*

Bereits 1271 existierte auch in **Schlatt** ein sogenanntes Gutleut- oder
Siechenhaus, das all die Personen aufnehmen konnte, die krank waren
und gepflegt werden mussten. Um die Siechen kümmerten sich damals die »Fratres ordinis de sancto Lazari in Slatte«, also der Orden des
Hl. Lazarus. In den Genuss dieses Spitals kamen allerdings nur Wohl-
habende, die der klösterlichen Stiftung ein entsprechendes Vermögen
überschreiben konnten und damit die Pflege finanzierten ...

# Museen

### Wein-Wissen

Bis in die Frühgeschichte des Weinbaus geht das Weinbaumuseum in **Achkarren**, das selbst in einem sehr alten Gebäude untergebracht ist. Die »Johannsertrotte« – die Zehntscheuer der Johanniter – wird 1384 erstmals erwähnt. Mit ihrem gewölbeartigen Aufbau bietet sie einen passenden Rahmen für das Thema Weinkellerei, über deren Bereiche überaus anschaulich informiert wird. Alle Bereiche des Rebenanbaus sind vertreten, von der Geologie und Klimageschichte, über die Produktion des Rebensafts bis hin zu Abfüllung und Vermarktung ist an alles gedacht. In uriger Weinkelleratmosphäre kann man vollständig eintauchen in die Welt des Weines und die zahlreichen Exponate, auch aus den frühen Jahren des 20. Jahrhunderts, bestaunen und im wahrsten Sinne des Wortes be-greifen. Sehr informative Tafeln mit genauen Angaben zu Rebsorten und Lagen runden das Angebot ab.

*Versorgte Männer, Frauen und Kinder: der Kellermeister (16. Jahrhundert)*

## Das Burkheimer Korkenziehermuseum

Dem Weingenuss sei hier noch einmal der Vorzug gegeben: Wer viel davon trinkt, ersinnt auch eine Vielzahl von Geräten, um die Behälter des Traubensafts zu öffnen. Und so staunen wir im Museum für Korkenzieher eins ums andere Mal über den Erfindungsreichtum unserer Altvorderen bezüglich dieser Geräte. Über 1200 verschiedene Exemplare hat Bernhard Maurer, der sein Museum privat eingerichtet hat, zu bieten.

Eine Besonderheit stellen sicherlich die erotischen Flaschenöffner dar: Konsequent sind sie in einer »Peep-Show« ausgestellt, die schon für viel Gelächter gesorgt hat. In diese Kategorie gehört auch das so genannte »Damenbein«, das anstatt der Hebel zum Herausdrücken des Korkens zwei weibliche Beine mit Ringelhosen und Stiefeln hat. Hunde, Schuhe, Schiffe, es gibt offenbar nichts, was nicht an den Bohrer angeschmiedet worden wäre, ganze Szenerien wurden für den Arbeiter an der Flasche kreiert. Auch bei der Zugtechnik beschränkte man sich nicht auf die gute alte Handkraft, Verschlüsse – übrigens auch von anderen Flaschenarten – werden auch mit Luftdruck, mechanisch und elektrisch geöffnet. Der Sammler, der die Exponate international zusammengekauft hat, hat offensichtlich den richtigen Dreh gefunden. Noch dazu führt er die Besucher selbst – gratis.

## Von Indogermanen und Immen

Mit seinen über 800 m² ist es eines der größten Museen seiner Art. Es steht im **Münstertal** und wurde im ehemaligen Rathaus des Obertals eingerichtet. Die Rede ist vom Bienenkundemuseum. In insgesamt zwölf Räumen kann man einen historischen Gang von der Steinzeit bis heute unternehmen, immer aber geht es um die Nutzung des Honigs durch den Menschen. Wer weiß schon, was die Zunft der Zeidler ist? In Baden begrüßte man die Bienen und rief ihnen zu: »Bineli, freued ich [euch], Lichtmeß ischt do!«. War der Hausherr gestorben, so musste man dies den Bienen mitteilen. Hier zeigt sich die tiefe Verbundenheit mit dem Haustier. Viele – auch magische – Methoden, um zu verhindern, dass die Immen wegfliegen könnten, oder Gebete, um sie zum Siedeln zu bringen, sind überliefert.

Im Museum befindet sich auch ein mit viel ehrenamtlichem Fleiß gebautes Panorama des Münstertales im Maßstab 1: 50, das zahlreiche historische Details zeigt. So kann man Alltagsgeschichte plastisch erleben!

## Obst-Hoheiten

Wer meinte, es gäbe im Kaiserstuhl nur Weinhoheiten, der irrt. Neben den Trauben sind auch die »Chriese« (von Französisch cerise!), wie sie alemannisch heißen, fast ebenso wichtig. Ein Ort, der sich der Kirschenkultur besonders widmet, ist **Königsschaffhausen**. Man sollte sich ins Dachgeschoss des Dorfzentrums begeben, um mehr zu erfahren über die Frucht selbst, den Anbau und natürlich die Verarbeitung der Kirsche. Früher hat man übrigens an St. Barbara einen Zweig des Baumes abgeschnitten und ins Wasser gestellt; je nachdem, ob, wie schön, an wie vielen Verästelungen dieser dann an Weihnachten blühte, las man allerlei für das nächste Jahr ab. In Königsschaffhausen hat man schon immer diesem Obst besondere Aufmerksamkeit geschenkt, schließlich wählt man bis heute eine Kirschenkönigin und zwei Prinzessinnen! Und dazu gibt es auch noch die Kirschsorte »Schwarze Königin«. Eine Kirschsteinspucker-Meisterschaft, die 2017 anberaumt worden war, wurde leider wieder abgesagt.

## Über den Tellerrand hinaus

Der erste Eindruck täuscht: Wie ein normales Geschäft sieht es aus, das Museum in **Endingens** Innenstadt, etwas abgelegen von der Durchgangsstraße. Denn es handelt sich durchaus um ein historisches Käserei-Gebäude, in dem im Jahre 1901 ein gewisser Seraphin Risch seinen Betrieb aufnahm. Er sollte der Stadt ca. 200 Exponate überlassen, die ein reichhaltiges Bild des Nahrungsmittels und all seiner Geräte abgeben. Die Museums-Macher wollen es allerdings nicht bei der Ausstellung belassen, verspricht die Webiste: »Der Käse steht im Zentrum unseres Tuns. Erleben – Schmecken – Spüren ...« sollen die Besucher und entsprechend vielfältig sind die Angebote kulinarischer Art. Bei den Führungen wird über den Tellerrand hinausgeschaut und die Käseproduktion im gesamten Schwarzwald, wie auch ihre Entwicklung über die letzten ca. hundertfünfzig Jahre.

## Relikt aus der alten Zeit

Um das Bild des Alltagslebens zu vervollständigen und das Thema Wohnen zu illustrieren, sollte man sich in **Oberried** den Schniederlihof anschauen. Doch zunächst die Geschichte des Museums selbst, denn sie ist ausnahmsweise genauso spannend wie das Inventar. Wir schreiben das Jahr 1966. Der Eigentümer des Hofs verunglückt tödlich, das Gebäude bleibt eine ganze Zeit noch verlassen, einiges wird aber auch gestohlen. Nun stellt sich die Gemeinde die Frage, was weiter damit geschehen soll. Die Feuerwehr hätte das Haus gerne, um es als Übungsgebäude zu benutzen. Doch man entscheidet sich, angesichts der Originalität des Hofs dafür, ihn als Museum zu erhalten,

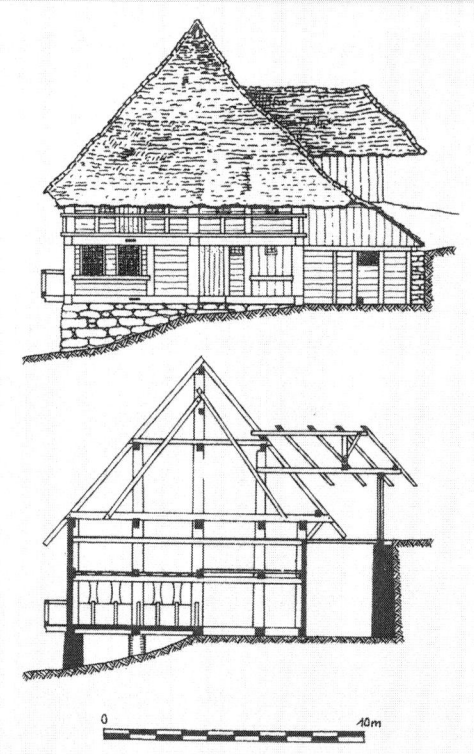

*Einzigartige Architektur: der Schniederlihof, ein Schauinslandhaus*

als einzigen in seiner Gestalt ursprünglichen Schauinslandhof. Ähnlich wie der Kaltwasserhof in **Münstertal** (siehe Kapitel »Facetten des Breisgaus«) atmet das Haus noch die Luft der früheren Beschränkung auf das Notwendigste. Schon die Anordnung der Räume - der Stall grenzt an die Nachtkammer – spiegelt symbolisch die gegenseitige Abhängigkeit von Mensch und Tier wider. Das Schlafzimmer mit dem kurzen, schmalen Bett lässt an die wenigen Ruhestunden auf engstem Raum denken, die vom Holz dominierte »gute Stube« wirkt schlicht, aber auch gemütlich. Nur wenige Gegenstände lenken davon ab, dass man sie zum Essen und zum Aufenthalt in den langen Winternächten nutzte und dabei vielleicht etwas erzählte, währenddessen man einfache manuelle Tätigkeiten verrichtete oder las. Die Küche schließlich ist das Zentrum des Kochens und Heizens, keine Energie wird verschwendet, im Rauch werden noch die Schinken geräuchert. Die schlichte Einfachheit beeindruckt.

## Frühlings- und Fruchtbarkeitsfest

Die vor der Fastenzeit (»Fast-Nacht«) allenthalben durchgeführten Umzüge mit ihren Masken kennt jedes Kind. Gerade die Kleinen haben oft einen großen Respekt vor den zum Teil hässlichen, oft unheimlichen Geistern, die wild gestikulierend die Straßen entlang ziehen. Hierher gehört auch die Figur der bösen Hexe (vgl. auch Kapitel »Magier, Teufel, Hexen und Geister«), die nichts als Schlechtes im Schilde führt und mit ihrem entstellten Äußeren beeindruckt. Aus dem Jahreslauf ist die Fastnacht nicht wegzudenken, zahlreiche Vereine pflegen diese Tradition.

In **Kenzingen**, in der Alten Schulstraße, kann man sich in der »Narrenschau« einen umfassenden Eindruck verschaffen von dem Reichtum, der Vielfalt an Verkleidungen und Masken. Bei all der – alkoholisierten – Feierlaune der modernen Fastnacht in Vergessenheit geraten ist der Respekt, den früher nicht nur die Kinder, sondern auch die Erwachsenen vor diesem Mummenschanz hatten. Denn die Larven machten den Träger quasi selbst zum Naturgeist, Vertreter des Winters, der noch einmal, gerne im Dunkeln, herumfahren darf, bis er vom wiederkehrenden Licht vertrieben wird. Vor allem die traditionelle Vorstellung, dass beim Herumziehen der Maskierten plötzlich ein Hästräger überzählig ist, nämlich der echte Geist, der sich heimlich zu den Verkleideten gesellt, zeigt diesen ambivalenten Charakter der Maskierung. In manchen Gegenden meinte man sogar, diesem Treiben durch die Mitnahme von etwas Geweihtem vorbeugen zu müssen. Die Figur des Narren war übrigens nicht nur an Fastnacht zu sehen, auch zu anderen Volksfesten, der Kirmes und bei Hochzeiten trat er auf und amüsierte die Zuschauer mit seinen lustig-derben Witzen.

In Kenzingen kann man auf fünf Etagen – neben vielen Accessoires – über 300 Kostüme und Masken bestaunen und dabei Märschen lauschen. Man sollte sich aber des eigentlichen Sinnes der Festivität bewusst sein: die Vertreibung des Winters und die Rückkehr der sonnigen, fruchtbaren Zeit.

# Aus der Geschichte

Graf Johann Hannibal von Hohenems reiste durch den Breisgau. Er schrieb 1633: »Wir hatten uns dieses Elend nit einbilden können. All die ansehnlichen Ortschaften sind verbrannt und zerstört und wir niemand darin gesehen; und begegnet man einmal einem Menschen, so schaut ihm der Hunger und der Tod aus den Augen.« Die Geschichte des Breisgaus bis ins 19. Jahrhundert ist durchzogen von Arbeit und Not, Krankheit und Krieg.

## Schall und Rauch?

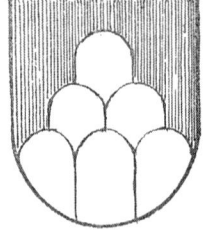

*Unverändert:*
*Das Wappen*
*von Achkarren*

Wir nennen und nehmen sie selbstverständlich und ohne nachzudenken, woher sie kommen. Die Rede ist von den Ortsnamen, die für uns so normaler Teil unseres Lebensraums sind. Dabei kann man bei der Beschäftigung mit ihrer Form und Herkunft Überraschendes entdecken. Die Namen gehen meist auf Quellen zurück, die einen Kauf, Tausch, Besitz dokumentieren sollen. Viele Erstnennungen von Siedlungen sind aber erst durch Herkunftsnamen wie etwa »Berthold von Zähringen« belegt. Deshalb ist die Überlieferung meist lückenhaft. Ortsbezeichnungen verändern sich außerdem im Laufe der Zeit. Dies sei am Beispiel der Kaiserstuhl-Gemeinde gezeigt, die heute als **Achkarren** bekannt ist. Der Name soll aus zwei Teilen bestehen und ursprünglich »Haducharlheim« geheißen haben, »Hadu« für »Kampf« sowie »Charl« (Kerl!) für »Mann«, also etwa »guter Kämpfer«. Die Siedlung bezog sich auf die Leute des Haducharl und die gründeten ein »Heim«, was ihre fränkische Herkunft beweist. Durch häufigen Gebrauch, sowie den Sprachwandel, vielleicht auch durch Fehler beim Abschreiben für Dokumente wurde dieser doch recht komplizierte Name stark verändert, wie die folgende Liste mit dem Jahr der Überlieferung zeigt:

1064: Hatcharl, 1138: Ahtacaren, 1145: Ahtekarl, 1273: Ahtkarl, 1287 Ahtekarren, 1447: Achkarn, bis 1777 Achtkarren, parallel dazu setzte sich seit dem 16. Jahrhundert das moderne Achkarren durch.

Zuweilen spielte wohl auch die Fantasie der Urkundenschreiber eine Rolle, wenn die ursprüngliche Bedeutung des Namens nicht (mehr) verstanden wurde. Im 18. Jahrhundert unterlief beispielsweise einem Ortsschreiber ein »Fehler«, der brav von allen Nachfolgern übernommen wurde. So hieß das um 1260 erwähnte Bickenreute (»Pichenruti«) bei **Kirchzarten** kurzerhand fast 200 Jahre lang »Birkenreute«.

## Viele Herren, ewige Not

Die Herrschaftsbeziehungen waren im Mittelalter und der frühen Neuzeit nicht gerade übersichtlich, die Bewohner konnten sogar unterschiedlichen Herren zugehören. Dort, wo die Bevölkerung einigermaßen homogen war, gab es auch häufige Besitzwechsel. Dies sei am Dorf **Neuershausen** gezeigt.

Der Ort gehörte durch die Jahrhunderte zu folgenden Herrschern und Klöstern: Johanniter, Wilhelmiten, der Familie Snewlin, dann denen von Üsenberg, gefolgt von der Familie Malterer, dann den Grafen von **Freiburg**, die den Besitz an die Markgrafen von Hachberg/Baden verloren. Nun erwarb die Familie von Tuslingen den Ort, zuletzt gehörte man zu den Klöstern Günterstal und **Tennenbach**. Diese Auflistung soll eines illustrieren: Zu früheren Zeiten war nur der Wechsel beständig, mit den neuen Herren eben auch die jeweiligen Ansprüche und Gesetze.

## Ottos Sitz

Weinkenner auf der ganzen Welt kennen diesen Namen, aber kaum jemand weiß, woher er kommt: Der **Kaiserstuhl**, in vielen Sagenüberlieferungen als Zufluchtsort des von Rom kommenden Kaisers Ermenrich, an dessen Schicksal auch die Geschichte vom den Harelungen treuen Eckhart geknüpft ist. Deren Schatz soll im Breisacher Berg begraben sein. Historisch belegbar ist dies aber nicht; stattdessen ist der Name des Vulkanmassivs die symbolische Bezeichnung des Throns von König Otto III., der bei **Sasbach** am 22. Dezember 994 einen Gerichtstag abhielt. Danach wurde das ganze Gebirge als »Königsstuhl« bezeichnet. Nachdem der Regent im Mai 996 zum Kaiser gekrönt war, wurde daraus eben der »Kaiserstuhl«. In den Quellen taucht er aber erst seit 1304 (»Keiserstuol«) auf. Danach spricht eine Nachricht zur Errichtung der Peter- und Pauls-Kapelle 1333 vom »sede imperiali«, zu Deutsch »Sitz des Kaisers«. Otto war da schon 331 Jahre tot.

## Die Oberrieder Motte

Alles begann damit, dass man in der Vorphase einer Bebauung in **Oberried**, Gewann Schmelzäcker, Bodensondierungen bei einem Rundhügel vornahm, da man davon ausging, dass sich hier, wie es der Volksmund wissen wollte, eine Art Abraumhalde von einem Klosterbau befände. Direkt an der Straße, die ins Zastlertal führt, wurden dann aber im Bodenradar die Umrisse einer alten Burg entdeckt, die nun dem Bauvorhaben den Garaus machen dürfte. Allzu bedeutend ist der Fund, da es sich nicht um eine normale Ruine handelt, sondern um eine so genannte »Motte«, die Reste einer mittelalterlichen Turmhügelburg also. Diese waren im 11. Jahrhundert zum Teil aus Stein, oft aber auch aus Holz gebaut worden. Das Landesamt für Denkmalpflege bezeichnete jüngst den

Platz als »hochsensibles archäologisches Denkmal von überregionaler Bedeutung« (Badische Zeitung vom 9.2.2017).

### Snewes oder Sne?

Anhand einer der reizvollsten Ruinen des Breisgaus soll die Problematik aufgezeigt werden, die zuweilen mit den Versuchen verknüpft ist, Licht ins Dunkel der Vergangenheit zu bringen.

Die Schneeburg bei **Ebringen**, die auch mal »Snewesberg« (1318) oder »Schneberg« (1426) hieß, wurde wohl in der 2. Hälfte des 13. Jahrhunderts erbaut. Von wem allerdings, darüber rätseln die Historiker bis heute. Wohl weiß man, dass sie im 14. Jahrhundert den Hornbergern, dann dem Kloster St. Gallen gehörte, später einem Snewlin-Bernlap zu **Bollschweil** und mehreren anderen Herrschaften, das Erbauer-Geschlecht ist jedoch ungewiss. Sicher ist wiederum, dass sie im Bauernkrieg 1525 zerstört und nie wieder aufgebaut wurde.

Natürlich, die Sage hat die romantische Ruine in Besitz genommen, so ist von Raubrittern die Rede, von einem besonders grausamen, dem Kuchenhänsel, der sein Pferd mit umgedrehten Hufen beschlagen ließ um die Spurensucher in die Irre zu führen.

In der Nachfolge von Sebastian Münster, der 1574 in seiner »Kosmographie« – einer Art Weltbeschreibung – die Burg mit der **Freiburger** Adligenfamilie Snewelin in Zusammenhang brachte, haben viele versucht, diese Namensähnlichkeit zusammenzubringen.

*Romantisch rekonstruiert: die Schneeburg bei Ebringen*

So einfach scheint es aber nicht zu sein, schließlich gibt es auch vielerlei Schreibungen des Familiennamens – etwa »Sneuwelinus« (1220), oder »Schneilin«(1317), die auch andere Wortwurzeln möglich machen. Robert Feger kann sich in seinem Buch über die Burgen und Schlösser Südbadens auch vorstellen, dass es sich um einen Übernamen handeln könnte, der auf das Wort »Schnabel« oder auf »schnaufen« zurückgeht, schließlich war man im Mittelalter mit Übernamen nicht zimperlich. Und so steht die Ruine seit bald 500 Jahren mysteriös-majestätisch, umgeben von Eichen auf dem Berg und behält ihr Geheimnis für sich.

## Herren ohne Skrupel

Was bei der Schneeburg noch Spekulation war, ist nun bei der Burg **Wiesneck**, nördlich von **Buchenbach**, deren Ruinen noch immer zu besichtigen sind, sicher: Sie gehörte den Snewelins von **Freiburg** und zwar von 1325 bis 1451. Wer sich nun aber in romantischer Burgenträumerei ergehen möchte, der irrt gewaltig. Denn die Patrizierfamilie handelte nach dem, was man heute als kapitalistische Raffgier bezeichnen würde. Die Snewelins hatten durch taktisches Kalkül vor allem den Besitz verarmender Adeliger an sich gebracht. Namen wie die Falkensteiner oder die Herren von **Landeck** (s. u.) seien hier nur genannt. Besonders hart hatte das Kloster St. Märgen, dessen Vögte die Snewelins waren, unter ihnen zu leiden. Um das Jahr 1340 wurden beispielsweise der Abt Konrad und drei Mönche ins Burgverlies geworfen, sie waren anscheinend nicht unterwürfig genug. Der Zwist gipfelte darin, dass 1355 derselbe Abt bei **Ebnet** (beim Annakreuz, siehe UF, 114) im Auftrag der Burgherren ermordet wurde. Das Beispiel machte Schule: Nachdem die Burg 1372 an die von Blumeck verkauft worden war, wurde erneut ein unbotmäßiger St. Märgener Abt, diesmal bei **Merdingen**, ermordet.

## Wen der Hafer sticht ...

Dass den Herren nicht immer brav Folge geleistet wurde, dafür gibt es ein beredtes Beispiel bei **Kirchzarten**. Der Besitzer der Freiburger Badstube beim Schwabentor (siehe UF,77), Hans Graf, erwarb 1532 zusammen mit seinem Sohn **Bickenreute**, das uns schon beim Thema ›falsche Überlieferung‹ begegnet ist (siehe Kapitel »Facetten des Breisgaus«). Bald fühlte er sich als großer Herr, womöglich sogar als Ritter und weigerte sich standhaft, der Stadt **Freiburg** die Abgaben zu leisten und meinte, er müsse solche nur an die vorderösterreichische Instanz abtreten. Die Weigerung kam den Sohn Ulrich aber teuer zu stehen: Er wurde dafür in das Verlies des Schlosses geworfen, wo er sicherlich sein Verhalten überdachte. Im Dezember,

*Kriegsszene: Bauer und Soldat vor grausamer Kulisse*

als es sehr kalt wurde, erbat er sich »man möge ihn, der großen Kälte wegen, doch – wenn auch gefesselt – in eine geheizte Stube legen.« Schließlich wurde er dank einer stattlichen Geldsumme, die sein Vater bezahlte, freigelassen.

### Auferstanden aus Ruinen ...

Die Sage fand oft verblüffende Lösungen für geschichtliche Vorgänge, die in Vergessenheit geraten waren. Als Beispiel sei die Neugründung eines Ortes nach dem schrecklichen Dreißigjährigen Krieg erzählt werden. Demnach soll es einen Ort namens »**Harthausen**« gegeben haben, der vollständig ausgelöscht worden sein soll. Nur ein Bewohner namens Billeisen soll überlebt haben. Man stelle sich den verwüsteten Ort vor und wie mühsam es für eine Einzelperson gewesen sein muss, die überall umherliegenden Leichen zu beerdigen, ruinöse Häuser wieder instandzusetzen, verschüttete Brunnen auszugraben und die Felder neu anzubauen. In der Sage fing der gute Mann aber dennoch bei Null an und gründete eine neue Bleibe – als ›Billeisen von **Merdingen**‹. Alle heutigen Bewohner dieses Ortes sollen denn auch von ihm abstammen ...

### Der große Kahlschlag

Zu der Zeit, als die Franzosen unter Ludwig XIV. (1638–1715) unsere Gegend eingenommen hatten, wurde **Freiburg**, wie viele Orte am Rhein entlang, zur befestigten Stadt umgebaut. Dabei ging es nicht nur um eine Verstärkung von Außenmauern, sondern um den Umbau zu einer riesigen Festung, u.a. den Abriss und die Umgestaltung

*Die Schweden-gefahr: Musketiere im Dreißig-jährigen Krieg*

*Kein Erbarmen: Ein Soldat greift wehrlose Bauern an*

ganzer Stadtteile (Näheres in UF, 170). Für die Konstruktion der gigantischen Wallanlagen benötigte man allerdings zahlreiche Baugerüste. Woher aber so viel Holz holen?, fragte sich der Baumeister Sébastien le Prestre de Vauban 1677. Schließlich fiel die Wahl auf den **Schönberg**, einen Hang in Richtung **Hexental**. Insgesamt 20000 Eichen wurden gefällt und in die Breisgaumetropole abtransportiert und verbaut. Zurück blieb ein kahlgeschorener Berg ...

Zu Besatzungszeiten musste die Bevölkerung auch dulden, dass man in ihren Häusern Soldaten einquartierte und diese auch mitversorgt wurden. Eine Zahl soll hierfür symbolisch die großen Opfer darstellen, die die Einheimischen bringen mussten: Anlässlich der letzten kriegerischen Belagerung durch die Franzosen 1799/1800 in **Opfingen** forderten diese allein 15 294 Portionen Brot.

### Die Kalamitäten des Katalanen

Als besonders unangenehm und unbeliebt muss der Graf Ferdinand Joseph von Duran gelten, der, ursprünglich Katalane, 1732 in den Breisgau einheiratete und hier vor allem durch seine Streit-»Kultur« beleumundet war. Der Gatte von Johanna Maria Catharina, geborene Tiepolt, soll in den 29 Jahren seiner Herrschaft 20 Jahre allein mit Streitereien mit den Untertanen zugebracht haben. Das Paar, das in **Neuershausen** residierte, hatte sechs Kinder. Offenbar stand die Verwaltung des Besitzes nicht unter einem guten Stern, dieser galt sogar als herabgewirtschaftet. Unzählige Gerichtsprozesse sind aktenkundig, die die wirtschaftliche Lage der Grafen nicht gerade verbesserten. In den Quellen wird Ferdinand Joseph als habgierig, despotisch, dabei empfindlich und cholerisch

*Das Wappen des unbeliebten Grafen Ferdinand von Duran*

charakterisiert. Auch scheint er vor allem seine eigenen Interessen im Sinn gehabt zu haben, wie etwa die Steigerung seines Einkommens. Er scheute sich auch nicht, sich mit dem Hof in Wien anzulegen. Da er auch mit »lästerlichen Reden« nicht sparte, galt er auch als unmoralisch. Als Spanier aß er auch freitags Fleisch, was als unkatholisch galt. Wenn er davon sprach, »die leibeigenen Unterthanen [...] in Ordnung« zu bringen, hieß das eigentlich im Klartext, dass er bestimmte von ihnen begünstigte, um seine Pläne durchzusetzen. Um seine Autorität exemplarisch zu beweisen, ließ er gleichzeitig zwei angesehene Neuershausener, den Metzger Joseph Rinckwald, sowie den Bäcker Joseph Eggle, wegen Aufruhr und »respektloser Reden« einsperren. Die Gemeinde kommentierte dies so: »Es heißt bey ihm nur: Ihr Bestien, Ihr Rebeller, Ihr Hunde, Ihr müßt führen und fahren, was, wann und wohin ich will!«

1735/36 richtete sie dann ein Anklageschreiben an das dafür zuständige Gericht, aus dem auch hervorgeht, dass Duran seine eigenen Gesetze machte. So soll er übertrieben hart bei den Fronen gewesen sein, diesbezügliche altergebrachte Regelungen einfach außer Kraft gesetzt haben, den Gemeindewald ruiniert, sich Allmendland angeeignet, ja sogar das Wahlrecht für Vogt und Richter abgeschafft haben. Duran reagierte prompt: Er tobte in einem

*In Neuershausens
Kirche verewigt: die
Gräfin Johanna
Maria Catharina*

Schreiben, er weise diese »lügenhaften« Behauptungen von sich. Die österreichische Regierung erreichte schließlich 1737 doch noch einen Vergleich.

## Ein alter Umweltskandal

Gegen den Herrn Litschgi (Mitglied der »Fugger des Breisgaus«, vgl. Kapitel »Steine, Gebäude, Unterirdisches«) und »seine Bergwerksleute« richtet sich ein Brief des Priors von **Oberried** an den Bergrichter vom 6.6.1749. Dieser macht deutlich, welche Auseinandersetzungen es mitunter gab und zu welchen Konflikten es in der Geschichte unseres Landstriches kam. Es dürfte sich außerdem wohl um den ersten dokumentierten Umweltskandal handeln.

In vier Punkten werden teils schwere Vergehen gegen den Gemeinsinn aufgeführt, die hier nur in gekürzter Form wiedergegeben werden sollen:

> Vogt und sämtliche meinem Amt anvertrauten Untertanen der Gemeinde **Kappel** beschweren sich und bitten, ihren nachfolgenden Klagepunkten [...] die amtliche Unterstützung angedeihen zu lassen.

1. Es werde der Bach, von welchem für die Gemeinde Kappel sämtliche Matten gewässert werden müssen, durch das Erzwasser ganz unbrauchbar gemacht, [...] wo es hingerichtet werde, [...] das Gras wegfresse, was großen Mangel für das zu unterhaltende Vieh verursache; [...] so lange solches Erzwaschen andauern werde, sei kein einziger Fisch mehr darin zu finden [...]

2. [...] Nebst diesem werde durch die Bergleute ohne alle Ordnung da und dorten in der ganzen Waldung herum unterschiedslos teils junges, teils altes Holz, wie es sie ankommt und ihnen gelegen ist, [...] wider die Forst- und Waldordnungen höchst sträflich und schädlich niedergehauen und die ganze Waldung gänzlich ruiniert [...].

3. Wo die Gemeinde für ihr eigenes Vieh [...] mit guter Ordnung pflege, da treibe Joseph Zimmermann, der Bergwerksverwalter, seine 5 Pferde allenthalben, wo die beste Weide ist, bevor das Gemeinde-Vieh dorthin getrieben werde [...].

4. [...] Gleich wie die Gemeinde noch eine ziemliche Forderung auf Bezahlung des [widerrechtlich geschlagenen] Holzes hat, so haben noch viele Einzelpersonen viel oder wenig zu fordern.

Das bedeutet, sie kamen damals nur mit größter Not über die Runden.

## Johannes Bückler & Co.

Auch in unserer Gegend trieben sie ihr Unwesen: die Räuberbanden. Ihre Hochzeit war vor allem der Zeitabschnitt zwischen 1750 und 1850, populär die Vorstellungen vom im Kern edlen Banditen, der den Reichen nimmt und den Armen gibt. Eine »Gaunerliste« enthält um 1800 insgesamt 3721 Namen, wobei die Abgrenzung zwischen Diebstahl und Raub, kleinen Dieben und organisierten Kriminellen hier sicher nicht klar vorgenommen wurde.

Berühmte Namen sind Jesse James, Robin Hood, oder Johannes Bückler (1779–1803), der unter dem Übernamen »Schinderhannes« im kollektiven Gedächtnis geblieben ist und vor allem im Taunus seinem zweifelhaften Beruf nachging. In unseren Breiten hat sich zumindest zeitweise der so genannte »Hannikel« mit seiner Bande aufgehalten, der auch als »Zigeuner« bezeichnet wurde. Mehr als 20 Jahre lang stahl und raubte er in der Gegend um Pirmasens und versetzte mit seiner Bande die Bevölkerung in Angst und Schrecken. Eine Beschreibung des Diebesunwesens von 1733 spricht auch von einem »krummaulete(n) Martin, [...] Weber aus dem Breisgau.«

Das Leben der Berufsdiebe war nicht so romantisch, wie es die vielen Räuberromane und -geschichten bis hin zum »Hotzenplotz«

glauben machen wollen. Lena Marie Hahn, die eine Seminararbeit über das Leben des Jakob Reinhard, alias »Hannikel«, geschrieben hat, formuliert es so: »Als Zigeuner und Vaganten standen Hannikel und seine Leute außerhalb der frühneuzeitlichen Gesellschaft und lebten in ihrer eigenen Kultur mit ihren eigenen Regeln und Gesetzen und mussten jederzeit mit Verfolgung rechnen. Als berüchtigten Räubern drohte ihnen die Verhaftung durch die Behörden, und der Tod stand ihnen ständig vor Augen.« Zwar war die Familie nur in ihrer Anfangszeit im **Breisgau** und versuchte, sich als Schweine- und Gänsehirten über Wasser zu halten, bevor Reinhard zum Anführer einer Bande wurde, sie stehen hier aber für die vielen unbekannten Banditen, die sich meist aus purer Not einem Haufen anschlossen. Die Justiz ging nicht eben zimperlich mit ihnen um, hatte sie einen endlich einmal beim Wickel. Man wollte vor allem eines: abschrecken von dieser Landplage. Und so wurden öffentliche Hinrichtungen lange vorher angekündigt und beworben, gab man so genannte »Zeitungen« heraus und verteilte Handzettel, die die Zuschauer ermahnten, eine andere Lebensart als die der zu Tode Gequälten anzunehmen.

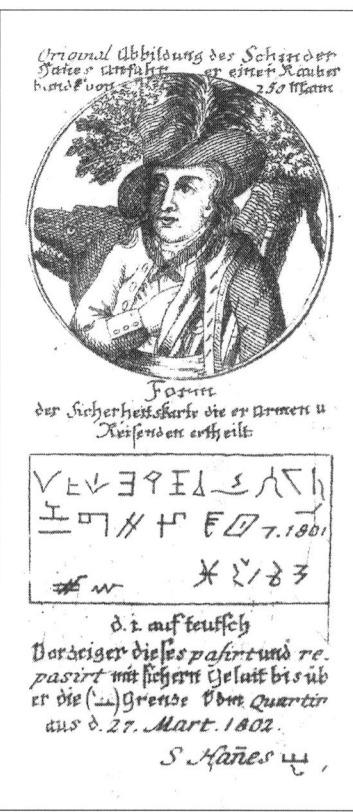

*Gut organisiert: Porträt des Schinderhannes und ein verschlüsselter Passierschein*

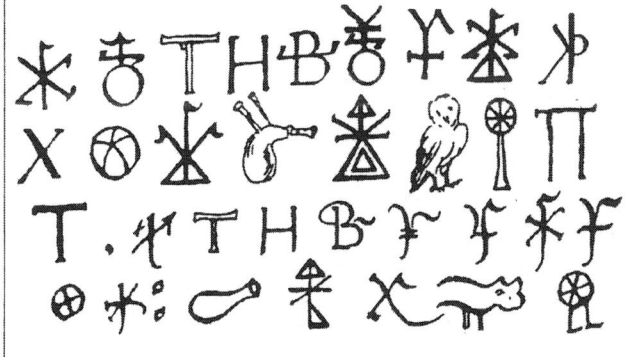

*Sogenannte »Mordbrenner- zeichen«, mit denen sich die Räuber verständigten*

Im 18. Jahrhundert
häufige Horrorszene:
Überfall durch
Räuber

### Lebenslauf in einem Satz

Das »Kenzinger Wochenblatt« brachte das Soldatenleben im Jahre 1873 – nach dem Deutsch-Französischen Krieg also – so auf den Punkt: »Der Soldat ist ein vom Weibe geborenes, zum Leiden erkorenes, kahlköpfig geschorenes, vom Lande gekommenes, bei der Musterung genommenes, gleich anfangs geimpftes, dann manchmal geschimpftes, viel Hunger habendes, an Kommißbrot sich labendes, Dauerlauf trabendes, in Gleichmarsch gehendes, auf Kommando stillstehendes, langsamen Schritt machendes, im Gliede nie lachendes, Schweißtropfen vergießendes, rechts und links schießendes, Erbsensuppe genießendes, [...] zwei Groschen verdienendes, krampfhaft marschierendes, drei Winter lang frierendes, aus Verzweiflung kapitulierendes, endlich avancierendes, dann andre bestrafendes, auf Wache gern schlafendes, [...] Zulage erhaltendes, Korporalschaft verwaltendes, dort unumschränkt schaltendes, Kriegsherrn hochhaltendes, Demokraten verachtendes, nach Köchinnen schmachtendes, sich nach Ruhe sehnendes, und endlich Pension nehmendes, zum Polizisten, Briefträger oder Nachtwächter sich bequemendes Individuum.«

Der Breisgau war während der Badischen Revolution von 1848 eher ein Nebenschauplatz. Außer in **Freiburg** und **Horben,** wo der Zug des Franz Sigel endete, gehört nur noch **Staufen** zu den Orten an den Wegen der Aufständischen. In der Fauststadt endete der Zug des Gustav Struve, bevor er letztlich den Kampf aufgab. Hier gab es allerdings ein paar skurrile Vorkommnisse, die im Kapitel »Steine, Gebäude, Unterirdisches« erzählt werden.

# Vor Ort

Auf sehenswerte historische Örtlichkeiten des Breisgaus folgt ein Rundgang durch Breisachs Geschichte, den man je nach Zeitbudget gestalten kann: Am Schluss lockt das Stadtmuseum, das immer auch einen Extra-Besuch wert ist.

*Romantische Ruine: die Burg Landeck*

## Ruinen im Dornröschenschlaf

Wer die obere Ruine **Landeck** betritt, dem drängt sich das Märchen des 1000 Jahre schlafenden Schlosses auf: Drei hohe Mauern erheben sich zwischen wuchernden Kletterpflanzen, mehrere romanische Säulen scheinen in der Luft zu hängen, zwei immense Kamine zeugen von ungeheuer großen Innenräumen. An ihrem wärmenden Feuer müssen Heinrich und Walther von Geroldseck an den langen, kalten Winterabenden gesessen haben, bis zu ihrem großen Zwist im Jahre 1299, wegen dem, so will es die Überlieferung, die zweite Burg weiter unten gebaut wurde, 22 Jahre hielten es die Brüder zusammen aus, dann wurde der Besitz geteilt. Ein Jahr später verkaufte Heinrich seinen Anteil an die Johanniter, ohne, wie vorher vereinbart, dem anderen das Vorkaufsrecht zuzugestehen. Der Orden tauschte die Doppelburg später mit der Familie Snewlin, die sich fortan »von Landeck« nannte. Diese, auch »die Rothschilds des Breisgaus« genannt, verlor ihre gesamten Lehen 1624 an den Erzherzog Leopold von Österreich, weil sich ihr letzter Spross Hans Philipp »außer Landes verloren« hatte – er war schlichtweg verschollen. Damals waren die beiden Burgen nur noch Ruinen, denn die kriegerischen Bauern des Jahres 1525 hatten alles niedergebrannt.

Begeht man die untere, jüngere Anlage, die von der oberen durch einen tiefen Graben getrennt ist, wird man von unheimlichen Fensterhöhlen empfangen und einem Portal, das den Blick auf Gotisches freigibt. Das Gebäude wirkt feiner als sein älteres Pendant, Tische und Bänke laden zur Rast ein. Hat sie hier gelebt, die grausame Brigitte von Landeck, die auf ihrer Brautfahrt zur **Sponeck** auf dem **Kaiserstuhl** den Armen das traditionelle Brotalmosen verweigert haben soll? Zwischen **Bötzingen** und **Eichstetten** soll sie der Sage gemäß bei strömendem Regen in ihrer Kutsche Durst bekommen haben. Sie befahl, das für die Bedürftigen bestimmte Brot gleichsam als Brücke zu einem Brunnen auszulegen, an dem sie trinken wollte. Die staunenden Bettler sahen nur noch, wie Brigitte ob dieses Frevels von der Erde verschluckt wurde ...

Auch im 20. Jahrhundert hat eine Frau, genauer eine italienische Gräfin, die Gemüter bewegt, die angeblich die Anlage zu ihrem Feriendomizil machen wollte. Zusammen mit ihrem Ehemann überlegte sie, die Burg wieder aufbauen zu lassen, ließ aber schließlich doch davon ab ...

## Wes Wein ich trink ... ?

Die Talvogtei, ehemaliges Zentrum der Macht in **Kirchzarten**, hat eine bewegte Geschichte hinter sich. 1297 wird sie vom Kloster St. Gallen an die Johanniter verkauft, von denen es Kuno von Falkenstein wiederum erwirbt. Nach dessen Tod erbt ihn Hans von Digesheim.

Der Edelknecht war sich seiner Macht gewiss: In einem sogenannten »Dingrodel«, einer Art Gesetzessammlung, die festlegte, welche Rechte der Herr über die Bauern hatte, standen im Jahre 1395 unter den üblichen Angaben zum Gericht und dem Bann (Herrschaft), die Verkaufslauben des Dorfes, sowie die dortige Badstube, alles einträgliche Besitzungen. Zum Ärger vor allem der Wirte ließ er sich aber auch vor versammelter Gemeinde »gemeinglich und unwidersprochenlich« ein Monopol über den Wein zusichern. Konkret hieß das, dass zu bestimmten Zeiten nur des Herren Wein ausgeschenkt und getrunken werden durfte. Dem aber noch nicht genug, ordnete er einen Trinkzwang an, der den Bewohnern eine bestimmte Menge des alkoholischen Getränks zuordnete. Wer dies ablehnte, dem sollte man »sinen teil heim schicken«, wer aber auch das ablehnte, »dem sol man in [ihn, d.h. den Wein] unter der swellen [Türschwelle] inschütte.«

*Auch hier wurde Recht gesprochen: die Kirchzartener Talvogtei*

## Vespucci-Land

Wir fahren nach **Wolfenweiler**. In der Waldseemüllerstraße empfängt uns an überraschender Stelle eine Gastwirtschaft, bei der im Hof Bänke aufgestellt sind. Viele Besucher essen hier, ohne zu ahnen, dass hier der Mann gelebt hat, der einen ganzen Kontinent bestimmte. Martin Waldseemüller, 1470 hier geboren, studierte in **Freiburg** bei Gregorius Reisch, der in der Kartause wirkte und eine Enzyklopädie herausgab (vgl. UF, 13). Zusammen mit Freund und Mitarbeiter Matthias Ringmann geht er ins elsässische St. Dié (wo er 1522 auch stirbt) als Astronom und Kartograf. Bekanntlich wurde 1492 von Kolumbus »Westindien« entdeckt, woher auch der Name »Indianer« sich herleitet.

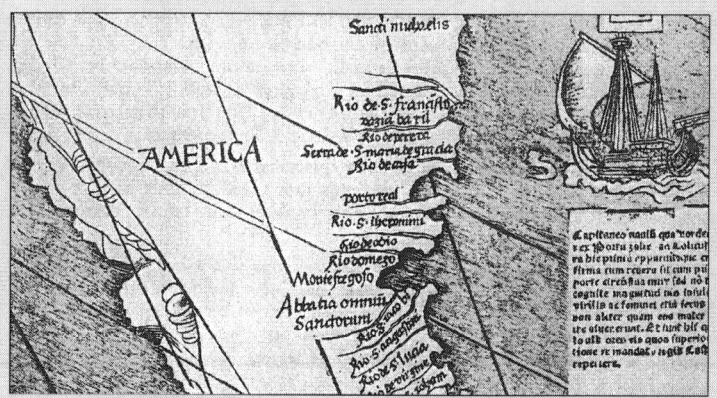

*Waldseemüllers Nachlass: ein ganzer Kontinent*

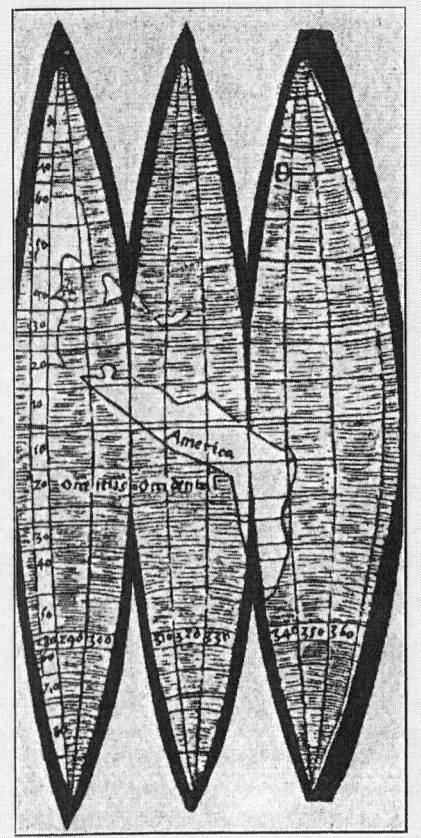

Waldseemüller konzipiert nun 1507 ein Lehrbuch der Weltgeographie und schlägt vor, den neu entdeckten Kontinent nach Amerigo Vespucci, dem Entdecker, der eine Beschreibung über das Land verfasst hatte, zu benennen. Und – er trägt schon mal den neuen Namen in seine Pläne ein. Zu dieser noch vorwissenschaftlichen Zeit kopiert nun jeder diese Bezeichnung auf seinen Karten und »America« ist »erfunden«, diese Bezeichnung bis heute unlösbar mit den westlichen Landmassen verbunden.

Man stelle sich vor, die Geographen hätten historisch korrekt Kolumbus genommen – wäre dann vielleicht, neben Kolumbien, »Christophia« das Land der Indianer geworden? Oder – wie man später erfuhr, »Leifia« von dem Wikinger Leif Erikson, Sohn Erich des Roten, der an der Küste bei Boston landete?

*Bastelbogen mit neuem Namen: »America« für den Globus (1507) ...*

Nůc ÿo & hę partes funt latius luftratæ/& alia quarta pars per Americů Vefputiů(vt in fequenti bus audietur)inuenta eft/quã non vídeo cur quis iure vetet ab Americo inuentore fagacis ingenij ví Ameri/ ro Amerigen quaſi Americi terrã / ſiue Americam ca dicendã:ců & Europa & Aſia a mulieribus fua for tita ſint nomina. Eius fitů & gentis mores ex bis bi nis Americi nauigationibus quæ fequunt liquide intelligi datur.

*... und zum Nachlesen in dem Lehrbuch der Geografie*

# Ein historischer Rundgang durch Breisach

Dieser Rundgang soll durch die verschiedenen Epochen des Ortes führen, der unserer Region den Namen gegeben hat, von den Römern bis in die Neuzeit. Wir betreten den Münsterberg von Süden her, indem wir vom Marktplatz aus der Straßenkurve folgen und dann die Treppen des ausgeschilderten Rundgangs nehmen. Unterhalb der Straße, die sich zum Münster hin hochwindet, zeigt ein R e l i e f die Stadt Breisach im 17. Jahrhundert.

*Stolzes Stadtsiegel aus Breisach (13. Jahrhundert)*

## Die alten Transportwege

Man erkennt gut, dass Breisach damals eine Hafenstadt war, die abgebildeten Boote sind voller Waren. Neben **Hochstetten** lag hier, etwas weiter südlich, der bedeutendste Schiffsanlegeplatz zwischen Basel und Straßburg. Die Wege waren schlecht, mit Wägen dauerten Transporte eine Ewigkeit. Ganz anders der Rhein, auf dem zahllose Schiffe verkehrten. Bei Breisach mussten sie Boote anlanden und einen Zoll dafür bezahlen, dass sie ihre Waren (zwischen)lagern konnten. Außerdem gab es die Rheinbrücke, die schon 1273 bestand, eine weitere Einnahmequelle, weil man am Tor einen Zoll bezahlen musste. Auch der Durchlass für die Schiffe unter der Brücke war gebührenpflichtig. Das Tor stand an der Stelle, wo heute das barocke Rheintor sich befindet, in dem das Museum für Stadtgeschichte eingerichtet wurde (s.u.).

## Das Kreuz mit der Pest

Auf der Straße, die nach oben führt, ist rechter Hand ein K r e u z im Pflaster eingearbeitet. Es steht für die Verschonung der Oberstadt durch heilige Zeichen oder einen Heiligen selbst. Die Überlieferung schwankt in der Frage, wie genau sich die Himmelsmächte gezeigt hätten, um Breisach von der grassierenden Pest zu schützen – einig sind sich alle aber in der Aussage, dass die Seuche sich von unten nach oben fortbewegte, ein Haus nach dem anderen einnahm, bis sie an diese Stelle gelangte. Sei es nun, dass an diesem Ort eine Heiligenstatue stand, oder dass am Hagenbachturm (s.u.) eine heilige Erscheinung zu sehen war, bis hierher bewegte sich die Geißel der Menschen und kam nicht weiter. Die Bewohner der Oberstadt, alles reichere Kaufleute, wurden wunderbar verschont.

### Der Fall Hagenbach

Am H a g e n b a c h t u r m , der an sich schon ein eindrucksvolles Gebäude ist, informiert ein kleines Schild über das Schicksal des gleich-
namigen Landvogts, der hier zwischen 1469 und 1474 für Karl den
Kühnen von Burgund Herr über **Breisach** war. Im vierten Jahr seiner
Amtstätigkeit erntete er Empörung, weil er den sogenannten »bösen
Pfennig«, eine Sondersteuer auf den Wein, erhob. Außerdem erkaufte
er sich das Schultheißenamt für 5000 Gulden. Nun mischte er sich
dauernd in die Angelegenheiten der Stadt ein. 1474 lud er zu einem
Fastnachtsfest, ein Gelage, bei dem die Frauen über Tische und Stüh-
le steigen mussten, damit er ihnen unter den Rock schauen konnte.
In der Chronik heißt es weiter: »Manch schöne Frau zart des langen
Tanzes siech ward und zwei fromme Frauen gar nit uslebeten das
Jahr«. Am Aschermittwoch verjagte er den Pfarrer vom Altar, weil er
mit seiner Freundin »pussieren« wollte. Damit hatten die Breisacher
genug. Sie verfassten eine Anklageschrift, in der Hagenbach schwerer
Diebstahl, Mord, gewaltsame und rechtswidrige Besetzung der Stadt,
sowie die unrechtmäßige Erhebung des »bösen Pfennigs«, schließlich
Notzucht vorgeworfen wurde. Der letzte Punkt wurde dann wieder
fallengelassen, nachdem der Angeklagte angab, dass auch Herren des

Gerichts sich an Mädchen vergangen und manche der Betroffenen es gar nicht ungern gehabt hätten.

Das Verfahren wurde von dem neuen, österreichischen Landvogt Hermann von Eptingen geführt, der 28 Urteiler aus Basel, Straßburg, Colmar, Schlettstadt, Breisach, **Kenzingen**, Neuenburg, **Freiburg**, Bern und Solothurn hinzuzog, womit die überregionale Bedeutung deutlich wird, die dieser Fall hatte. Peter Hagenbach wurde, nachdem er im Radbrunnen (s.u.) gefoltert worden war, am 9. Mai 1474 außerhalb des Kupfertors enthauptet. (Von den Berichten und Abbildungen dieses historischen Ereignisses handeln zwei Artikel weiter unten.)

Weiter den Berg hinauf, nehmen wir die Gasse, die rechts zum Münster hoch führt. Gleich zu Beginn ragt links eine L ö w e n f i g u r aus der Mauer, die aus dem 12. Jahrhundert stammen soll.

## Romanisches Relikt

Das Stephansmünster soll ab 1180 in seinen romanischen Teilen errichtet worden sein. Daran erinnert die Steinfigur eines Löwen, die wohl einmal unterhalb des Münsterdachs an einem Turm angebracht war. Zu dieser Zeit deutete man die verschiedenen Tiere und Pflanzen nach dem »Physiologus«, einer antiken Naturkunde, die den Menschen eine Anleitung zum Deuten geben wollte. Über den Löwen steht darin, er habe drei Eigenarten: Die erste sei, die Löwin gebäre die Jungen tot und erwecke sie dann zum Leben (ein Bild der Auferstehung), die zweite, das gewaltige Tier, das andere zerreißt (der Zweifel?), drittens markiere er mit seinem Schwanz den Weg, den er beim Herumstreifen zurücklegt. Dadurch locke er die Tiere zu sich wie der Teufel (die Versuchung). Die Bibel kennt ihn aber auch als Symbol der Allmacht und letztlich als Christus selbst, der oft mit der Großkatze identifiziert wurde.

Aus dem »Physiologus«: Löwe mit Jungen

Wir begeben uns nun zur Kathedrale und stehen vor dem S t e p h a n u s - P o r t a l am südlichen Eingang des Münsters, das verschiedene Szenen aus dem Leben des Heiligen gleichzeitig auf einer Bildebene zeigt.

## Der Heilige und die Juden

Stephanus musste im Jahre 767 in Konstantinopel sterben, weil er sich dem damaligen Kaiser widersetzt hatte, der einen »Bildersturm«, also die Zerstörung aller heiligen Bildwerke, durchsetzen wollte. Nun wurde Stephan von falschen Zeugen beschuldigt, er habe »mit der frommen Witwe Anna aus dem benachbarten Nonnenkloster schändlichen Umgang«. Diese beteuerte zwar beider Unschuld, wurde daraufhin aber (nackt) so fürchterlich gegeißelt, dass sie bald darauf starb. Stephanus wurde nun misshandelt und auf eine Insel verbannt. Nachdem er dort weiterhin Wunder vollbrachte und das Eiland zum Wallfahrtsziel wurde, ließ der Kaiser ihn zurückholen, ins Gefängnis werfen und schließlich dem Mob ausliefern, der ihn zu Tode quälte. Sogar die Leiche soll noch misshandelt worden sein. Die Szene am Münster interpretiert das Martyrium als Steinigung und platziert deutlich sichtbar mehrere Juden (mit spitzem Hut), die sich die Ohren zuhalten, um nicht seinen Predigten lauschen zu müssen, sowie eine Figur, die einen Stein auf ihn wirft, wobei nicht ganz klar ist, ob nicht der Jude links daneben geworfen hat. Dies spiegelt die Situation der Juden, nicht nur zum Zeitpunkt des Portalbaus (ca. 1340) wider, die immer wieder auftauchenden Beschuldigungen, Vorurteile und die daraus folgenden Pogrome gegen Israeliten im Breisgau insgesamt (dazu siehe Kapitel »Tragödien und Katastrophen«). In Breisach, einem der Hauptorte jüdischen Lebens bei uns, lebten Juden lange Zeit friedlich mit den übrigen Einwohnern zusammen.

## Das Kastell unter der Kirche

Wir begeben uns an die N o r d s e i t e  d e s  G e b ä u d e s und finden, an der gegenüberliegenden Mauer, die Reste von Grabsteinen römischer Herkunft.

Breisach, genauer der Münsterberg, war schon in vorgeschichtlicher Zeit ein strategisch wichtiger Ort, schließlich befand sich ein römisches Kastell an dem Platz, an dem wir stehen. Archäologische Ausgrabungen haben ergeben, dass unterhalb des Münsters, aber auch in Richtung Norden, weit reichende Befestigungen bestanden, die erst mit dem Abzug der Römer um 400 ihre Funktion verloren. Mit Hilfe der Bodenplatten auf dem Platz wurde der Grundriss eines spätrömischen Gebäudes nachgebildet.

Kaiser Valentinian I. – zusammen mit seinem Sohn Victor Konsuln – hatte übrigens am 30. August 369 während einer Inspektionsreise ein Edikt erlassen, in dem der Name Breisach zum ersten Mal urkundlich erwähnt wurde: »Datum III. Kalendas Septembris **Brisiaci** Valentiniano nobilissimo puero Victore consulibus.«

Weitere Geschichten zu den Römern siehe Kapitel »Aus der Vorgeschichte«.

## Zum Rad-Laufen verurteilt

Der R a d b r u n n e n in Breisach, um 1200 erbaut, kann auf eine seltsame Tradition zurückblicken. Hier wurde aber auch das Wasser aus
einem Schacht aus 41 m in der Tiefe des Münsterberges mit Eimern, die
an Seilen hingen, heraufbefördert. Innen drehte sich ein Tretrad, das
von Menschen betrieben wurde. Das auffällige Gebäude im Zentrum
der Altstadt diente für Ratssitzungen und als Folterkammer, in der z.B.
Peter von Hagenbach »peinlich befragt« wurde (vgl. oben). Der Brunnen
war aber auch Ort der Bestrafung, die darin bestand, eine Zeit lang das
Holzrad treten zu müssen, um den Bürgern zu Wasser zu verhelfen. Vor
allem die Mädchen und Frauen, denen man einen schlechten Lebens-
wandel nachsagte, wurden häufig zu diesem Wasserdienst verurteilt.
Man kann sich gut vorstellen, wie sie dabei beschimpft wurden. Dass
diese Strafpraxis sogar bis Ostdeutschland bekannt war, beweist folgendes Zitat: »[...] in vorigen älteren Zeiten, als man die liederlichen
Weibsbilder zum Radtreten angehalten hat, wurde in Sachsen und anderen Orten gemein, einem schlechten Mädel fürzuhalten: du mußt
ein recht Muster mensch sein, bist etwann auch schon zu **Breisach** im
Radbrunn zum Wasser hinauf tretten, gewesen?«

*Stadtansicht von
Breisach (1555) mit
hohem Radbrunnen
(rechts)*

## Ein Bild aus fernen Tagen

An der Hauswand von R a d b r u n n e n a l l e e   N r.   1 9 kann man
sehr gut nachvollziehen, wie Breisach im späten 15. Jahrhundert aussah, während die abgebildete Szene den Weg des Peter Hagenbach
am 9.5.1474 zum öffentlichen Gericht zeigt. Der Verurteilte wird, von
rechts auf einem Leiterwagen kommend, vom Volk verhöhnt und beschimpft. Die ganze Stadt ist auf den Beinen, angeblich kamen Tau-

sende aus den umliegenden Orten, um dieses Spektakel zu sehen. Wie oben geschildert, war der Prozess ein Ereignis historischen Ranges. Nach der Verurteilung wurde der unbeliebte Landvogt dann außerhalb des Kupfertores durch das Schwert hingerichtet. Übrigens durfte jeder zuschauen, also auch die Kinder, da man meinte, dass dies einen pädagogischen Effekt habe (vgl. auch Kapitel »Tragödien und Katastrophen«).

Am Ende des alten Stadtzentrums angekommen, biegen wir nach links ab und gehen durch das Kapftor hinunter, den Hinweisschildern folgend. Das Museum im Rheintor, ein Rest der Vaubanschen Befestigung von 1670, in dem übrigens 1892 eine Zigarettenfabrik eingerichtet war, beherbergt viele interessante Objekte des unbekannten Breisach.

*Standhafte Stadtheilige (Gervasius und Protasius, 1505)*

# Das Stadtmuseum Breisach (Rundgang)

Den ersten, älteren Teil der Dauerausstellung im 2. OG (rechts) kann man im Kapitel »Aus der Vorgeschichte« verfolgen. Der zweite (links liegende) Teil des Museumsraumes befasst sich mit dem Mittelalter und der frühen Neuzeit.

## Märtyrer im Doppelpack

Eine seltsame Geschichte ist das um die beiden Stadtpatrone von **Breisach.** Wie im Kapitel »Heiliges und Heidnisches« (vgl. S. 91) erwähnt, gab es einen blühenden Handel mit Reliquien von Heiligen. Jede Gemeinde wollte Knochen oder zumindest Splitter davon in ihrer Kirche vorweisen können. Friedrich Barbarossa hatte 1162 die Stadt Mailand besiegt und dessen Erzkanzler Rainald von Dassel hatte sich um die Entwendung der Kirchenschätze, besonders aber um die sterblichen Überreste der Heiligen drei Könige(!), sowie andere Gebeine gekümmert. Darunter sollen auch Knochen der Zwillingsbrüder Gervasius und Protasius (s. Abb. links) gewesen sein, zweier Jünglinge, die unter dem Kaiser Nero ein Martyrium erlitten hatten. Gemäß der Legende soll nun der Transport in Breisach eine Rast eingelegt haben, wonach die beiden heiligen Brüder den Trägern zu verstehen gaben, dass sie nun hier bleiben und nicht, wie vorgesehen, mit dem Kanzler und Erzbischof nach Köln »wandern« wollten. Man kam ihrem Widerstand nach und damit waren die Reliquien in Breisacher Hand. Es sollten aber noch 300 Jahre vergehen, bis ihre Wunderkraft spürbar werden sollte. Sozusagen um ihre Anwesenheit als Garanten des stetigen Glaubens herum wurde nun – so sehen es Theologen – das bedeutende Marktwesen organisiert, an dessen Ende die heutige Stadt steht.

Wer sich für die Baugeschichte des Münsters interessiert, findet hier genügend anschauliche Information dazu. Auf zahlreichen Tafeln wird das Entstehen des heutigen Baus phasenweise nachvollzogen.

Wir begeben uns ins 1. OG, im hinteren Teil befinden sich die Tafeln zur Rechtsgeschichte.

## Aus einer alten Reimchronik

Auch der Fall Hagenbach (s.o.) ist mit einigen zeitgenössischen Bildern vertreten, vor allem durch die gereimte Pfettisheim-Chronik von 1477. Darin wird der Casus ausführlich dargestellt. Ein Exemplar des Originaldrucks befindet sich in der Hofbibliothek Donaueschingen. Über Hagenbach steht dort:

Er was ein ritter/gantz on Er [Ehre]
Deß glichen man kum findet mer
Er wonet jn burgund ein zyt
Und meint die wyl [weil] er wer so wyt
Solt [würde] man im [ihn] dester e [eher] vergessen
Mit hochmuot wz [war] sin hertz vermessen [...]

Weiter wird das Schicksal (neuhochdeutsch) so erzählt: »Die Land-
vogtei wurde gut burgundisch, die Dinge fügten sich nach seinem
Wunsch [...] Den Bürgern ging es schlecht zu **Breisach** und zu Thann.
Den bösen Pfennig wollte er haben und führte viele neue Zwangs-
steuern ein. Der Braten troff ihm in der Pfanne. Zuerst verstand er es
zu schmeicheln und sanft zu tun, als käme es ihm von Herzen. Doch
als er übermütig wurde, herrschte er in der Stadt Breisach. Die Bürger
litten Schmerzen.

Als nun das Maß voll war, nahm seine Hoffart ein Ende. Sie mochten
es nicht mehr erdulden und fingen ihn behende. Sie setzten ihn schnell
gefangen und brachten ihn zum Schreien. Man zog ihn hoch, er schrie
so laut, seine Stimme hörte man schallen. Da schwur er seiner Bosheit
ab, die er vorher im Sinne hatte. [...] Es ist nicht nötig, dass ich viel von
seiner Bosheit erzähle, denn er ist tot. Man schlug ihm ab sein Haupt
so schnell – ihm erging es übel zu Breisach auf dem Felde [...] Gott
gebe seiner armen Seele Gnade, wenn sie in Pein ist. Ohne Zweifel: der
muss müßig sitzen bei gutem Wein, der alles erzählen will.«

## Panoptikum der Peinlichkeit

Weiter hinten sind die verschiedenen Formen öffentlicher Strafe dargestellt:

Die Tafeln geben anhand einer Postkartenserie aus dem Jahre 1900 einen reichhaltigen Überblick zu der Fantasie, die in der frühen Neuzeit
die Formen der »Ehrstrafen« erdachte. Passend zum jeweiligen Vergehen oder oft auch nur abweichenden Verhalten wurden die Verurteil-
ten mit diversen Accessoires, Schildern und Masken, ganzen Tonnen
mit Bildern zur Schau und an den Pranger gestellt.

In derselben uns Heutigen makaber oder einfach nur grausam erschei-
nenden Vielgestaltigkeit erscheinen hier außerdem die Tötungsarten,
die ebenfalls auf den »Frevel« abgestimmt waren. Zu den Strafen an
Leib und Leben vergleiche auch Kapitel »Tragödien und Katastrophen«.

# Heiliges und Heidnisches

Die Geschichte des Christentums begann in der Region mit der Bekehrung der heidnischen Alamannen durch die irischen Mönche Trutpert, Gallus und Blasius. Ein anschauliches Dokument der Anfangszeit bildet eine Predigt, die der Hl. Pirmin im Jahre 724 an die Bewohner der Bodenseeregion hielt, die aber sicherlich auch auf unsere Breiten zugetroffen hätte. Darin wird deutlich, wie das »abergläubische« Brauchtum unserer Vorfahren aussah und vor welcher Aufgabe die Missionare standen. Primin warnte: »Wollt nicht Götzen verehren, nicht beten und Gelübde ablegen vor Steinen und Bäumen, an Quellen, Ecken oder Dreiwegen nicht zaudern [...] Das Opfer von Früchten, Wein und Brot auf dem Baumstrunk oder in den Quellen [...] das alles ist Dienst des Teufels [...] Zu Neujahr in Hirsch- oder Kalbsfell laufen, Männer in Frauentracht, Frauen in Männerkleidern das lasst sein [...] Lasst das Schreien, wenn der Mond sich verfinstert und glaubt nicht an eines Teufels Zauberspruch. Als Christen sollt ihr weder vor der Kirche, noch auf Straßen und Plätzen Heidentanz, Heidengesänge und Mummenschanz treiben.«

### Altersranking der Gotteshäuser

Wo steht das älteste Gotteshaus im Breisgau? Schwer zu sagen, auch wenn mit die ältesten Orte mit Kirche auch »kirch« im Namen tragen. Archäologisch gesehen dürften es diejenigen in **Hecklingen** und **Malterdingen** sein, am frühesten urkundlich erwähnt sind sind **Buchheim** und **Merzhausen** (769 bzw. 786 n. Chr.). Eine ganze Reihe von Klöstern, Kirchen und Kapellen sind im Laufe der Zeit aus unterschiedlichen Gründen – meistens aber Kriegswirren – untergegangen. Ihre Reste sind Ruinen, die Steine wurden zuweilen als billiges Baumaterial in anderen Gebäuden verbaut. Manches Kleinod findet sich aber noch in der einen Kirche oder Kapelle wieder, die auch vor Ort zu besuchen sind.

### Mord an einem Heiligen

Auch um das älteste rechtsrheinische Kloster **St. Trutpert** im Münstertal, bereits um 800 gegründet, ranken sich viele Geschichten.

Selbstverständlich muss man mit der Gründungssage beginnen, die den im 6. Jahrhundert aus Irland hierher gepilgerten Heiligen als Einsiedler im heidnischen Gebiet auffindet. Er soll mit dem Landgrafen Otbert in gutem Kontakt gestanden haben. Als dieser ihm Land und sechs Knechte zuteilt, die ihm helfen sollen, das notwendige Gebiet zu roden, soll das Unfassbare geschehen sein: Einer der Burschen, denen laut der Sage die Arbeit zu viel geworden ist, erschlägt den Heiligen im Jahre 607 mit einem Beil. An der Stel-

*Mächtiges Kloster: St. Trutpert (18. Jahrhundert)*

le entspringt prompt eine Quelle, über der eine Kapelle gebaut wurde und die etwas nördlich des Klosters steht. Früher erzählte man sich, dass zu der Zeit, als Trutpert lebte, dieser sein Beil mit dem Hl. Ulrich teilte, indem der eine es dem anderen beim Roden über den Berg zuwarf. Allerdings lebte Ulrich erst im 11. Jahrhundert, aber die Sage nimmt es mit der Zeit eben nicht so genau ...

Nach dem Tod Trutperts wird der Ort zu einer Einsiedelei, die aber bald wieder zerfällt. Um 800 wurde dann die Abtei von einem gewissen Rampert neu gegründet und entwickelt sich zu einem regional gewichtigen Machtzentrum. Zwar geht nicht immer alles mit rechten Dingen zu – so wird beispielsweise eine Urkunde im 12. Jahrhundert in der Weise gefälscht, dass vier Jahrhunderte Zugehörigkeit zu den

*Schreibende Klosterfrau (um 1487)*

Habsburgern »belegt« werden. Denn immer wieder entsteht Streit mit den Herren von Staufen bezüglich der Besitzungen zwecks Silberbergbau. Immerhin gibt es auch glorreiche Überlieferungen zu vermelden: Ein Mönch des frühen 14. Jahrhunderts verfasste das

»Trutperter Hohelied«, eine Übersetzung des biblischen Textes mit Kommentar, die bis nach Wien gelangte und einen internationalen Ruf erworben hat.

### Die abtrünnigen Schwestern

Die Reformation ging auch nicht an den Klöstern vorüber: Viele Nonnen wollten ein liberaleres Leben führen und begannen, die althergebrachte Ordnung mit ihren strengen Regeln in Frage zu stellen oder gar aufzuheben.

Ein Beispiel in unserer Gegend ist das ehemalige Kloster Marienau in **Breisach**, das unter der Äbtissin Lucia Störkin Anfang des 16. Jahrhunderts von dem neuen Glauben »infiziert« wurde. Im Bauernkrieg 1525 unterstellte man dann den Klosterfrauen, dass sie den aufständischen Bauern möglicherweise Tür und Tor öffnen könnten, denn das Kloster lag nah der Stadtmauern (gegen den Eckartsberg). Die Gemeinde Breisach machte daraufhin kurzerhand das heilige Gebäude dem Erdboden gleich, die Nonnen wurden in alle vier Winde vertrieben und sollen danach sogar geheiratet haben. Verbürgt ist es von der Vorsteherin Lucia, die den Breisacher Bürger Diepold Walther ehelichte ... Ein Roman, in dem diese Wirren im Klosterleben beschrieben werden, ist »Die Himmelsbraut« von Astrid Fritz.

### Zur Erinnerung

Wegkreuze und Bildsäulen, Gedenksteine und Bildstöcke stehen am Wegesrand. Sie sollen an Geschehnisse erinnern, die die Menschen früher bewegt haben.

Das Hans-Jergen-Kreuz bei **Ebringen** wurde aus Dank für die Erlösung aus einer prekären Lage gestiftet. Die Geschichte beginnt mit einem Überfall eines Räubers auf einen Bauern. Dieser war aber ein schlauer Zeitgenosse. Er erbittet sich die Zeit zu beten, da er an diesem Tag noch keine Zwiesprache mit Gott gehalten habe. Der Unhold scheint doch nicht so grausam: Er gestattet dem Mann, seine Fürbitte zu verrichten. Dieser weiß aber genau, dass ihn sein Hund bald suchen würde und – tatsächlich: Der Vierbeiner läuft kläffend auf den Räuber zu und vertreibt ihn. Aus Erleichterung gelobt der Bauer, für die Errettung per Gebet dieses Kreuz errichten zu lassen.

Zwischen **Kirchzarten** und **Zarten** steht seit 1895 am Weg eine neugotische Bildsäule, die an den Unfalltod eines Grafen von Kageneck gemahnt. Er war durch einen Sturz vom Pferd umgekommen. Weitere Anlässe für die Errichtung dieser Mahnmale aus Stein:

Aus Dank für die Eindämmung einer Mäuseplage in **Bad Krozingen** (vgl. Kapitel »Naturwunder, Fauna und Flora«), ein Gedenkstein an eine gewalttätige Auseinandersetzung – ein 20-Jähriger wurde erstochen (**Kirchzarten-Geroldstal**, Gasthaus »Löwen«), ein weiterer wegen eines verheerendes Hochwassers in **Zarten** (1896), zur Erinnerung an ein tödliches Unglück bei Waldarbeiten am **Schauinsland**, bei dem Hermann Spiegelhalter aus **Geroldstal** am 9.5.1941 umkam.

Viele Sagen und Legenden befassen sich gerade mit der Errichtung von Kapellen. Hier sollen nur die außergewöhnlichen Geschichten dargestellt werden. Über das Schicksal der **Berghauser Kapelle** lese man im Kapitel »Steine, Gebäude, Unterirdisches« nach.

### Zäher Glaube

Besonders lang war die Severinskapelle auf dem **Mauracher Bergle** ein Zielort des religiösen Wanderns. Bereits im 6. Jahrhundert kam man hier zusammen, um den Heiligen um Hilfe und Beistand anzurufen. Das kleine Gotteshaus war einstmals das religiöse Zentrum für 14 Gemeinden in der Umgebung. Zeitweise gehörten Berg, Höfe (»Muron«) dem Konstanzer Bischof, der das Anwesen dann aber 1468 verkaufte. Obwohl die Kapelle im 16. Jahrhundert zerstört wurde, brach der Strom der Wallenden bis um 1800 nicht ab – die letzten 200 Jahre betete man in den Ruinen.

Der Hl. Severin war der Missionar schlechthin, der, angeblich aus Nordafrika stammend, im 5. Jahrhundert überall im Donauland zu Buße und Gebet aufrief und dafür oft genug verspottet wurde. Seine Voraussagen – vor allem Zerstörung wegen dem Zorn Gottes, der die Unmoral strafen will – trafen regelmäßig ein und viele ließen sich so bekehren, angeblich sogar Odoaker, der Germane. Severin wanderte, bis er unerträgliches Seitenstechen bekam und daran im Jahre 482 starb. Der Heilige wird mit einem Kruzifix, Heiden unterrichtend, auch mit Odoaker abgebildet und hilft für die Fruchtbarkeit der Weinstöcke sowie gegen Hungersnot.

### Eine Kapelle setzt sich durch

Gleich mehrere Sagen hat der **Giersberg** bei **Kirchzarten** zu bieten und ihre Entstehung ist offenbar ein besonders zäher Prozess gewesen. Es begann mit den Wahrnehmungen eines Hirtenjungen um das Jahr 1700, der sich im **Brigittenwald** befand und plötzlich Gesang hörte. Maria soll zu ihm gesprochen haben, außerdem fand der Junge eine kleine Marienfigur in einer »Tannenhöhlung«, die den Beginn der Heiligenverehrung an dieser Stelle bilden sollte.

*Religiöser »Beipackzettel« zum Pilgern: sogenanntes »Breverl« zum Zusammenfalten*

Denn prompt half Maria gegen eine Viehseuche und verschonte die Kirchzartener bei einer Feuersbrunst. Aus Dank wurde hier eine Holzkapelle, 1737 das jetzige Barockgebäude erstellt, in dessen Innern die Gottesmutter in einem Baumstamm dargestellt ist. Neben ihr wird das Kapellchen gleich auf mehrere Heilige geweiht: den Hl. Gallus, Johannes der Täufer und die Evangelisten. Interessant ist auch der Volksglaube, nach dem der damalige Talvogt von Hugenstein gegen die Errichtung gewesen sein soll und daraufhin an einem Augenleiden erkrankte. Als das Gebet zu Maria half, willigte er schließlich ein. Desgleichen tat überraschenderweise der Pfarrer, der aber gelähmt wurde, bevor ihn die Heilige Jungfrau erlöste und nun stimmte auch dieser dem Bau zu.

Hobbyarchäologe Rudolf Markus aus Lehen nimmt an, dass sich der Name Brigittenwald auf die keltische Brigid bezieht, deren Fest traditionell am 2. Februar (also etwa zu Mariä Lichtmess) begangen wurde. Damit würde es sich hier um eine Umdeutung des vorchristlichen heiligen Berges handeln, um die Wallfahrt fortsetzen zu können ...

*Heiliges und Heidnisches*

## Die Kindliskapelle in Zarten

Bekanntlich war die Kindersterblichkeit noch in der frühen Neuzeit extrem hoch. Nahezu ein Drittel erreichte nicht das 10. Lebensjahr. Wie verständlich ist es daher, wenn die Sorge der Eltern sich gegen die Kinderkrankheiten richtete und die Dankbarkeit groß war, wenn eine Epidemie abgeklungen war. In **Zarten** errichtete man aus diesem Grund die Kindliskapelle, die noch heute am Ortseingang aus Richtung Kirchzarten steht, jetzt aber zu einem Bauernhof gehört. Daneben befindet sich übrigens ein kleines Schwedenkreuz, das an die blutigen Kämpfe während des Dreißigjährigen Krieges erinnert.

## Wallfahrt zu den Wundern

Ein besonders aufwändiger religiöser Brauch war die Pilgerfahrt hin zu den Gebeinen eines bedeutenden Heiligen. Die Pilger erhofften sich schon immer durch die Strapazen, die sie auf sich nahmen, etwas für ihr Seelenheil zu tun, manche auch ein Wunder, viele Heilung von normalerweise unheilbaren Gebrechen. Auch im Breisgau bestehen bis heute zahlreiche Wallfahrtsorte, von denen einige beispielhaft erwähnt werden sollen.

Vor allem bei schweren Schicksalsschlägen oder als Bittgang für die Gesundheit, sogar eine gute Ernte ging man vor allem am Sonntag vor Johanni auf die »Bläsioktav«, also acht Tage nach St. Blasien. So wie fast überall im Breisgau, war auch im **Glottertal** das Schweizer Kloster Einsiedeln ein besonders beliebtes Ziel. Der alte Lickertbauer Lambert Tritschler (1856–1934) soll allein 34-mal die Strecke – jeweils 150 km! – zu Fuß gegangen sein. Entsprechende Gelübde mussten auch ausgeführt werden, wenn nicht, »hafteten« sie an dem entsprechenden Hof und im Zweifelsfall musste ein anderes Familienmitglied sie erfüllen.

Neben dem religiösen Verdienst, den sich der Wallfahrer durch seine Strapazen verdiente, umgab man die Pilger auch mit dem Halo des Magischen. In manchen Orten galt er gar als zaubertüchtig. Außer den verschiedenen Utensilien wie Rosenkranz, Heiligenbildchen und Breverln, in denen fromme Formeln in Verbindung mit Heiligen standen, trug so mancher Fußgänger in Sachen Wunder auch Talismane, also Glücksbringer bei sich. Besondere Kräfte, aber auch Mitbringsel wurden mit den Pilgern verbunden, die nicht nur nach Einsiedeln (s.o.), sondern gar ins Heilige Land gewallfahrtet waren.

Ein Beispiel aus **Kirchhofen** knüpft an die Ereignisse im Dreißigjährigen Krieg an. Angeblich hatte nämlich das Stifterpaar, das auf dem Altar in der Kirche – leider rückseitig – erwähnt wird, durch ein Wunder das Massaker überlebt. Anna hatte einst von einem Pilger, der aus dem Heiligen Land zurückkehrte, eine weiße Rose geschenkt bekommen, die geheimnisvolle Kräfte barg. Diese schenkte sie ihrem Verlobten Hans, bevor dieser sich den heranziehenden Schweden entgegenstellte. Er wurde getötet, Anna betete nun in der Kirche zur Mutter Gottes, deren Gnadenbild mit der Hand zum Turm zeigte, wo eine Tür offenstand. Durch diese konnte sie mit anderen Frauen flüchten. Als Anna nach dem Abschlachten der Bauern ihren Verlobten wiederfand, erwachte dieser, wohl wegen der Heilwirkung der Rose, und beide lebten glücklich und zufrieden.

### Die letzte Fahrt

Nicht immer waren die Reisen zu den heiligen Plätzen ungefährlich. Im Mai 1762 brach eine kleine Pilgergruppe von fünf Personen am Pfingstfest in **Sölden** auf, um das Schweizer Kloster Einsiedeln zu erreichen, das wegen seiner schwarzen Madonna ein Wallfahrtsort ersten Ranges ist. Nach dem ersten Drittel der langen Wanderung müssen sie bei Koblenz über den Hochrhein gelangen. Und hier nun geschieht das Unglück: Wegen eines unerwarteten Strudels kentert das Boot und alle gehen unter. Martin Faller, 53 und sein Sohn, der 33-jährige Georg sowie Johann Schitterer, 36. Er konnte noch zweimal an ein Boot heranschwimmen, seine Kräfte verließen ihn dann aber. Auch Apollonia Hug, geb. Gutmann, ertrank zusammen mit dem kleinen Sohn Joseph. Da der Fluss eine starke Strömung hatte, wurden die Leichen später an unterschiedlichen Orten herausgefischt und begraben: Die Fallers in Murg bzw. am Isteiner Klotz, Schnitterer wurde bei Basel tot angeschwemmt. Mutter und Kind wurden nie mehr gefunden ...

### Einsame Einsiedler

Der Rückzug aus der lauten Welt in die Klause war für viele Gläubige sehr attraktiv. Sie gaben oft alles auf und lebten fortan besitzlos und von Almosen abhängig in der Einsamkeit. Viele Kapellen, aber auch Wallfahrtskirchen hatten ihre Einsiedelei, bis im Jahre 1783 per vorderösterreichisches Dekret diese Einrichtungen offiziell aufgelöst und damit verboten wurden. Waren die Einsiedler schon in ihrem Aktionsradius eingeschränkt, so trieben es die sogenannten »Inclusen« auf die Spitze: Meistens Frauen ließen sich einmauern und hatten nur noch durch eine kleine Öffnung Kontakt zur Außenwelt und zur Versorgung durch Almosen und Nahrung. Besonders das Kloster **Tennenbach** scheint viele junge Frauen dazu ermuntert zu haben, sich bis zu ihrem Tod von engen Mauern zu umgeben, denn in **Emmendingen, Kenzingen, Herbolzheim, Kiechlinsbergen, Nimburg** gab es die Eingemauerten. Adelheid v. **Teningen,** Jahrgang 1233, soll über 30 Jahre als Incluse in **Aspen** bei Emmendingen verbracht haben, bis sie starb und auf dem Friedhof des Klosters Tennenbach (s.u.) begraben wurde. Dies zeigt auch, dass es bei weitem nicht nur verarmte Frauen aus der Unterschicht waren, die sich zu diesem radikal-christlichen Schritt entschlossen.

## Vermehrte Sittenlosigkeit

Trotz all der oben beschriebenen Praktiken des Glaubens hat es immer wieder Klagen gegeben über den Mangel an Frömmigkeit in den Gemeinden. In **Merzhausen** etwa berichtet im Jahre 1801 Pfarrer Müller an die Kirchenbehörde, dass, als Folge »der durch Kriegszeiten und das Freidencken vermehrte Sittenlosigkeit und des damit zerfallenden Religionseifers« viele Gottesdienste, Beichten nicht stattfinden könnten, weil die Ortsbeamten »wegen der Kirchengebote

*Auf ewig isoliert? Eingeschlossene mit Männerbesuch*

nicht bestellt zu seyn vorgeben«. Er heischt Antwort auf die Frage, »welche taugliche hilfsmittel gegen derlei stolze und Religionsverdächtige Leute angewendet werden solln«. Dabei hatte 1770 Maria Theresia eine Anordnung herausgegeben, die bezüglich der Religionspflichten vor allem lediger Personen keine Fragen offen ließ. Insbesondere die so genannte »Christenlehre«, eine Form des Religionsunterrichts an Sonn- und Feiertagen, war den Unverheirateten vorgeschrieben. Damit diese nicht auf dumme Gedanken kamen, war per kaiserlichen Befehl die Öffnung der Wirtshäuser auf frühestens 15 Uhr, die Schließung sommers auf 22 Uhr, winters auf 21 Uhr festgesetzt worden.

Aber auch Klage über den fortgesetzten Volksglauben, etwa die »Rosenkranzbeterei« wird geführt (**Glottertal**), auch das halb heidnische Heiliwog-Holen in **Endingen**, das auf der Überzeugung beruht, das am Heiligabend um Mitternacht geschöpfte Wasser habe Heilwirkung.

Zu den quasi Ausgestoßenen zählten die Gemeindemitglieder, die einen selbstverschuldeten Tod starben, etwa durch Selbstmord oder übermäßigen Alkoholgenuss. Für diese Erzsünder war ein anderer Ablauf als bei einer normalen Beerdigung vorgesehen. Bis in die 90er-Jahre des 19. Jahrhunderts wurde beispielsweise in **Opfingen** ein solcher Toter »an keinem honorablen orth« beerdigt, es schlug nur eine Glocke, am Grab selbst wurde nichts gelesen, nur auf dem Weg gesungen und in der Kirche statt einer Predigt lediglich ein Sermon« gebetet. In manchen Orten verscharrte man die Selbstmörder und Trunkenbolde bei Nacht und Nebel ...

## Kostbare Kleinkunst

Was wäre die Kirche ohne die Kostbarkeiten, oft von Gold- oder Silberschmieden angefertigt, die auch dem einfachen Gemüt den Glanz und die Herrlichkeit des Göttlichen vermitteln konnte? Wie an anderer Stelle erwähnt (siehe Kapitel »Aus der Vorgeschichte«), befand sich ein erstes christliches Zeichen im Breisgau auf einem Silberlöffel aus **Sasbach** aus d. 4./5. Jahrhundert und beweist, dass diese Preziosen wie Devotionalien behandelt wurden.

Weniger edel ging man in **Pfaffenweiler** mit einem wertvollen Marienteppich um. Der kostbare Gobelin aus dem 15. Jahrhundert zeigt drei Marienlegenden. Nach der Auflösung des Klosters St. Klara in **Freiburg** wird er von der Äbtissin wohl in die Schneckentalgemeinde gebracht, weil sie den Teppich dort in guten Händen wähnt. Eine andere Theorie geht davon aus, dass der Herr von Reinach, Domherr zu Basel ihn hierher bringt. Wie dem auch sei, 1897 verhökert ihn der hiesige Pfarrer für 80 Reichsmark an Ludwig Biehler, Buchbinder zu Freiburg, der ihn für 500 Reichsmark dem Fürsten zu Fürstenberg verkauft, in dessen Sammlungen er sich bis heute befindet. Wen's interessiert: Er hängt im Schloss Heiligenberg am Bodensee ...

## Die selbstbewusste Margareta

Zahlreich sind die Sagen, die sich um die Glocken ranken. Ihnen wird eine besondere Macht zugeschrieben, denn man läutete sie gegen das Gewitter oder Unholde, die das Gotteshaus nachts anzugreifen drohten. So war früher die Vorstellung sehr verbreitet, dass der Teufel selbst mit seinem Heer im Dunkeln gegen Kirchen und Kathedralen zöge. Nur gut, dass man dem Bösen die eigene Fratze vorhielt: die Wasserspeier.

Von der **Waldkircher** Glocke mit Namen Margareta heißt es, sie habe sogar einmal verhindert, dass eine Schar Hexen, die mit gläsernen Äxten den **Kandelfelsen** durchhauen wollten, um den See darin ins Tal auslaufen zu lassen. Diese Geschichte knüpft an die Sage an, die von diesem unterirdischen Gewässer handelt, das am Ende aller Tage von einer Forelle an einer Kette befreit und zum Sturzbach wird (vgl. Kapitel »Von Schreibern und Geschriebenem«). Die Glocke hatte wohl auch einen wunderschönen Klang, jedenfalls wollten die Freiburger sie haben. Diese boten so viele Taler, wie man auf dem Weg zwischen den Städten auslegen könnte. Was jetzt passierte, gleicht vielen anderen Glockensagen: Der Transport wird erschwert und gelingt dann auch nicht. Erst brechen drei Wagen unter der Last zusammen. Dann versinkt das Eisengespann im Morast und ist nicht wieder herauszuziehen. Dies wird als Zeichen Gottes interpretiert und der Kauf rückgängig gemacht. Und, oh Wunder!, das kostbare Stück lässt sich relativ leicht wieder zurückbringen. Als die Glocke wieder in Waldkirch im Turm hing, soll sie triumphierend gesungen haben:

> Margareta heiß ich,
> Alle schwere Wetter weiß ich,
> Alle schwere Wetter kann ich vertreiben
> Und im Glockenturm zu Waldkirch will ich bleiben!

Eine ähnliche Geschichte wird von der Glocke »Susanne« aus St. Georgen erzählt (vgl. UF, 144).

## Der gestürzte Papst

Das Konstanzer Konzil, das allein schon ein ganzes Kapitel wert wäre, dauerte von 1414–1418. Hier sollte ein für allemal Schluss sein mit dem absurden Zustand, der durch die parallele Existenz von gleich drei Päpsten hervorgerufen worden war, die alle die Papstkrone beanspruchten. Nebenbei verbrannte man den zum Ketzer erklärten Jan Hus vor den Toren der Bodenseestadt, weil er seine Lehren nicht widerrufen wollte.

*Johannes XXIII.
bei seinem ersten
Sturz (1414)*

Einer der Päpste hatte sich viel von diesem Konzil versprochen und war als einziger auch persönlich anwesend. Es war Johannes XXIII., dem wohl auch von König Sigismund bevorzugten Kandidaten. Bei seiner Anreise stürzte sein Wagen am Arlbergpass um. Er soll auch noch geflucht haben: »Hier liege ich nun, in Teufels Namen!« Das sollte aber erst sein erster Sturz sein.

Sigismund wollte die Christen vor allem wegen der Bedrohung der Türken geeinigt sehen. Als nun auf dem Konzil das Pendel gegen Johannes ausschlägt, flieht er zuerst einmal 1415 nach **Breisach**. Dort wurde er verhaftet und nach **Freiburg** gebracht, später saß er dann in Mannheim im Gefängnis. Er hatte auch Anteil an der Verfolgung des Jan Hus gehabt, gegen diesen ermittelt und ihn dann exkommuniziert. Da dieser Papst nicht offiziell »zählt«, konnte es im 20. Jahrhundert einen weiteren Johannes XXIII. geben.

### » ...mit glüenden Zangen gerissen«

Eine der wichtigsten als Ketzer-Sekte verfemte Gemeinschaft des 16. Jahrhunderts waren die »Täufer«. Sie lehnten die Kindstaufe als »unmündigen« Akt ab und praktizierten die Erwachsenentaufe, was ihnen den Namen »Wiedertäufer« verschaffte. Sie wollten Bürger, denen sich der göttliche Geist direkt aus der Bibel offenbart. Damit verbunden war die Vorstellung einer gerechteren, friedlichen Gesellschaft. Wahrscheinlich bildete sich aufgrund der Verfolgung das so genannte »Täuferreich von Münster«, das ab 1534 nur für 16 Monate bestand und eine wahre Schreckensherrschaft war. Zu den Abtrünnigen gehörten auch die Mennoniten und Hutterer, die bald nach Osten auswandern mussten. Heute gehören unter anderen auch die Amischen in den USA dazu.

In unserer Gegend gab es den um 1490 in **Staufen** geborenen Michael Sattler, der zeitweise auch Prior im Kloster St. Peter bei **Freiburg** war. Er war maßgeblich an der Gründung der Gemeinde in Straßburg beteiligt und leitete 1527 die Täuferversammlung in Schleitheim, auf der ein auf ihn zurückgehendes Bekenntnis veröffentlicht wurde. Noch im selben Jahr wurde er in Rottenburg verhaftet, »mit glüenden Zangen gerissen, die Zung abgeschnitten, darnach verbrennt«, seine Frau ertränkt.

### Die Heiligen von Amoltern

Eine andere Form der Abtrünnigkeit besteht in der radikal-christlichen Lebensweise, wie sie ein gewisser Romuald Baumann im beschaulichen **Amoltern** propagierte. Dieser war 1720 in Freiburg geboren, hatte 1739 seine Profess erhalten und war 1754–1761 als Vetreter der Kapuziner nach Rom geschickt worden. Dort machte er Bekanntschaft mit einer besonderen Bruderschaft der Jesusnach-folge und Marienverehrung, die eine sowohl geistliche als auch »körperliche« Barmherzigkeit predigte. Nach **Breisach** zurückge-kehrt, beginnt er, zusammen mit Pfarrer Franz Xaver Ganter, das Experiment des »foedus Marianum« in Amoltern. Und zwar mit Genehmigung von allerhöchster Stelle: Kaiserin Maria Theresia wird Schirmherrin. Am 20.7.1769 ist es dann soweit: Das offizielle Schreiben kommt an. Der Bischof von Konstanz, Kardinal Roth, gibt seinen Segen. In der Folgezeit wird organisiert: Die Bruderschaft stellt einen Hilfsfonds für Bedürftige und – ganz modern – die Nachbarschaftshilfe auf die Beine. Aber damit nicht genug, die Idee der Gütergemeinschaft, also das Prinzip des Kommunismus, macht die Runde. 17 Ehrenjungfern tragen bei Prozessionen die Marienstatue und Heiligenfiguren durch das Dorf und bekunden damit, dass das Christentum nach Baumann in der Bewohnerschaft angekommen ist. So ganz ohne Widerspruch bleibt die Idee je-doch nicht in der Bevölkerung. 1778 formuliert der begeisterte Teil Amolterns eine Eingabe an die Herrschaft(en), in der die Wende von der frommen Bruderschaft zum Kommunismus erfolgt und von »Gütergemeinschaft« zur »Probe« auf ein Jahr die Rede ist. »Jede[s] Mitglied oder Familie« solle »nach dem Verhältnis der Bedürftig-keit« unterstützt werden, um den »Lebensunterhalt« zu sichern. Wir machen es kurz: Sowohl die Herrschaft, als auch die darüber infor-mierten kirchlichen Oberen lehnen umgehend ab. Letztlich endete das Experiment, bevor es begonnen hatte ...

### Die Bekehrung des Schwarzenbergers

Der Ritter von Schwarzenberg, dessen Burg südlich von **Waldkirch** stand, war wegen seiner Grausamkeit bei gleichzeitiger Sturheit bekannt und gefürchtet. Nun begab es sich, dass er es auf die Tochter des Wahlhof-Bauern abgesehen hatte. Bekanntlich hatte der Herrscher früher das Recht auf die erste Nacht. Der Vater nun weigerte sich, das Mädchen herauszugeben. Der Schwarzenberger drohte nun, ihn vom Hof jagen zu lassen, wenn er nicht die folgen-de Aufgabe erfüllen würde: Der Bauer sollte den größten, vollsten Kirschbaum zum Schloss schleifen, ohne auch nur eine Kirsche zu verletzen. Übrigens zeigt sich auch in der Stellung der Aufgabe, wie frevelhaft der Burgherr handelte, denn es war geradezu eine Sünde, einen Baum voller Kirschen zu fällen. Zuerst war der arme Mann der Verzweiflung nahe, ging aber dennoch zu seinem schönsten Kirschbaum. Dort erschien ihm ein Männchen, das ihn fragte, wie-so er so betrübt sei. Als der Bauer seine Not erläutert hatte, hieb der Wicht mit einem Schlag den Baum um und rief aus dem Wald

drei »Kohlrappen« herbei, die er daran festband. Nun ging's schnell
zu dem hoch gelegenen Schloss, der Bauer musste nur nebenher
gehen. Als der Schwarzenberger den Zug sah und erkannte, dass
die Aufgabe gelöst war, staunte er nicht schlecht. Das Männlein
aber sprach: »Weißt du, wer den Kirschbaum hierhergezogen hat?
Der erste Rappe ist dein Vater, der zweite dein Großvater und der
dritte dein Urgroßvater.« Diese Pferde waren also die aus der Höl-
le geborgten Seelen der Verwandten, die ihre Untertanen schwer
unterdrückt hatten und nun Dienst tun mussten. Das Männchen
warnte auch: »So wirst du enden, wenn du nicht von deinen Sün-
den lassen willst.« Aus großer Angst, dass ihm dereinst das gleiche
Schicksal drohte, versprach der Ritter Buße zu tun und führte angeblich fortan ein gottgefälliges Leben ...

# Vor Ort

Sicherlich lohnen all die Kirchen und Kapellen des Breisgaus einen Besuch, bergen viele von ihnen kultur- und kunstgeschichtliche Kleinodien und stellen zahlreiche besondere architektonische Kunstwerke dar. Allein die schier unermessliche Anzahl forderte eine Auswahl der »vor Ort« einen Ausflug rechtfertigenden religiösen Gebäude. Am Schluss kann man in einem Rundgang die Vielfalt frommer Kultur begehen. Quellen und Grotten, die ebenfalls mit dem Ominösen oder Religiösen verbunden waren, werden im Kapitel »Steine, Gebäude, Unterirdisches« beschrieben.

## Reliquien und Zichorien

Ein profanes Schicksal hatte das ehemalige, von den Nidinger Schwestern – »Nidingen« war ein Ort zwischen **Kenzingen** und **Riegel** – gegründete Kloster Wonnental bei **Kenzingen**. 1242 errichtet, beherbergte es die Reliquien des Hl. Innozenz, die aus den römischen Katakomben stammen und seit 1809, nach der Auflösung des Klosters, in der Kenzinger Kirche unter dem Josefsaltar aufbewahrt werden. Die Nonnen hätten sich sicher im Grabe umgedreht, hätten sie gewusst, dass ihre Abtei Jahrhunderte später als Zichorienfabrik zwischengenutzt wurde.

Nicht immer ist die Stilllegung oder die Bauwut der Grund für die Ruinierung eines Gotteshauses. Zu manchen Zeiten ging man auch nachlässiger mit der Renovierung maroder Gebäude um. Sei es aus Geldmangel oder wegen unaufmerksamer Kirchenbehörden: Die **Kappeler** Kirche stürzte an Pfingsten 1745 wegen Baufälligkeit ein.

## Für 30 Mark und einen Maulesel

Wer von **Sexau** aus Richtung **Mußbach** fährt, sieht rechts an der Straße eine kleine Kapelle stehen. Sie ist, neben dem Gasthaus Engel, das einzige Überbleibsel des ehemals mächtigen Klosters **Tennenbach**. Wer hier vor 400 Jahren gestanden hätte, wäre von der schieren Größe der Abtei, die sich über das ganze Tal – also diesseits und jenseits der heutigen Straße – erstreckte, erschlagen gewesen. Auf einer Hinweistafel an der Kapelle gibt die Illustration einen ungefähren Eindruck.

Der Gründungsbericht spricht davon, dass der Boden in »Tennibach« für »30 Mark und einen Maulesel« erworben worden sei. Ursprünglich hieß es »Porta coeli«, was Gründervater Abt Hesso vom Zisterzienserkloster Frienisberg in der Schweiz, der mit 12 Mönchen hierher gepilgert war, nicht davon abhielt, nach und nach einen reichen weltlichen Besitz für die Abtei zu erwerben. Die meisten Dörfer rund um **Emmen-**

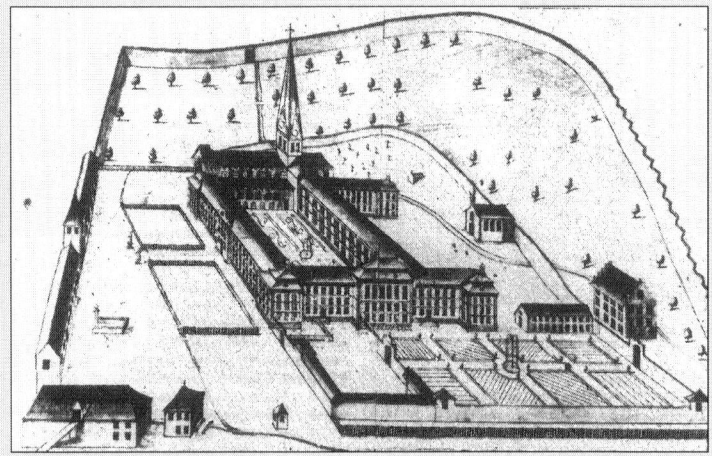

Zisterzienser-
Zentrum: das
ehemalige Kloster
Tennenbach
(18. Jahrhundert)

Kulturschatz
»Güterbuch« von 1341:
Besitzverzeichnis mit
historischem Wert

**dingen** gehörten schließlich im 16. Jahrhundert zu diesem Zentrum des Gebets und der Arbeit. Dokumentiert wurden die verschiedenen Besitztümer in dem so genannten »Tennenbacher Güterbuch«, das als einmalige Quelle nicht nur der feudalen Verhältnisse der Gegend, sondern auch als Sprachdokument angesehen wird. Schließlich hatte man es in Latein, Mittelhochdeutsch und Niederalemannisch abgefasst. Seltene und uralte Flur- und Ortsnamen sind dadurch überliefert.

Wie so viele Burgen und Klöster wurde aber auch Tennenbach ein Opfer des Dreißigjährigen Krieges. Dass die Bibliothek in diesen Wirren nicht geplündert oder abgebrannt wurde, verdankte man einem findigen Mönch, der sie kurzerhand zumauerte und damit dem Zugriff der marodierenden Banden entzog. Ein Großbrand im Jahre 1723, der nur die Kirche verschonte, gab dem einst stattlichen Komplex den Rest. Als im Jahre 1803 alle Klöster säkularisiert wurden, soll es nur noch eine Ruine gewesen sein. Schließlich brach man 1829 alle Gebäude bis auf die Kapelle ab. Aus den Steinen der Kirche errichtete man die (1944 zerstörte) Ludwigskirche in **Freiburg** (Neuburg). Die Gebeine der Adligen überführte man ins Freiburger Münster. Allerdings konnten die Überreste des Grafen Egeno nicht mehr gefunden werden. Auch eine erneute Suchaktion 1860 blieb ohne Ergebnis. Nicht einmal sein Grabstein war mehr auffindbar ...

## Mirakel mit amtlicher Bestätigung

Die theologische Literatur ist voll von Wundergeschichten. Meistens liegen die Quellen hierzu allerdings im Dunkel der frühchristlichen Geschichte. Im Folgenden jedoch erfahren wir eine Legende aus der Neuzeit. Eine Wallfahrtsschrift formulierte es folgendermaßen:

»Vonn der großen Wundergeschicht / so zu **Endingen** im Brißgaw sich hat zugetragen / da unser lieben Frawen Bildnuß / sampt dem Jesus Kindelein auff ihrm Arme / im Angesicht geschwizet / solches bey drey stund gewehret / und von einer großen Anzahl Volcks gesehen worden / den 3. April diß 1616 Jahrs.« Was war geschehen?

Vor den Augen der Gläubigen zeigte sich in der Kirche St. Martin an Christi Himmelfahrt des angegebenen Jahrs ein noch nie gesehenes Bild: »Da sahen sie im Angesichte der Muttergottes perlende Wassertropfen glänzen«, die auch auf das Jesuskind hinunterlaufen. Da man sich schon im wissenschaftlichen Zeitalter befindet, werden die Zeugen unter Eid gestellt. Das »Tränenmirakel von Endingen« wird in den folgenden Jahrhunderten unzählige Pilger anziehen – bis heute. Denn man wusste sofort, wie die Erscheinung zu interpretieren war: Die Mutter Gottes weinte angesichts der Schlechtigkeit der Welt. Erst zwei Jahre später war es dann allgemeine Gewissheit: Die trauernde Gottesmutter hatte auch den Dreißigjährigen Krieg vorausgeahnt.

## Nazarener-Nachlass

Neben den vielen historischen Kirchen, die teilweise bis ins Mittelalter zurückgehen, seien zwei in ihrer Art außergewöhnlichen vorgestellt, die wegen ihrer Einheitlichkeit sehenswert sind und weil sie im Stil des 19. Jahrhunderts bewahrt wurden. Diese Bilderbuch-Kirchen stehen in **Bollschweil** (St. Hilarius) und in **Tunsel** (St. Michael). Selten kann man aus dieser Zeit konsequent bebilderte und in ihrem Bau so vollständig erhaltene Kirchen sehen.

## Ein findiger Kurgast

Im Jahre 1936 spazierte ein Kurgast etwas außerhalb von **Bad Krozingen** entlang der Straße nach **Staufen**. Er war ein neugieriger Zeitgenosse und besuchte gerne kunsthistorisch interessante Objekte. Was ihn ausgerechnet zu dieser Kapelle getrieben haben mag? Vielleicht entdeckte er sie zufällig und trat ein. Damals unterschied sich das kleine Gebetshaus äußerlich kaum von den vielen anderen, die bei großen Bauernhöfen standen. Unser Spaziergänger erkannte aber instinktsicher, dass dies wohl ein sehr altes Gebäude sein musste. Er trat ein und sah sich um. Kaum hatte er im Bereich des Chors den Verputz etwas angekratzt, so kam ein Wunder zum Vor-

*Ottonischer Ort:
die um 1000
geschaffenen
Fresken in der
Glöcklehofkapelle*

schein. Er traute seinen Augen nicht ... Heute wissen wir, dass es sich bei einem der Fresken in der Glöcklehof-Kapelle um nichts Geringeres als die älteste Christusdarstellung nördlich der Alpen handelt! Außerdem nach der Reichenau das älteste (byzantinische) Gemälde.

Das Thema der Wandmalereien, die man heute besichtigen kann, wenn man sich den Schlüssel im »Café Z« besorgt, ist die Enthauptung Johannes' des Täufers. Engel tragen den Enthaupteten zu Gott, der in einer so genannten Mandorla dargestellt ist. Johannes' Kopf wird von einem Diener auf einer Schale herbeigetragen. Der Körper trägt ein Mäntelchen über der Tunika. Dadurch ist als Ort des Martyriums Rom angedeutet. Vom Stil her kann man annehmen, dass das Kunstwerk von einem aus Italien kommenden, durchreisenden Künstler geschaffen wurde. Der so genannte »Taufstein« von St. Ulrich aus der gleichen, frühen Zeit wird im Kapitel »Steine, Gebäude,Unterirdisches« beschrieben.

### Zur stillen Einkehr

Idyllisch gelegen, muss die kleine Streicherkapelle im **Ehrenstetter** Grund schon immer zur kurzen Rast, zum Gebet, offensichtlich auch diejenigen eingeladen haben, die ein schweres Schicksal hatten, in

Not waren oder einen Angehörigen hatten, der schwer erkrankt war. Davon zeugen nämlich die im Innenraum aufgehängten Dankes-Schilder, die man auch »Votivtafeln« nennt. Typischerweise ist eine Dankesformel darauf zu lesen, oft zeigt ein Bild die Mater Dolorosa, zu der hier gebetet wird. Seit 1554 ist das Kirchlein erwähnt und auch als 14-Nothelfer-Kapelle lange Zeit Ziel von Wallfahrten gewesen.

## Ein Rundgang durch Sölden

Ansicht von
Sölden (1884)

Als Rundgang, um die verschiedenen Ausprägungen des Glaubens nachvollziehen zu können, begeben wir uns nach **Sölden**. Die katholische Pfarrkirche, die St. Fides und dem Hl. Markus geweiht ist, bietet eine Vielfalt an religiösen Elementen auf engstem Raum und kann für viele andere Kirchen stehen.

Wir beginnen den Besuch mit dem K r e u z w e g , der in die Kirche verlegt wurde und sich von der südlichen Wand, über den Haupteingangsbereich bis zum östlichen Ende der Nordseite erstreckt. Bekanntlich ist der Leidensweg Jesu an vierzehn Stationen bis zu seinem Tod am Kreuz dargestellt und soll den Gläubigen dazu einladen, selbst diese Qual nachzuvollziehen. Einzigartig: In Sölden gibt es eine zusätzliche XV. Station, die zwar keine Nummer trägt, aber das Geschehen fortsetzt. Sie hat die Wiederauffindung des Kreuzes durch die Hl. Helena zum Thema.

## Der seltsame Planet

In derselben Ecke der Kirche erblickt man einen Seitenaltar, der die Heiligen Benedikt und Scholastica darstellt. Die Legende erzählt, dass die beiden, die Geschwister waren, im Jahre 542 sich ein letztes Mal sahen, da Benedikt bald sterben würde. Dies vorausahnend, soll die Schwester eine Sonnenfinsternis herbeigeführt haben. Nun ist dies nur dadurch möglich, dass der Mond sich bei Neumond vor die Scheibe der Lichtspenderin schiebt. Sieht man sich die Darstellung auf dem Gemälde aber genauer an, erkennt man eher eine Art Erde, mit Meeren und Kontinenten! Dabei kannte man im Jahre 1763, als das Bild entstand, durchaus schon die der Erde zugewandte Seite des Trabanten. Außerdem gab es in jenem Jahr keine vollständige Verfinsterung der Sonne; die Finsternisse in den Jahren davor und danach waren nur in Asien und Australien zu sehen ...

## Legenden des Leidens

Im Chorraum, der den Hochaltar beherbergt, begegnen wir zum ersten Mal (linke Altarfigur) der Hl. Fides (zu Deutsch: der Glaube), die insgesamt drei Mal in der Kirche vertreten ist. Der Überlieferung zufolge wurde die junge Frau während der römischen Christenverfolgung im südfranzösischen Agen 303 n. Chr. angeklagt und hinge-

*Mit Zweig und Rost: Hl. Fides in einem Kalender des 12. Jahrhunderts*

richtet. Den Urteilsspruch durch den Statthalter Dacian, sowie das schon vorbereitete Feuer mit dem Rost, auf dem sie verbrannt wurde, ist auf dem Deckengemälde des Chores dargestellt. Den grausamen Herren genügte aber dieses Martyrium noch nicht und so wurde sie im Anschluss auch noch enthauptet – daher das Schwert als Attribut in der rechten Hand der Altarstatue. Angeblich haben sich damals viele Menschen dem Christentum zugewandt, nachdem sie die Standhaftigkeit der Fides angesichts ihres Martertodes gesehen hatten. Für die Gläubigen sollte die Botschaft auch dahin gehen, dass man sein Leiden mit dem der Heiligen vergleichen und zu dem Schluss kommen sollte, wie wenig man selbst bereit wäre, für seinen Glauben zu opfern. Die zahlreichen Legenden, die bekanntlich die schrecklichsten Qualen schilderten, dürften auch die Lebensbedingungen der einfachen Menschen relativiert haben. Zugleich konnte man sich in der Not an den jeweils »zuständigen« himmlischen Helfer wenden und Trost finden.

## Brüste oder Brote?

Auf der anderen Seite des Hochaltars steht die Hl. Agatha, deren schmerzliche Qual darin bestand, dass man ihr die Brüste (die sie in Händen hält!) abschnitt. Dies nur, weil sie Keuschheit gelobt hatte, von dem Präfekten Quintian in Palermo aber wegen ihrer Schönheit begehrt wurde. Nachdem er sie in ein Freudenhaus hatte bringen lassen, sie aber standhaft blieb, ließ er sie so verstümmeln, bevor sie wie eine Hexe in einem Metallkasten gefoltert wurde. Nachdem ein Erdbeben einige ihrer Gegner getötet hatte, starb sie im Gefängnis dennoch im Jahre 251. In früheren Zeiten erkannte man in der Darstellung der Brüste allerdings Brote, weil man sich wohl die Grausamkeit der Folter nicht vorstellen konnte oder mochte, oder weil die bildliche oder plastische Darstellung diese Deutung zuließ. Selbst hergestellte »Agathenbrote« ließ man am 5.2., oft zusammen mit sogenannten »Agathenzetteln«, segnen. Letztere sollten gegen das Feuer helfen, das ehemals angesichts der fast ganz aus Holz bestehenden Häuser eine häufige Gefahr darstellte.

## Der Knochen-Kult

Der südlich gelegene Fides-Altar kombiniert nun verschiedene Formen der Anbetung. Man sieht einerseits die Heilige auf dem Bild, andererseits die Hl. Candida, bildlich mit dem Schwert dargestellt, aber zusätzlich durch das kunstvoll überarbeitete Skelett vertreten. Bei der Bitte um Hilfe wirkt das Gemälde zwar auch, der mehr oder weniger direkte Kontakt zu konkreten Reliquien, also echten Körperteilen des oder der Heiligen, wirkt aber viel intensiver. Man musste nicht zeit- und kostenintensive Reisen machen, um dem oder der Heiligen nahe zu sein. Was uns heute makaber vorkommt, hatte früher einfach einen praktischen Sinn. Man scheute auch nicht Kosten noch Mühen, um an diese Überreste aus der römischen Zeit zu kommen. Reliquien galten früher auch als Kraftträger: Man nahm sie mit in die Schlacht, ließ Eide auf sie schwören, segnete mit ihnen die Felder. Halfen sie nicht, so ließ man zuweilen auch seine Enttäuschung an ihnen aus: So wird berichtet, dass der heilige Urban in seiner Eigenschaft als Patron der Winzer in schlechten Weinjahren des Öfteren im Bach landete ... Auch die Beschaffung der Kultobjekte ging oft kuriose Wege. Es herrschte ein reger Reliquienhandel; jede Stadt und jede Zunft wollte ihre eigenen heiligen Überreste haben. Im vorliegenden Fall wurden die Gebeine 1762 aus der Priscilla-Katakombe in Rom beschafft, eine erstens teures und zweitens umständliches Unterfangen. Am 7.10., eigentlich dem Tag der Hl. Fides, wurden die Gebeine dann feierlich und unter Anteilnahme der Bevölkerung hier beigesetzt und von da an die beiden Heiligen am selben Tag gefeiert.

Der Hl. Pantaleon in der Wallfahrtskapelle von **Niederrotweil** ist ebenfalls als bekleidetes Skelett, allerdings aus Holz, zu sehen.

### Die ersten Models vom Heidenhof

Wir wenden uns nun dem runden Deckengemälde des Kirchenraumes zu. Wir sehen drei anmutige Frauenbildnisse, die andächtig zu lauschen scheinen. Es handelt sich um die »Heidenhof-Mädchen«: Angeblich waren sie neugierig und hatten dem Maler Franz Ludwig Herrmann aus Konstanz zugeschaut, als dieser das riesige Gemälde, das den Hl. Markus bei der Predigt auf einer Kanzel zeigt, 1762 in Angriff nahm. Die Gläubigen, die sonntags im Langhaus Platz genommen haben, sollten sich als Teil des von dem Evangelisten gehaltenen Gottesdienstes fühlen. Die Figuren, mit denen man sich hier identifizieren sollte, stellen neben Statisten wie den Mädchen, auch bekannte Gestalten des öffentlichen Lebens dar: Der Baron von Schnewlin-Bärnlapp ist ebenso vertreten wie der Maler selbst.

*Schnelles Casting: die Heidenhof-Töchter auf dem Deckenbild*

*In Andacht verzückt: Selbstportrait des Malers Franz L. Herrmann*

Die Darstellung des frommen, hingebungsvollen Volkes entsprach im Großen und Ganzen der Realität, zumindest in **Sölden**, glaubt man dem Protokoll einer Kirchenvisitation von 1840. Einziger Kritikpunkt: Eine unbrauchbare Kirchenuhr sei schuld am Zuspätkommen von Kirchenbesuchern. Immerhin gab es jeden Werktag eine Messe!

Die vom Großherzog verbotene Wallfahrt zum **Lindenberg**, die von einigen trotzig weitergeführt wurde, brachte ihnen im Protokoll die Bemerkung ein, »einige lüderliche Weibsbilder, dem Scheine nach Betschwestern, sollen mit den Pietisten im **Kirchzartener** Thal in Verbindung stehen und auch bisweilen Besuche dort machen«.

Der Friedhof, den wir jetzt ansteuern, befindet sich hinter dem Chor und ist durch das Bogentor erreichbar.

### Grabstein des Grauens

Gleich rechts beim Betreten des Gottesackers steht der einzige alte Grabstein, in die Friedhofsmauer eingefasst. Er zeugt von einer tragischen Geschichte aus dem Jahre 1826.

Einige Schriftzeichen sind noch lesbar, sie handeln von dem gewaltsamen Tod der jungen Agatha Kirner, die von ihrem 23-jährigen Mann erwürgt worden war. Über das Jahr der Tat gibt es unterschiedliche Angaben. Johann Mayer hatte ein Verhältnis mit einer Magd begonnen, die Ehefrau hatte er deshalb wohl loswerden wollen. In einem Verhör hatte er als Mordmotiv eine »unüberwindliche Abneigung« angegeben. Aus den Berichten der Zeit kann man herauslesen, dass er ohne Vater aufgewachsen und deshalb »früh in böse Gesellschaften geriet«, auch »seine Leidenschaften nicht zu bezähmen wußte«. Am 14.10.1826 (nach anderen 1825) wurde er, nachdem der Stab über ihm gebrochen worden war, enthauptet.

## Unendlicher Schmerz

Wer noch eine Stunde Zeit hat, dem sei unbedingt empfohlen, sich auf die Pilgerschaft zur **Saalenbergkapelle** zu machen. Den Wegzeichen ins obere Dorf nach Osten hin folgend, erreicht man sie. Mit der Kapelle ist die Geschichte eines verlustreichen und äußerst mühevollen und traurigen Lebens verbunden. Während man also den Berg hinansteigt, um die fantastische Aussicht zu genießen und dem Kapellchen einen Besuch abzustatten, sollte man sich die Leiden der Bäuerin vor Augen halten, die sie zur Stiftung der außerordentlich schön gelegenen Kapelle bewegt hat.

Schwabenhofbäuerin Fides Franz hatte zusammen mit ihrem Ehemann Augustin, Ratsschreiber der Gemeinde **Sölden**, sieben Kinder. In den 70er-Jahren des 19. Jahrhunderts war die medizinische Versorgung noch nicht so weit fortgeschritten, dass man sich gegen Krankheiten wie Scharlach oder Diphterie schützen konnte. Zum entsetzlichen Leiden der Eheleute starben 1871 nacheinander vier Kinder an einer der ansteckenden Krankheiten, allein zwei in einer Woche. Dass die Mutter darüber nicht zerbrach, ist ihrem Glauben und besonders ihrer Marienverehrung zu verdanken. Des Leidens nicht genug, starben in den folgenden Jahren auch alle anderen Kinder, das letzte 1874. Kurz darauf erlag dann ihr Mann Augustin mit nur 45 Jahren dem Siechtum. Es ist überliefert, dass sich Fides am Türrahmen festhaltend, aus ganzer Seele vor Schmerz schrie. Das Schicksal wollte es aber, dass auch dies noch nicht genug des Sterbens war: Nacheinander wurden auch die übrigen Verwandten vom Schwabshof vom Tod geholt und so zogen innerhalb von sieben Jahren zwölf Leichenzüge von dort zum Friedhof.

Die starke Frau versank aber nicht in ihrer Trauer, sondern stiftete dieses Kapellchen zur »Schmerzhaften Mutter Gottes«, das 1875 geweiht werden konnte. Obendrein gab die tapfere Bäuerin 1130 Goldmark für eine Glocke in der Pfarrkirche. Fides Franz starb 68-jährig im Jahre 1889. Der Lauf der Geschichte ist oft grausam pietätlos: Ausgerechnet diese Glocke wurde als Grundstoff für Kanonen im Ersten Weltkrieg eingeschmolzen.

Naturwunder,
Fauna und Flora

»Nach der altgermanischen Ansicht galt – fast ebenso wie bei den Griechen – die ganze Natur als belebt, die Pflanzen hatten Empfindung, die Thiere verstanden zu sprechen, Götter, Geister und Menschen verwandelten sich in Pflanzen, aus Blumenkelchen wuchsen Kinder, die Bäume wurden von den Iwidien (Dryaden) bewohnt, Freija nahm allen Gewächsen den Eid ab, daß sie den geliebten Balder schonen wollten, Trauernde klagten ihr Leid den Bäumen und Wäldern [...]«. So begründete A. Ritter von Perger, Professor zu Wien in seinem Werk »Deutsche Pflanzensagen« im Jahre 1864 seine Leidenschaft für botanische Geschichten in der germanischen Tradition. Er hatte Recht, nicht nur bei den Naturvölkern, auch bei uns war die animistische Anschauung der Natur im vorwissenschaftlichen Zeitalter weit verbreitet. Ins Archaische führt uns das Beispiel des »Neumagen« bei **Staufen**, der geradezu als Naturcharakter gesehen wurde. Schließlich glaubte man einst, der Name rühre daher, dass der Fluss jährlich neun Menschen als Opfer fordere und deswegen einen neunfachen Magen habe. Ganz so grausam dürfte man nur selten die Geister von Erde, Wasser, Feuer und Luft gesehen haben, schließlich konnte man, solange keine Kriege oder andere Katastrophen herrschten, bekanntlich ganz gut im Breisgau leben, denn die Böden gaben und geben bis heute vielerlei landwirtschaftliche Produkte her.

### Mantis religiosa

Stellvertretend für den **Kaiserstuhl**, besonders den **Badberg**, der eine außergewöhnliche vulkanische Landschaft darstellt, sei ein Insekt genannt, das in Mitteleuropa sehr selten ist und normalerweise am Mittelmeer, oder, mit anderen Arten, nur in tropischen Gegenden zu finden ist: die Gottesanbeterin, so benannt, weil sie die Fangarme in Ruhestellung vorne zusammenhält. Dass sie nichts Frommes im Sinn hat, bekommen die kleineren Insekten zu spüren, die ihr in die Fänge geraten ... Auch die Vielfalt an Orchideen, die man an diesem vulkanischen Gebirge findet, ist beachtlich: So blühen hier beispielsweise die Insekten nachahmenden Ragwurze und viele andere Arten, immerhin 36 verschiedene (von 56 deutschlandweit). Zum Gebirgsnamen vgl. Kapitel »Aus der Geschichte«.

Auch der **Limberg**, der eigentlich zum Kaiserstuhl gehört, aber dennoch durch seine exzentrische Lage und außergewöhnliche Geologie hier besonders genannt werden soll, beherbergt eine seltene Fauna, vor allem aber eine ganz eigene Flora: Blutroter Storchschnabel, Kamm-Wachtelweizen und Ebensträußige Wucherblume wachsen nur hier und lassen das Herz des Botanikers höherschlagen. Der Storchschnabel galt früher übrigens als »erheiternd auf

*Malerische Limburg (19. Jahrhundert)*

das Gemüth, darum soll jeder der traurig ist, das Pulver des Krauts auf Brot streuen und essen«, wie ein Pflanzensagenbuch empfiehlt.

### Der Sumsergarten

Um seltene Orchideenarten zu finden, sollte man – außer zum oben genannten Badberg – ins **Jennetal** zwischen **Ebringen** und **Wittnau** pilgern. Statistisch gesehen soll man hier immerhin die Hälfte aller in Deutschland vorkommenden Arten finden. Auf den Wiesen unterhalb der Straße wachsen sie, die Knabenkraut- und Ragwurzarten, Riemenzunge und Hundswurz. Auch die seltene Zaunammer nistet in dem von intensiver Landwirtschaft verschonten Gebiet. An Schmetterlingen fehlt es auch nicht: Schwalbenschwanz, Zwerg-Bläuling und Kollegen flattern munter durch das sommerliche Grün. Nebenbei wachsen hier nach feuchten Tagen allein 24 bedrohte Pilzarten. Zu verdanken haben wir dies alles dem frühen Engagement eines einzigen Mannes.

Der Arzt Dr. Erwin Sumser – 1891 in **Merzhausen** geboren – kaufte bereits 1931 71 ha Land, um es vor der intensiven Nutzung zu bewahren. Er ließ das Gebiet einzäunen und auf eigene Kosten pflegen und reichte den Antrag für das erste Naturschutzgebiet ein. Zeitlebens setzte er sich für die Erhaltung einzigartiger Landschaften – zuletzt auf der Baar – ein.

## Launische Geister

Im **Kalmerwald**, beim sogenannten Wasserloch, soll ein Wesen hausen, das es besonders auf die dort häufig zu findenden Heidelbeeren abgesehen hat. Wenn nun Kinder die schmackhaften Beeren sammeln, müssen sie stets eine Handvoll so hinlegen, dass sie das Heidelbeerweiblein findet. Dieser Obulus ist eine uralte Opfergabe, mit der die Menschen die Naturgeister günstig stimmen und ihnen Dankbarkeit zeigen wollten.

Wenn das Weiblein nun keine Beeren bekommt, nimmt sie den Suchern alle Heidelbeeren ab. Die Folge ist in einem Kinderlied verewigt: »S'Häfeli isch leer, wenn i nur deheime wär. No dät is minere Mueder sage, d'Mueder dät mir de Frack verschlage.«

Netter sind die Erdweible, denen man in **Mengen**, auf dem Geißenrain begegnen konnte. Als vor Zeiten ein Mann dort pflügte, glaubte er das Ausschaben einer Backmulde zu hören. »Gebt mir auch e Stück Kuchen!« entfuhr es ihm. Wie staunte er, als wirklich an seinem Platz ein solches Gebäck lag ...

Ganz gefährlich sind die Rheinnixen. Nixen sind bekanntlich Wassergeister, die, ähnlich den Sirenen, liebreizend sind und männliche Wesen in den Fluss ziehen wollen, was deren Verderben bedeutet. Angeblich wurden früher solche Wesen bei **Breisach** gesichtet. Ganz ausnahmsweise hätten sie einst drei Mädchen in die Fluten gezogen. Ihr männliches Pendant, der Nöck, den man sich als langbärtiges Ekel vorstellte, hat angeblich hie und da auch Frauen zu sich ins kühle Nass geschleppt ...

Das »Ängetier« treibt in **Horben** sein Unwesen. Nachts verfolgt es die Wägen und setzt sich geschwind hinten drauf. Es ist aber so schwer, dass die Zugpferde schier nicht mehr von der Stelle kommen. Beim ersten Läuten löst es sich in Wohlgefallen auf und verwandelt sich in ein Herdentier, meistens eine Kuh, denn man hat abends plötzlich eine mehr als beim Austreiben. Es läuft aber nur bis an die Dachtraufe, dann verschwindet es wieder.

Zu den Naturwesen gehören eigentlich auch die Unterirdischen, die Erdleute, die im Kapitel »Steine, Gebäude, Unterirdisches« beschrieben werden. Über Totengeister lese man im Kapitel »Magier, Teufel, Hexen und Geister« nach.

## Ignis fatuus

Unter dieser Bezeichnung geistern die sogenannten Irrlichter im Breisgau umher. Wohl aus der Unkenntnis der eigentlichen Ursachen von Lichterscheinungen wie Leuchtkäfern oder Elmsfeuern –

elektrische atmosphärische Entladungen – entstand die Vorstellung, dass es sich dabei um Totengeister handeln müsse, die umherirren, weil sie keine (Seelen-)Ruhe fänden.

So erzählte man sich in **Horben**, dass ein Zimmermann einst in Freiburg arbeitete und jeden Morgen in die Stadt gegangen sei. Bei **Günterstal** am »schtainerne Kriz« habe er auf der Wiese ein Licht gesehen und meinte erst, jemand suche etwas mit einer Lampe. Beim erneuten Umschauen seien dann aber hunderte tanzende Lichter zu sehen gewesen. Beim »Betzeit-Läuten« sei dann plötzlich alles verschwunden gewesen.

## Ein Nebelwesen

»Die Leute auf dem Lehenhof zu **Buchholz**, die elf Kinder hatten, waren trotz ihres Fleißes und ihrer Rechtschaffenheit so heruntergekommen, dass ihnen Haus und Feld verkauft werden sollten.« So erzählen es die »Schwarzwald-Sagen«. Hier zeigt sich, wie bereits im Kapitel »Alltagskultur und Brauchtum« angedeutet wurde, dass die Menschen den Schicksalsschlägen der Natur oft machtlos ausgeliefert waren. Dank eines Naturwesens naht jedoch die Rettung: »Am Abend zuvor« – also vor dem Verkauf – »sah der Bauer gegen neun Uhr noch zum Fenster hinaus und bemerkte einen alten Mann, der auf der Treppe vor der Haustüre saß. Auf die Frage, was er begehre, antwortete er, daß er um ein Nachtlager habe bitten wollen; weil aber die Haustüre schon verschlossen gewesen sei, habe er sich auf die Staffeln niedergesetzt.« Der Bauer lässt ihn herein, gibt ihm Essen und erzählt, dass der Hof verkauft werden solle. Nun erklärt der Fremde, dass er ein Nebelmann sei, der den Zugang zum Schloss **Schwarzenberg** habe. Dort, wie überhaupt im ganzen **Waldkirch**er Bann, liege noch unendlich viel Geld begraben. Wenn der Bauer nachts um elf ihm folge, würde er viel davon bekommen. Gesagt, getan. Die beiden treffen nachts an der Burg ein, der Alte öffnet die Tore sowie eine Schatzkiste aus Eisen mit Hilfe von drei Zauberruten. Dann muss der Landmann rückwärts zu der Kiste gehen und sich so viel Geld herausnehmen, wie er in eine mitgebrachte Tasche füllen kann. Hierauf verschwindet der Nebelmann für immer, der Bauer kann den Hof freikaufen und lebt als reicher Mann weiter. Was der Geist mit dem Nebel zu tun haben soll, darüber hüllt sich die Sage in Schweigen.

### Der Lindwurm vom Schönberg

Als ob die Alten schon immer geahnt hätten, dass es vor undenklichen Zeiten einmal Dinosaurier gegeben hat, taucht immer wieder der Drache als Urbild des alles verschlingenden Bösen auf. Meist haust er in einer Höhle. Zahlreiche Grotten standen denn auch im Verdacht, die Behausungen von Untieren zu sein.

*Sagenumwoben:*
*der Schönberg*
*mit Schneeburg*

Das bekannteste feuerspeiende Ungeheuer lebte angeblich bei **Ebringen**. Das Badische Sagenbuch dazu: »Dieser Drache mußte von Zeit zu Zeit ein Menschenopfer haben, bis das Los schließlich auch die schöne, junge Tochter des Grafen auf der **Schneeburg** traf (vgl. Kapitel »Aus der Geschichte«). Am Fuß des Schönbergs aber wohnte ein junger Ritter, der sich heimlich zum Christentum bekannte. Als er von dem schrecklichen Los der Tochter des Schneeburgers hörte, faßte er den Entschluß, den Drachen zu töten.« Natürlich gelingt ihm die Rettungsaktion und der christliche Glaube hat seine Macht bewiesen. Auf den Häusern, über die das Getier geflogen war, errichtete man steinerne Kreuze.

*Drachengwürm:*
*So stellte man*
*sich um 1850 die*
*Dinosaurier vor*

## Eine kleine Drachen-Systematik

Drachen werden (laut »Handbuch des Aberglaubens«) in zwei Gruppen eingeteilt: Demnach gibt es die Flügelschlangen und die Hausgeister. Von letzteren kommt übrigens die negative Bezeichnung für eine unangenehme Hausfrau.

Das Motiv des Drachentöters (s.o.) bezieht sich auf die erste Art. Es reicht weit in die Antike zurück. Der Sieger bemächtigt sich der Zähne des Untiers und wird dadurch unbesiegbar. Die Vorstellungen wurden überwiegend durch die Bibel vorgeprägt, beispielsweise in der Figur des Leviathan, der die Apokalypse symbolisiert. Er speit bereits Feuer, ist unverwundbar, sein Leib ist schuppenbedeckt, hat (Fledermaus-)Flügel sowie Füße, die nur watscheln können. Sein giftiger Atem »bläst durch sieben Kirchenmauern«. Die Spur des Lindwurms lässt nichts mehr wachsen ... Er bewacht oft einen Schatz, was man in der Antike auch von Schlangen behauptete. Bekanntlich war auch Fáfnir, der Hüter des Nibelungenschatzes, ein Kriechtier, des Fliegens unfähig.

Drachensteine sind meistens im Körper des Wesens als Auge oder im Kopf steckende Edelsteine imaginiert, die das Tier verliert oder die man ihm herausschneidet. Sie bergen Zauberkräfte, heilen oder produzieren Geld. Auch Kometen haben häufig in der Fantasie der Altvorderen Drachenform gehabt, weil sie angeblich Feuer spucken. Drachen können aber auch Gewässerdämonen sein, die einen See zum Kochen bringen oder für Überschwemmungen verantwortlich sind. Sie haben aber durchaus auch positive Eigenschaften: Das Drachenblut hat eine Heilwirkung und lässt die Felder sprießen, Drachenschwanzsalben standen früher hoch im Kurs, vor allem, weil sie angeblich das Sehen schärften.

Hausdrachen haben allerdings gar nichts mit dem Lindwurm zu tun, sie tragen auch ganz eigene Namen, wie z.B. »Alf«, »Alber«, »Alp«, »Kobold«, »Stutzli«, je nach Gegend. Auch ihre Gestalt ist gänzlich verschieden von den oben genannten Namensvettern. Sie sehen eher aus wie Kobolde, mit roter Jacke und Kappe und wechseln ihre Gestalt, nachts sind sie Geister, tagsüber ein Haustier, etwa eine Katze, ein Huhn, auch ein Kalb. Sie wollen gut mit Hirsebrei versorgt sein, sonst rächen sie sich mit einem Hausbrand. Dies immerhin haben sie mit dem Flugungeheuer gemeinsam, das Element des Feuers. Der Hausdrache gehört zum Gebäude und verhilft zu Geld – das allerdings häufig woanders zusammengestohlen wurde.

## Pferd und Elefant

Die Fauna des Breisgaus begann mit zwei echten Säugetieren. Bereits vor 40 Millionen Jahren galoppierte das Urpferdchen *Paläotherium magnum* beim heutigen **Pfaffenweiler** durch die Wälder. Seine Versteinerung wurde jedenfalls im dortigen Steinbruch zutage gefördert.

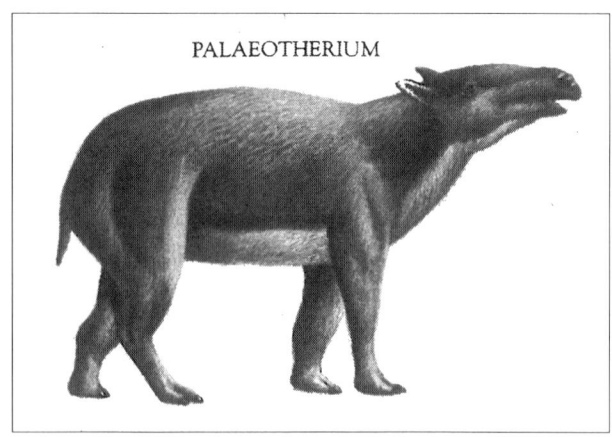

*Das Pfaffenweilerer Urpferd*

Damit sind wir zeitgleich mit dem Montmartre in Paris, wo man ein weiteres Fossil der Art fand. Mit seinen 75 cm Schulterhöhe und seinem tapirähnlichen Aussehen hat es eigentlich recht wenig mit heutigen Pferden zu tun. Es lebte in tropischen Wäldern und ernährte sich von dem Grün der Sträucher und herabhängender Baumäste. Dank ihrer vorderen vier und hinteren drei Zehen konnten sich die Tiere auch in sumpfigem Gebiet gut fortbewegen ...

Das zweite Wesen dürfte einige ins Erstaunen setzen, denn es ist ein Urelefant: Ein Mammut, das bis vor ca. 10 000 Jahren auch bei uns vorkam, fand seine letzte Ruhestätte beim aktuellen **Achkarren** am Kaiserstuhl. Hier ist die Fundgeschichte interessant:

1958, Philipp Isele will eigentlich nur etwas Platz schaffen, um eine Scheune in der Nähe einer Lösswand aufzubauen. Deshalb gräbt er etwas in die Wand hinein. Er staunt nicht schlecht, als er zuerst vier mächtige Knochen ausgräbt, die sich später als Mammutzähne herausstellen sollen. Sie sind so groß wie Brotlaibe, an einem hängt sogar noch ein Stück Kiefer. Dann legt Isele Becken- und Schädelknochen frei, die große Aufregung steigert sich aber noch, als in zwei Metern Höhe ein immenser Stoßzahn zum Vorschein kommt, der nach dem Abbau insgesamt 2,75 m misst. Das Fundstück sorgt

natürlich für einige Furore und wird erst einmal im Geologischen Institut Freiburg präpariert. Dann landet er als Trophäe in der Winzerstube. Heute findet man die Überreste des einst riesigen Tieres in der örtlichen Winzergenossenschaft.

## Gespenstertiere

Vor fast 200 Jahren sollen einige Männer den weiten Weg von **Burkheim**, über **Oberrotweil**, **Gottenheim**, **Umkirch** und Lehen nach **Freiburg** zu Fuß gegangen sein, um in der Metropole den Markt zu besuchen. Um früh am Morgen anzukommen, gingen sie abends schon los und kamen gegen Mitternacht nach Oberrotweil. Da plötzlich standen vor ihnen sechs schwarze Hengste, die sich bei ihrer Ankunft aufbäumten und um sich ausschlugen. Sie zu umgehen, scheiterte ebenfalls. Und so mussten die Wanderer unverrichteter Dinge umkehren und nach Hause zurückgehen. Die Sage bricht leider unversehens ab, wir fantasieren die Geschichte aber zu Ende: Die Pferde sind eigentlich Dämonen, sie stehen dem Teufel nah. Dafür spricht auch die mitternächtliche Geisterstunde. Die Germanen dachten, Rösser könnten weissagen, ihr Wiehern wäre prophetisch. Wohl auch deshalb nageln viele ein Hufeisen als Glücksbringer an einen Balken ...

## Nur ein Missverständnis?

Sie sind vor allem in den Kinderzimmern anzutreffen, wo sie meist auf Plakaten in romantischen Farben prangen und einsam auf einer Waldlichtung der Jungfrau harren, die sie liebkost. Es sind die gutherzigsten, edelsten Wesen dieser Erde, glaubt man den Fans. Schwer zu fangen, sollen sie sein, ja, manche Skeptiker bestreiten sogar ihre Existenz. Ein Film aus den 80er-Jahren handelt denn auch von ihrem Aussterben. Die Rede ist von den Einhörnern, deren Waffe mysteriöse Heilwirkung in sich trägt. Einige Orte haben sie zu ihrem Wappentier erkoren, so zum Beispiel der Ort **Oberried** im Breisgau. Dabei soll, wie jetzt Spielverderber behaupten, alles nur eine Missinterpretation sein. Im Alten Testament sei vor 2300 Jahren bei der Übersetzung des hebräischen Textes ins Griechische ein Fehler unterlaufen, weil man sich unter dem Wort »Re'em« nichts vorstellen konnte und dafür kurzerhand »Monokeros« schrieb. Von da an wurde es dann von allen weiteren Autoren als Tier mit nur einem Horn beschrieben. Bald dichtete man dem extrem seltenen Pferd – denn als solches wird es meist dargestellt – eine außergewöhnliche medizinische Kraft an. Aber es scheint auch etwas Zerstörerisches an sich zu haben, wie es beim Lebensbaum (s.u.) in Bischoffingen dargestellt ist. Die Apotheken des 17. Jahrhunderts handelten mit vermeintlichen Einhorn-Hörnern, weil man sich wahre Wunder über ihre Heilkraft erzählte. Was der Kunde nicht wusste, war, dass es sich um die Stichwaffe des Narwals handelte ...

*Einhorn im Wappen von Oberried ...*

*... und von einer Jungfrau gefangen (Holzrelief um 1500)*

### »Fort, in Gottes Namen!«

Eine ganze Sagenserie ließe sich zum **Kandel** und seinem Felsen zusammentragen. Wie im Kapitel »Von Schreibern und Geschriebenem« beschrieben, glaubte man früher, dass im Berg ein See wäre, der nur (noch) durch eine labilen Verschluss darin gehalten würde. Einmal ist es eine Forelle, die an einer Kette daran zu ziehen droht, ein andermal hausen Berggeister dort oben, die nichts lieber sähen, als dass das **Waldkircher** Tal dadurch überschwemmt würde.

Damit wird – ähnlich wie beim Lebensbaum in **Bischoffingen** (s.u.) – das Prekäre, Vorübergehende der Welt betont. Wenn – und der Tag soll kommen – sich der Fisch losreißt, gibt er den Weg für die Wassermassen frei. Noch ganz unberührt von modernen Katastrophenszenarien dürfte die Sage die Botschaft haben, dass der Mensch sich immer des labilen Gleichgewichts der natürlichen Kräfte bewusst sein sollte.

Eine Sage aus diesem Kreis geht so: Einst kam auf den Kandel ein fremder Mann mit einer ganzen Menge Füchse zu einem Hirtenbuben. Er schlug einen goldenen Keil in den Felsen und spannte die Füchse in langer Reihe davor. Dann hieß er den Buben, er solle die Tiere in Teufels Namen forttreiben. Der Junge aber sprach: »Fort, in Gottes Namen!« Da verschwanden Mann, Füchse und Keil und der Fels blieb unverrückt an seiner Stelle. Andernfalls hätte er eben die Wassermassen losgelassen, der Mann aber sei der Gottseibeiuns gewesen.

*Der Kandelfelsen,*
*des Teufels Thron*

# Vor Ort

## Grässliche Fratzen

Die vielgestaltigen Teufel, die Affen und andere Tiere, die von den Flanken der Kirchen herabblicken, symbolisieren das gebannte Böse, das in den Dienst des Göttlichen gestellt ist: Sie müssen nolens volens dazu beitragen, dass das steingewordene himmlische Jerusalem, die Kirche, bestehen bleibt. Die grässlichen Figuren leiten nämlich das Wasser ab und verhindern so eine schnelle Verwitterung. Gleichzeitig schützen die Fratzen das Gebäude vor ebendiesen finsteren Mächten, indem sie ihnen ihr eigenes Konterfei hinhalten. Stellte man sich doch im Mittelalter vor, dass der böse Feind, mit seinem unheimlichen Nachtvögeln gleichenden Heer, unaufhörlich das Gebäude bedrängt. Insofern vertrieb man Gleiches mit Gleichem, eine im Grunde heidnische Vorstellung (vgl. UF, 65f).

Eine Besonderheit stellen die vier Abbilder an der **Endinger** Kirche St. Martin dar. Zum einen, weil sie nie als Wasserableiter gedient haben. Man fragt sich, wieso sie dann überhaupt angebracht wurden und kommt nicht umhin, eben jene Funktion zu unterstellen, wonach sie lediglich als Geisterschreck dienen sollten. Zum anderen, weil hier ein Bock modelliert wurde, der offensichtlich den Teufel selbst repräsentieren sollte. Denn dieser wurde mit dem Ziegenmännchen identifiziert, man denke nur an die Hufe des Satans.

Ein Sage zu weiteren in Stein gehauenen Tieren lese man im Kapitel »Steine, Gebäude, Unterirdisches« nach, weitere Teufelsgeschichten im Kapitel »Magier, Teufel, Hexen und Geister«.

## Gefürchtete Bestien

In den letzten Jahren kehren sie zurück: Jahrhunderte lang waren sie der Schrecken der Wälder, manchmal rissen sie auch Herdentiere und machten die Gegend, vor allem den westlichen **Kaiserstuhl** unsicher. Die Rede ist von den Wölfen, die sich so mancher wieder in der heimischen Landschaft wünscht. Früher jedenfalls wollte man sie am liebsten ausrotten. Wem sind nicht einschlägige Märchen bekannt, in denen vor dem bösen Wolf gewarnt wird? Mit seiner legendären Schläue bringt er es sogar fertig, Rotkäppchen zu beschwatzen.

Bei **Achkarren** gibt es einen Flurnamen, der die Feindschaft Mensch-Lupus belegt: Im Jahre 1571 legte man extra eine Grube »Im Wolfsloch« an, um die lästigen Säuger zu fangen und zu töten. Auch in **Riegel** gab es eine Wolfsgrube. Denn die Tiere drängten vor allem in der kalten Jahreszeit vom Elsass her vor und stellten – zumindest in den Augen unserer Vorfahren – eine echte Gefahr dar.

## Napoleon und der Wein

Der Name **Kaiserstuhl** ist eng mit dem Weinbau verknüpft und die Kaiserstühler leben zu einem Gutteil vom Rebenanbau. Schließlich bietet – neben dem Lössboden – das Vulkangestein beste Voraussetzungen dafür. Umso erstaunlicher ist, dass dies erst im frühen 19. Jahrhundert erkannt wurde.

Im Jahre 1815 weilte der Wundarzt Ernst Georg Lydtin, der zu Napoleons Truppen gehörte, am Vesuv. Dort beobachtete er, dass man auf dessen Flanken Edelsorten anbaute. Lydtin war es denn auch, der damit begann, in **Ihringen** und **Achkarren** mit großem Erfolg, statt dem Elbling die neuen Rebsorten auf Vulkangestein zu kultivieren. Und so hatte der – sicherlich dem Rebensaft nicht abgeneigte – französische Kaiser auch seinen Anteil am Kaiserstühler Wein. Auf dem Winklerberg bei Ihringen informiert eine Gedenktafel über den Wundarzt und Visionär.

## Der Lebensbaum

Eine uralte Darstellung können wir in der St. Laurentius-Kirche in **Bischoffingen** bewundern. Es handelt sich um Wandmalereien, die bis ins 14. und 15. Jahrhundert zurückgehen und, ähnlich wie bei der Glöcklehof-Kapelle (vgl. Kapitel »Heiliges und Heidnisches«), erst 1908 überraschend entdeckt wurden. In der heute evangelischen Kirche wurde die Abbildung mit sehr sinnfälliger Symbolik gestaltet. Mit Hilfe verschiedener Wesen wird sowohl die Vergänglichkeit als auch der Weg zum Heil in einem Bild vereint: An den Wurzeln und dem Stamm sind zwei Mäuse (schwarz: die Nacht, weiß: der Tag) zu erkennen, die an ihnen nagen. Außerdem arbeitet das Einhorn daran, den Stamm zu verletzen. Rechts schwingt ein ritterähnliches Wesen eine Axt, vielleicht ein Sinnbild für den Krieg in der Welt. Die Baumesmitte ziert ein Jüngling mit Falken, der das ritterliche Ideal repräsentiert. Er ist allerdings zwiegespalten, was seine Kleidung zeigt. Die rechte, böse Seite findet ihre Entsprechung in einem kleinen roten Teufel, links (mit Falke) die Engelspartie, die letztlich (per Handzeig) zu dem auferstandenen Christus ganz oben im Baum weist. Hans-Otto Mühleisen stellt in seinem Führer »Kunst am Kaiserstuhl« die Verbindung zu der Sammlung von Heiligenviten »Legenda aurea« (1263–1273) her, in der sich eine »christianisierte Buddha-Legende«(!) namens »Barleam und Josaphat« finde, die zu dem Lebensbaum-Bild angeregt habe. Bleibt anzumerken, dass dieses kostbare Kulturgut beinahe im Dreißigjährigen Krieg dasselbe Schicksal erlitten hätte, wie der übrige Kirchenraum, nämlich das der völligen Zerstörung ...

## Natürliche Vielfalt

In **Eichstetten** kann man sich jederzeit in einen Garten begeben, dem nicht viel zu einem botanischen Wunderort fehlt: Die »Stiftung Kaiserstühler Garten« betreibt hier ein Zucht- und Schauterrain, das auf kleinem Raum zahlreiche regionale Pflanzen gedeihen lässt. Wer sich ein bisschen für die verschiedenen Sorten an Wild-, aber auch Kulturflora interessiert, kommt hier ins Schwärmen. Denn neben altbekannten Obst- und Gemüsesorten wachsen hier auch die seltenen, zum Teil sogar in Vergessenheit geratenen Arten. Wer sich nicht auskennt, kann auch eine Führung in Anspruch nehmen und sich alles erklären lassen.

Wenn man noch Zeit hat, kann man in der Nähe das sogenannte »Obstmuseum« besuchen, das im Unterschied zu anderen in der Natur selbst ausstellt: Auch hier liegt der Schwerpunkt auf Regionalem. Zahlreiche Obst- und Straucharten erinnern einen daran, dass man früher eine viel größere Vielfalt der Gewächse kannte.

## Die »Weltenlenker«-Eiche

In **Hochdorf** steht seit 2016 auf dem Festplatz eine Baumskulptur des Künstlers Thomas Rees. Die riesige Plastik vereint zahllose Symbole in sich und soll an ein »Beinahe-Unglück im Jahr 2014 erinnern. Damals fiel eine riesige Eiche drei Tage nach dem beliebten Waldhock in einer windstillen Nacht mitten auf den Platz. Am Sonntag, als das Fest noch in vollem Gange war, hatte es ein heftiges Unwetter mit massiven Sturmböen gegeben. Diese hatten die Eiche jedoch nicht während des Festes zum Fallen gebracht, ein großes Unglück fand wie durch ein Wunder nicht statt«, so heißt es auf der Homepage des Künstlers. Dieser will mit seinem symbolträchtigen Opus auch zeigen, dass die Verschonung der Hochdorfer kein Zufall, sondern eine Art Fügung gewesen ist, die durch einen »Weltenlenker« so auch der Titel – verursacht wurde. Um einen Eindruck von der Vielfalt an Motiven zu geben, seien nur einige aufgelistet: Krieg, Zerstörung, Not, Flüchtlingsströme, die Flüchtlinge, deren Boot, ein Containerdorf, die historische Gestalt des St. Martin, Patron der Kirchengemeinde, Dorf mit Kirche, das Eisenbahnunglück 1882 (vgl. dazu UF, 159), die Weltkugel, eine Spirale, New York/die Twin-Towers, Paris/der Eiffelturm, das Atomium, Weltreligionen, ... Wem das alles zu spirituell ist, dem seien noch ein paar Daten von der oben genannten Homepage mitgeteilt: »Alter des Baumes: über 200 Jahre – Höhe etwa 8 Meter – Gewicht: 7,5 Tonnen – Durchmesser: unten etwa 1 Meter, oben Wurzeldurchmesser 3,50 Meter – Fundament: 8 Tonnen Stahlbeton – Dach: Stahlrohr und Glas, Fläche etwa 10 m²«. Die Bauzeit betrug übrigens ca. sieben Monate.

## Das Maislabyrinth

Minotaurus wohnte darin, in manchen Kathedralen sind sie in die Bodenplatten eingelassen um zu einer Art spirituellem Tanz anzuregen, skandinavische Felszeichnungen zeigen diese Formen: Labyrinthe sind seit jeher Symbole des Lebensweges, des Umherirrens, der Gefangenschaft. Dagegen nimmt sich eine inzwischen jährlich veranstaltete, sommerliche Freizeitaktion in unserer Region sehr spaßig aus. Am »Waldmösle« bei **Opfingen** liegt Deutschlands einziger »biologisch abbaubarer Freizeitpark« (Werbetext), ein Maislabyrinth zum Selbst-Verirren. Besonders eindrucksvoll sind stets die in der Badischen Zeitung veröffentlichten Fotos, die den Irrgarten von oben zeigen und beweisen, dass man jedes Jahr wieder neue Ideen und Wege ausprobiert.

Manche mögen sich auch noch an die in den 80er-Jahren veröffentlichten Kornkreise erinnert fühlen, die damals den Verdacht erregen sollten, dass nun doch UFOs auf Erden gelandet seien. Bei der Tour durch den Mais geht es jedenfalls um »Spaß und Abenteuer« (Zeitungsanzeige), weniger um Selbstfindung oder Außerirdische.

## Die Schlangenkette

In den Bereich zwischen Aberglauben und christliche Praxis gehört die Schlangenaustreibung, die noch bis ins 19. Jahrhundert im **Attental** stattfand. Dabei traf man sich am 2. Februar (Maria Lichtmess) zuerst in der dortigen Schlangenkapelle, um einen Rosenkranz zu beten. Anschließend gingen die Bauern nach Hause, um zum Schutz vor dem »Gewürm« dreimal mit einer Kette um den Hof zu ziehen. Dies sollte für das folgende Jahr den Zutritt der Schlangen zum Haus abwehren. Die Kapelle selbst steht heute noch beim Henslehof. Am besten geht man den Pfad beim Café Faller rechts hoch und folgt den Wegzeichen.

Die Sage weiß um eine Nattern- und Otternplage, die erst endete, als man dieses Kirchlein hierher gestellt hatte. Bis heute steht darin eine Muttergottes mit Kind auf der von einer Schlange umwundenen Erdkugel, außerdem ist ein solches Reptil in der vorderen Altarwand in Lebensgröße nachgebildet. Der schöne Ort lädt auch zum Verweilen ein. Dann kann man sich bildhaft vorstellen, wie das Gewürm in den Büschen geraschelt haben mag ...

*Ehemals eine Plage: die Schlangen (Athen, 4. Jahrhundert v. Chr.)*

## Die Wunderlinde

Das **Kirchhofener** Gotteshaus ist wegen seiner Marien-Wallfahrt (siehe Kapitel »Heiliges und Heidnisches«) weithin bekannt. Unterhalb der Kirche befindet sich heute eine junge Linde, die wohl diejenige ersetzt, die jahrhundertelang hier stand. Linden hatten in ihrer Funktion als Gerichtsort, gleichzeitig aber auch als Schutzpflanze eine wichtige Rolle inne. Man pflanzte sie in manchen Gegenden gezielt ums Haus, damit man vor Hexen geschützt wäre. Umso erstaunlicher ist die folgende Sage, die man sich zu diesem Baum erzählte. Danach soll ein Mann, der die »Fronfastenweiber« habe vorbeireiten sehen wollen, sich – wohl um geschützt zu sein – unter die Linde gestellt haben. Als die Frauen auf Besen (!) vorbeigeritten seien, habe sich ihm eine genähert und gesagt: »Ich will einen Nagel in den Pfosten dort schlagen.« Daraufhin habe er selbst das Eisen im Kopf stecken gehabt. Weil er aber das Jahr darauf wieder hier stand, zog die böse Frau ihm das Metallteil wieder heraus, als sie erneut vorbeiritt. Die Fronfasten waren bestimmte Wochen zu Beginn jeder Jahreszeit, zu denen auch Zinsen abzugeben waren. Diese Zeiträume galten als gefährliche Geisterperioden, daher kamen dann auch die Weiber und das »Wilde Heer« (vgl. Kapitel »Facetten des Breisgaus«).

## Lästige Nager

In **Bad Krozingen**, am Graserweg, steht in die Hecke eingewachsen und auf den ersten Blick relativ versteckt ein Bildstock. Er wurde zum Dank für das Ende einer Mäuseplage errichtet, die offenbar im Jahre 1755 grassiert hatte. Wer sich klarmacht, wie stark die Menschen früher vom Getreide abhängig waren, dürfte diese Not nachvollziehen können.

Am Bildstein abgebildet ist der Hl. Ulrich, Schutzheiliger der Fischer, Winzer und Weber. Er wird angerufen, wenn es um verschiedene Gebrechen und Unwägbarkeiten geht. Gleichgültig ob bei Fieber, Tobsucht, Ratten- oder Mäuseplagen, auch zum Schutz vor Hochwasser und Unwetter bitten ihn viele Gläubige um Hilfe. In **Endingen** gab es bis ins 20. Jahrhundert hinein auch Feldersegnungen mit dem Stab des Hl. Magnus gegen die Nagetiere.

## Der Helden-Hund

Um die Burg **Scharfenstein** rankt sich eine Sage, die sich auf ein Verbrechen bezieht, bei dem sich ein Tier als Menschenfreund bewies. Zur Zeit der Erzählung, im 13. Jahrhundert, gehörte die einst mächtige, auf dem Felsen thronende Festung den Herren von **Staufen**, genauer Ritter Hugo und seiner Frau Agnes. Weil er sich unsterblich in die

*Kulisse einer Tragödie: die Ruinen Scharfenstein*

junge Rotlinde verliebt hatte, stand sein Sinn nur noch danach, wie er seine Ehefrau loswerden könnte. Er ersinnt einen perfiden Plan: Agnes wurde entführt und eingesperrt. Hier nun tritt der treue Hund Pepi auf den Plan. Wohl weil er sie vermisst, sucht er die Herrin mit seiner feinen Nase und findet sie letztlich in ihrem Gefängnis. Als der Mordplan auffliegt, stürzt sich die schöne Geliebte vom Felsen. Aber auch der eigentliche Übeltäter kommt nicht lebend davon: Er verbrennt in seiner Burg.

## Verräterische Krähen

Tiere können auch Verborgenes sichtbar machen: Dies geschah angeblich im Jahre 1718. Die Ehefrau des »Zinsgütlers« von **St. Trutpert** kam damals auf geheimnisvolle Weise ums Leben. Dies, weil sie vorher weder krank noch gebrechlich war und auch niemand von ihr zuvor gehört hatte, dass es ihr an irgendetwas fehlte. Im Ort wurde sicherlich so manches Gerücht verbreitet, man fragte sich wohl auch mehr oder weniger laut, was mit ihr geschehen war. Jedenfalls fand eine normale Beerdigung statt und niemand ahnte etwas. Da sollen sich auffällig viele Krähen an ihrem Grab gezeigt haben, sie sollen auch darüber gekreist sein und unaufhörlich gekrächzt haben. Dieser

Fingerzeig Gottes wurde nun ernst genommen und man grub die Leiche aus. Und – tatsächlich: Man erkannte deutlich, dass sie ertränkt worden war – schnell kam man auf die Glotter als Tatort. Der Mann gestand bald, allzu erdrückend sollen die Beweise gewesen sein. Ob er vorher »peinlich befragt« wurde, wie es damals noch üblich war, ist nicht überliefert. Schließlich wurde der Übeltäter in **Waldkirch** enthauptet.

# Steine, Gebäude und
Unterirdisches

Der Breisgau ist reich an Sagen und Geschichten um unterirdische Quellen, Gebäude und Orte einerseits, einzelnen Steinen und mysteriösen Inschriften und Wappen andererseits. In der Vorstellungswelt unserer Vorfahren war aus Stein Gebautes nicht für die Ewigkeit bestimmt, konnten Schicksale, Gottesfügungen, Katastrophen das von Menschenhand Geschaffene auch schnell verschwinden lassen. Entsprechend zahlreich sind die Sagen vom Untergang ganzer Orte. Auch wohnten in der Welt der Sagen im Berg und im Untergrund Wesenheiten und Kräfte, die uns Erdenbewohnern weit überlegen waren ...

### Die verschwundene Stadt

Die Sage erzählt, dass **Münster**, nach dem das **Tal** benannt ist, im Jahre 1320 von den Freiburgern zerstört worden sei, während die Krieger den Feind bei Krozingen erwarteten. Die Überlieferungen wollen wissen, dass die Städte stets im Zwist wegen der Abbaurechte des Silbers waren. Die Einwohner hätten sich später in **Staufen** angesiedelt.

In Wirklichkeit gab es diese Stadt durchaus, allerdings wurde sie – nach neueren Erkenntnissen – durch Überschwemmungen um 1400 und um 1600 stark beschädigt. Danach erholte sie sich nie

*1734 noch sichtbar: die Reste der »Rödelsburg«*

*Steine, Gebäude und Unterirdisches*

wirklich von den Wasserschäden und wurde nur noch 1539 zuletzt als »Stadt« bezeichnet, dann aber während des Dreißigjährigen Krieges vollends dem Erdboden gleichgemacht.

## Vom Erdboden verschluckt

Gleich ein ganzes Tal soll wegen der Gottlosigkeit der Bewohner versunken sein. So erklärte man sich auch den Namen des **Suggentals** als »Sunkental«. Dabei stand die Gegend wegen ihrer reichen Gold- und Silbervorkommen in voller Blüte: Es gab so viele Häuser eng beieinander, dass »die Katzen von der Elz bis zum obersten Hof auf den Dachfirsten gehen konnten«. Ein prächtiges Schloss krönte den Ort. Weiter erzählt die Sage: »Um die junge Schlossgräfin bewarben sich viele Freier; allein sie wollte nur den nehmen, der im Schloss einen gläsernen Weiher anlegen würde, so dass sie aus ihrem Bett die Fische darin schwimmen sehen könnte. Ein Hauptmann der Bergleute ließ sich durch diese schwere Bedingung nicht abschrecken und führte mit großer Mühe eine Wasserleitung von der Platte auf dem **Kandel** bis zum Schloss, wo er den Weiher aus Glas anlegte. Daraufhin heiratete sie ihn. Bei der Hochzeit waren Übermut und Ausgelassenheit so groß, dass sie und die Gäste ausgehöhlte Brotlaibe als Tanzschuhe benutzten.« Als nun der Pfarrer mit dem Mesner samt Glöcklein vorbeigeht, um einem Sterbenden die letzte Ölung zukommen zu lassen, wollen einige Gäste beim Läuten der Glocke niederknien. Die arrogante Herrin aber verbietet es ihnen mit den Worten: »Was fragt ihr nach der Schelle, jede meiner Kühe hat auch eine!« Das böse Ende lässt nicht auf sich warten: Während sich der Sterbende auf den Schwarzenberg tragen lässt, geht über dem Ort eine wahre Sintflut nieder, es kommt zu einem riesigen Erdrutsch und alle Gebäude, bis auf die Kirche und den obersten Hof werden in die Tiefe gerissen. Aber siehe da, es überleben ein alter Mann mit seinem Sohn und ein kleines Kind in einer Wiege. Darauf sitzt eine Katze, die das jetzt zum Schifflein auf den Fluten gewordene Gefäß im Gleichgewicht hält. »Unterhalb **Buchholz** blieb die Wiege im Dolden einer Eiche hängen. Als das Wasser sich verlaufen hatte, holte man das Kind und die Katze herunter. Beide waren unverletzt. Weil aber niemand wusste, wer des Kindes Eltern waren, nannte man es nach dem Wipfel des Baumes Dold.«

## Der Geizhals

Mit Brunnen sind viele Sagen und Geschichten verbunden, einerseits, weil das kühle Nass natürlich sehr häufig gebraucht wurde und es noch keine Wasserleitungen wie heute gab, andererseits verband man mit ihnen eine Art Zugang zur Unterwelt, wie er beispielsweise im Märchen »Frau Holle« erscheint. Ein Beispiel für eine Rache durch die Kräfte der Anderwelt kommt aus **Bickensohl**: Hier soll ein sehr geiziger Brunnenbesitzer gelebt haben. Er machte den Mitmenschen das Leben schwer und erhöhte immer mehr den Preis für die Entnahme von Wasser aus seinem Born. Als niemand mehr das Geld dafür beschaffen konnte, schüttete er den Trog zu. Und wie es so geht, wurde der Geizhals prompt von dem Wasserspender verschlungen ...

### Mysteriöse Wappen, unbekannte Zeichen

Die Welt der Heraldik und der Zeichen und Symbole sind für viele ein Buch mit sieben Siegeln. Im **Breisgau** begegnen uns verschiedene Wappenbilder, vor allem bei den Ort- (vgl. die verschiedenen Abbildungen in diesem Buch) und Herrschaften.

Diverse Wappen künden von vergangenen Herren, manchmal sogar von untergegangenen Orten. Eines ist noch heute am Wippertskircher Hof bei **Opfingen**, Richtung **Merdingen** zu sehen, es erinnert an die dortige Benediktinerpropstei des verschwundenen Ortes. Ein sehr originelles Wappen ist auch das von Graf Ferdinand Joseph von Duran in **Neuershausen** am Schloss. Über ihn ist im Kapitel »Aus der Geschichte« einiges erzählt (»Die Kalamitäten des Katalanen«).

Auch die Welt der Zeichen und Symbole birgt noch so manches Rätsel. Ein Mysterium ist das Savoyarden-Zeichen, das aus einer 4, einem =-Zeichen und einer Mondsichel besteht. Wir finden es in **Staufens** Innenstadt – neben vielen anderen Gebäuden, am »Savoyarden-Haus« an der nordwestlichen Ecke des Marktplatzes, sowie beispielsweise in **Bad Krozingen** am Litschgi-Haus (s.u. »Die Fugger ...«), denn dort lebten einst Familien, die im 17. Jahrhundert aus der Alpenregion hierher gekommen waren. Die seltsame, nach unten verlängerte »4« war ihr Handelszeichen über dessen Herkunft bisher nur spekuliert wurde ...

*Das geheimnisvolle Savoyarden-Symbol am Litschgi-Haus*

## Die Bergmannsagen

Eine ganz eigene Sorte Erzählungen sind die zahlreichen Berg-
mannsagen, die man sich in allen Gegenden erzählte, in denen
man Untertagebau betrieb. Wie andere Naturwesen auch (vgl. Kapitel »Naturwunder, Fauna und Flora«), vertreten und beschützen
die Berggeister, meist zwergenähnliche Männlein, ihr Element, hier
eben den Berg, die Erde und die ganze unterirdische Welt. Als Per-
sonifikationen der Naturkräfte lassen sie es entweder zu, dass der
Mensch in ihr Revier eingreift oder eben nicht.

Ganz selten nur zeigen sich die Bergwesen, aber es gibt tatsächlich
eine Sage aus **Freiamt**, in der sie erscheinen. Eines Samstagabends
arbeitet ein Bergmann alleine in der Grube »Silberloch«. Plötzlich
hört er dumpfe Schritte und sieht einen Schubkarren sich bewe-
gen. Der Spuk ängstigt ihn so, dass er spornstreichs aus der Grube
fährt und sein Erlebnis seinem Kollegen erzählt. Dieser lacht ihn zunächst aus, erlebt aber Ähnliches, als er den darauffolgenden Samstag ebenfalls dort schürft. Diesmal erscheinen mehrere Geister mit
Lichtern aus dem Schacht. Er ruft ihnen noch etwas zu, wird aber
sofort von einem am Arm gepackt und »zehn Klafter weit« – also
ca. 18 m – durch den Gang geschleudert. Als er von seinem Kollegen

Verschiedene
Arbeiten am und
im Berg (1550)

herausgeholt worden ist, beschließen beide, »den Samstag nie mehr durch Bergwerksarbeit zu entheiligen«.

Ein großer Fehler, den viele gierige Bergleute angeblich begingen, war auch der Frevel aus Übermut. Im **Münstertal** soll der Ertrag an Kobalt und Silber in den Gruben »Teufelsgrund« und »Schindler« reichlich gewesen sein. Da kamen die Arbeiter auf die dumme Idee, einem Ochsen die Haut bei lebendigem Leib abzuziehen, worin die Bergmännlein einen Frevel wider die Natur sahen. Folglich stürzten die Bergwerke plötzlich ein und niemand kam mehr an die Erze im Berg und die Männlein, einst Helfer der Menschen, die ihnen oft genug entgegengegraben hatten, verschwanden und man hörte ihre Hammerschläge im Innern nicht mehr. In der guten alten Zeit sollen sie sogar manchmal an einem Tanz teilgenommen haben. Aus demselben Grund wurde sogar das ganze **Suggental** ins Verderben gestürzt (s.o.).

In alten Stollen, wie denen bei **St. Ulrich**, soll es spuken und arme Seelen, die im Diesseits ein Verbrechen verübt haben, gehen dort ruhelos um. Zwei Kinder, die einmal aus Zeitvertreib Steine in eine der Öffnungen warfen, sollen durch eine wimmernde Stimme aus dem Berg zu Tode erschreckt worden sein.

Der Berg hütet auch diverse Schätze, außer den wertvollen Mineralien auch von Menschenhand geformte. So erzählt man sich von einer Grube bei **Oberried**, aus der man reichlich Gold herausholte und die dem Hl. Martin geweiht war, denn man benötigte seinen Schutz gegen die Mächte des Bösen im Berg. Angeblich bestand sie noch im Jahre 1521, wurde aber dann wegen eines Krieges von außen verschüttet, damit sie nicht in feindliche Hände gerieten. Drinnen stand eine Heiligenfigur ganz aus Gold, hinter einer Tür ganz aus Silber. Nachdem die Feinde abgezogen waren, kam die Pest und zerstreute die Bergleute, so dass niemand mehr von dem wertvollen Relikt etwas wusste. Was die Sage suggeriert ist natürlich, dass bis heute niemand dort gegraben habe und der Schatz noch immer seines »Befreiers« harre ...

### Zur richtigen Zeit am richtigen Ort

Auch unter der Ebene liegen noch zahllose Schätze, die manchmal an der Oberfläche erscheinen, oft jedoch nur für kurze Zeit. So sagte man früher, bei **Biengen** gäbe es eine Stelle, an der sich das Geld sonne, wenn es aber nicht gefunden würde, verschwinde es wieder im Boden. So soll ein Mann einst auf die **Hochburg** gegangen sein und dort in der richtigen Stunde neun Körbe voller Bohnenschoten vorgefunden haben. Er nahm sich überall etwas heraus und steckte es zu Brotkrumen in seinen Taschen. Durch die Berührung waren

*Steine, Gebäude und Unterirdisches*

*Von jeher von
Sagen umrankt:
die Hochburg*

die Schoten sozusagen gebannt und – tatsächlich: Zu Hause waren sie zu Silberstücken geworden.

Aus **Untermünstertal** kommt die Sage, die von einem Burschen berichtet, der auf dem Limberg Geißen hütete und sich zum Essen auf einen Haufen Steine setzen wollte. Da gewahrte er ein Kind, das dort lag, ganz aus Gold. Er packte es in seine Jacke ein und wollte es nach Hause tragen. Da er den Fund aber noch einmal absetzen musste, um einigen Ziegen hinterher zu laufen, war das Goldkind bei seiner Rückkehr verschwunden. Die Sage endet folgendermaßen: »Nach der Aussage einer Münstertäler Frau, die sich des Erdspiegels (mit dem man in die Erde schauen kann, d. Verf.) bedient, liegt das goldene Kind jetzt im Limberg; es wird aber noch von einem gefunden, der eine weiße Wolljacke anhat.« Selten war es so einfach, an einen Schatz zu gelangen ...

## Der Wunderborn

Die Geschichte um die Thermalquelle in **Bad Krozingen** handelt außer ihrer Ausbeutung auch von Überraschungen, Skurrilem und Erheiterndem.

Alles begann mit dem Vorschlag des geheimen Hofrats und Professor Wilhelm Salomon Calvi im Jahre 1907, in der Rheinebene nach elsässischem Vorbild nach Bodenschätzen zu bohren. Er dachte an die Förderung von Kali und Öl. Es sollte allerdings noch vier Jahre dauern, bis Bergrat Dr. Hans Thürach am 25.11.1911 auf Anregung eines Dr. Friedrich Raschig, eine Tiefbohrung vornehmen ließ. In

*Steine, Gebäude und Unterirdisches*

580 m stieß man dann plötzlich auf heiße Dämpfe, die Thermalwasser ankündigten. Das Schauspiel wurde zeitweise täglich von über 5000 Besuchern verfolgt. Anfangs war die Thermalbaderei reine Privatsache, die »Patienten« durften sich in einem einfachen großen Becken erquicken. Weil das Wasser die Kleidung rot färbte, mussten sie Leinenhemden anziehen. Das Wunder von Krozingen sollte nun einen angemessenen Namen bekommen, jedenfalls machte sich Thürachs Ehefrau Maure dafür stark. Sie hatte auch gleich einen Vorschlag in universitären Kreisen Freiburgs gestreut: Der Heilbrunnen solle nach dem indischen Freiheitskämpfer Nana Sahib – englisch ausgesprochen – »Nena-Quelle« heißen. Denn der Kämpfer sei, so schrieb sie in einem idealisierenden Text, ein »an abendländischen Werten orientierte[r] Mensch«. Immerhin überzeugte dies Friedrich Raschig, der sofort eine GmbH diesen Namens gründete. »Sahib«, so stand es im Meyers Großem Konversationslexikon von 1905, »übernahm von seiner Residenz Bithur […] aus 1857 den Oberbefehl über die aufständigen Sepoys von Khanpur und wütete hier mit beispielloser Grausamkeit gegen alle Europäer, selbst Frauen und Kinder. Bald jedoch ward N., 17. Juli aus Khanpur verdrängt und 6. Dez. nochmals besiegt, ins Dschangel verjagt, wo er wahrscheinlich gestorben ist«. Dagegen erhoben sich bald Proteste, die Alternativideen lesen sich heute allerdings nicht minder komisch: »Krozinger Krähnchen« sollte die Quelle benannt werden oder gar »Cherusker-Sprudel«. Was viele nicht wussten: Frau Thürachs Bezeichnung war längst als Warenzeichen eingetragen. Heute spricht niemand mehr von »Nena«.

Die Stadt entwickelte sich bekanntermaßen zu einem Kurort mit dem »Bad« vorneweg, die heißen Wasser gelten als überaus gesund.

# Vor Ort

Zunächst kann man einzelne Orte zum Thema besuchen. Am Schluss sollte man sich etwas Zeit nehmen, bei dem Rundgang über den **Staufener** Friedhof dessen Schönheit und Stille wahrzunehmen, aber auch die – zum Teil skurrilen – Geschichten hinter den Gräbern wiederzubeleben.

## Versunkenes Silber

Unter fast jeder Burg soll ein Schatz verborgen sein, vor allem natürlich, wenn diese nur noch eine Ruine ist und der Volksmund einen Teil des ehemaligen Reichtums im Souterrain vermutet. Viele Schlösser und Festungen wurden schließlich Hals über Kopf verlassen, weil sie in Kriegen eingenommen und zerstört wurden.

Die Burg **Lichteneck** steht mit ihrer Geschichte allerdings einzigartig da, weil sie gleich mehrere Epochen in sich vereinigt. Nicht nur, weil die Festung wohl schon ins 12. Jahrhundert, zur Zeit der Zähringer, zu datieren ist und etliche Herren kommen und gehen sah, die Pfalzgrafen von Tübingen, den Bruderkrieg der Geroldsecker, den Bauernkrieg (1525) unter Graf Georg, dann Vorderösterreich, den »Simplicissimus« des Schriftstellers Grimmelshausen (vgl. Kapitel »Von Schreibern und Geschriebenem«), der hier mit seinem Kameraden Olivier während des Dreißigjährigen Kriegs dem Straßenraub bei **Hecklingen** nachgegangen sein soll, schließlich das Ende während des zweiten Französischen Eroberungskriegs 1675. Nein, die Sage setzt noch eins drauf: Hier soll

*Die Burg Lichteneck Ende des 19. Jahrhunderts*

»eine reiche Ritterswitwe, [...] auf einer Stelle, wo in alten Zeiten ein heidnischer Tempel gestanden, eine Kapelle« haben bauen lassen. Bei Legung der Grundmauern entdecken die Arbeiter römische Silbermünzen und Gefäße. Diese nun werden zu einer Silberglocke gegossen, die in der Kapelle aufgehängt wird, um sozusagen das heidnische Metall in den Dienst Gottes zu setzen. Nun wird die Burg überfallen, um die Glocke zu retten, versenkt man sie in einen Brunnen, der aber von den Feinden verschüttet wird ... Seitdem hört man an Weihnachten aus der Tiefe angeblich das Geläut.

### Zurück zur Höhle?

Ein extravagantes Beispiel für Architektur kann (von außen) in **Heimbach** besichtigt werden. Hier hat sich Max Freiherr von Duminique 1806, wohl nach eigenen Plänen, mit dem Neuen Schloss ein repräsentatives, aber auch damals sehr modernes Domizil geschaffen (s. u. den Grundrissplan). Einem großen, kreisrunden Wohn- und Essbereich mit Blick in den sehr großzügigen Garten, ist ein eher schlichter, aus dem Zentrum der Gebäude gerückter Schlaftrakt gegenübergestellt. Das zeigt, dass die Privatheit seinerzeit immer größere Bedeutung erhielt. Äußerst bemerkenswert und einmalig ist aber das ins 1. Obergeschoss eingebaute so genannte »Felsenzimmer«, dessen Wände einer Höhle gleich geformt sind und den romantischen Geist des Hausherrn widerspiegeln. Ob er wohl dort auch Höhlenabende gefeiert, vielleicht

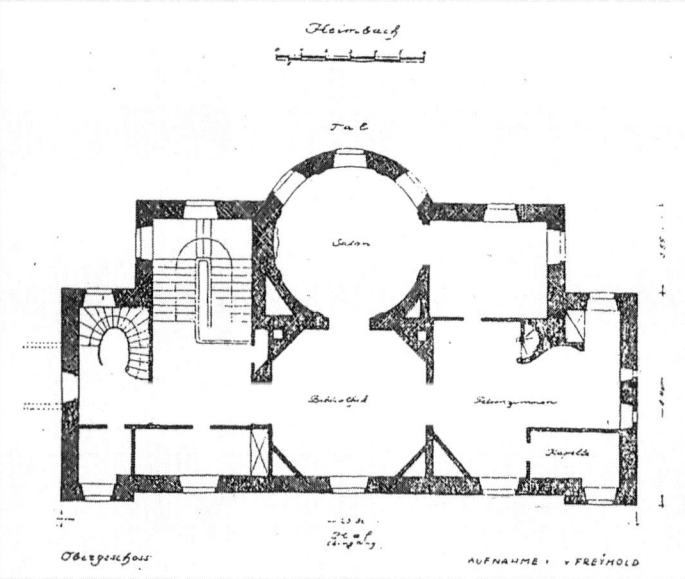

Freiherr von Duminiques Domizil. Grundriss ...

*... und
Frontansicht*

sogar in der Fantasie sich zu den Höhlenmenschen und ihrem Leben zurückgeträumt hat? Sicherlich bestand der besondere Reiz in dem starken Kontrast zwischen ungebändigter Natur und Zivilisation und weniger in der Nachfolge der Urmenschen.

## Burg-Revival?

1967 ging ein Gerücht durch den beschaulichen Ort: Eine italienische Gräfin wolle sich hier niederlassen. Sie stamme von den Hohenstaufen ab und würde planen, die Burg **Landeck** als Feriensitz ausbauen zu lassen. Ihr Mann, ein Ingenieur aus Hamburg, soll eine Konstruktion mit Spannbeton und Hohlblocksteinen ins Auge gefasst haben. Sogar die Geldsumme von 150.000 DM wurde genannt. Für die Kapelle sei der protestantische Gottesdienst vorgesehen, sie würde natürlich für diesen Zweck ausgebaut. Im Sommer kam die Gräfin auch höchstpersönlich zur Baustelle in spe, was naturgemäß einiges Aufsehen erregte. Anfang 1968 dann die Information, man wolle nun doch nicht bauen. Dieser Nachricht war, so wussten es informierte Kreise, ein beleidigter Ton beigemengt.

Zum Besuch des Gebäudes lese man das Kapitel »Aus der Geschichte«.

## Ritter Kuno und der Teufel (Teil 1)

Majestätisch steht der Grabstein des Ritters im Innern der Kirche von **Kirchzarten**. Die römischen Zahlen rechts geben einen Hinweis: »MCCC.XLƎCII«, sein Todesjahr 1343, wobei ein »I« seltsam »verformt« erscheint. Der Name: »CUNO.DE.UALKENS.TEIN...«, also jener berühm-

*Mit Sagengefährten abgebildet: Kuno von Falkensteins Grabplatte*

te Kuno von Falkenstein, der im Auftrag des Klosters St. Gallen über dessen Güter wachte. Er trägt sein Wappenschild mit dem Falken, zu seinen Füßen ein Löwe, seinerzeit häufiges Symbol der Macht und Stärke. An die Tierdarstellungen knüpft sich eine interessante Sage. Weil die Ehe mit seiner Frau Ida ohne Nachwuchs blieb, schloss sich der Adlige einem Kreuzzug an in der Hoffnung, dass Gott dem Paar dann Fruchtbarkeit schenken würde. Beim Abschied zerteilte Kuno den Ehering in zwei Hälften, von denen er eine seiner Ida überließ mit der Bitte, nur sieben Jahre auf ihn zu warten, danach dürfe sie sich einen neuen Mann nehmen. Im Heiligen Land gerät der Recke aber in die Gefangenschaft der Sarazenen und muss dort, wie immer in solchen Geschichten, sieben Jahre dienen. Eines Nachts träumt Kuno davon, dass seine Frau den Werbungen eines Nachbarn nachgibt. Zum Glück bietet ihm der Teufel an, ihn in Windeseile – auf dem Rücken jenes Löwen – zu ihr zu bringen. Einzige Bedingung: Er müsse während des gesamten Flugs wach bleiben. Man fliegt los und die Müdigkeit überkommt den von Falkenstein. Nun kommt der Vogel auf den Plan und hindert Kuno mit Hilfe seines Schnabels am Einschlafen. Er kehrt gerade noch rechtzeitig nach Kirchzarten zurück, um die Hochzeit zu verhindern. Sein Zeichen im Weinkelch: die Ringhälfte, an der die gute Ida ihn wiedererkennt. Wie der Teufel auf das Happy End reagierte, lese man im Kapitel »Magier, Teufel, Hexen und Geister« nach.

### Die listigen Ebringer

Die malerisch gelegene **Berghauser Kapelle** oberhalb von **Ebringen** ist das letzte Überbleibsel eines Dorfes, das von 968 (»perchusa«) bis 1526, als die Pfarrei aufgehoben wurde, in den Quellen nachweisbar ist. Genaueres über den Untergang des Ortes ist nicht bekannt. Viele Stimmen sprechen aber von der Kargheit der Höfe und dem Kampf ums Überleben, so dass der »Untergang« Berghausens nur eine Frage der Zeit gewesen sei. Im Gegensatz zu anderen Orten also keine Sage von dem Übermut und der Hoffart der Bewohner und dem negativen Gottesurteil ...

Berghausen am Schinberg.

*Die Kapelle Berghausen, von Ebringern gerne aufgesucht*

Die Kirche, in der zeitweise auch ein Eremit lebte, sollte auf Geheiß eines bischöflichen Kommissärs wegen dem »abergläubischen Völkchen« möglichst bald nach der Aufgabe der Gebäude versteigert und abgebrochen werden. Die Ebringer, die an dem Wallfahrtsort zum Hl. Otmar hingen, schickten kurzerhand den Waisenrichter Linsenmaier – einer von vielen dieses Namens im Ort – mit dem Gebot von 300 Gulden vor, der pro forma ersteigerte – und das Kirchlein blieb bestehen. Die Figuren des Hl. Petrus, des Hl. Paulus, Gallus und Otmar wurden einst übrigens gestohlen, aber kurz darauf in einem Wald bei **Emmendingen** wieder aufgefunden. Hatten die Diebe ein schlechtes Gewissen bekommen?

## Die Fugger des Breisgaus

Eine Familie, die in kürzester Zeit wegen ihrer Geschäftstüchtigkeit bewundert und beneidet wurde, waren die Litschgis. Nachdem **Krozingen** im Dreißigjährigen Krieg völlig entvölkert worden war, siedelten sie sich, aus Gressoney/Savoyen kommend, hier an und kauften das Gasthaus zur Krone. Von nun an entwickelte die Familie ihre prosperierenden Geschäfte und wurden schnell zu mächtigen Kaufleuten. So gab Johannes Litschgi als Erbschaft allein in Krozingen fünf große Anwesen mit Gärten an seine Nachkommen. Um in der Gefahr eine Fluchtmöglichkeit zu haben, ließen sie von ihrem heute als »Litschgi-

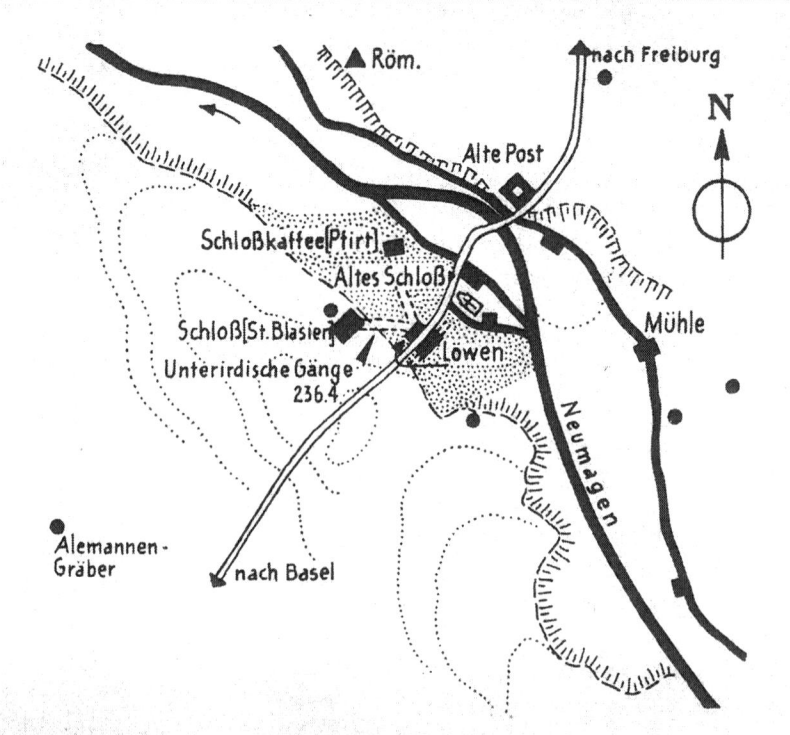

*Mysteriöse
Geheimgänge in
Bad Krozingens
Zentrum*
haus« bekannten Gebäude zum Schloss, zum Gasthaus »Ochsen«, sowie zu einem Grundstück außerhalb hin unterirdische Gänge anlegen.
Das Verhältnis zur Obrigkeit und zum örtlichen Wirt muss also besonders gut gewesen sein. Am Haus selbst ist bis heute das Familienwap-
pen (Lamm mit Fahne) sowie das mysteriöse Zeichen der Savoyarden
(siehe S. 116) zu sehen. Es beherbergt das Stadtmuseum.

## Die Teufelsküche

Entgegen der Redensart, wonach man diesen Ort meiden solle, bot
die so genannte Höhlung am Ölberg bei **Gütighofen** für bestimmte
Menschen zumindest zeitweise ein sicherer Unterschlupf (vgl. auch
Kapitel »Aus der Vorgeschichte«). Nach den Rentierjägern soll das
Höhlensystem lange auch als Behausung für Räuber gedient haben,
die im Breisgau ihr Unwesen trieben (vgl. Kapitel »Aus der Geschichte«).

Die Sage erklärt die Entstehung der »Löcher« allerdings noch ganz anders: »Bis hierher soll früher das Wasser des Rheins gespült haben, und an diesem Felsen sollen die Schiffe befestigt worden sein [...]«. (Schwarzwald-Sagen). Die Höhlung sei auch als »Bettelküche« bekannt. Man stellt sich unmittelbar die Szene vor, in der der Unterschlupf ständig bevölkert wurde, wohl auch von Vaganten, herumziehenden Menschen auf der Suche nach Obdach. Was liegt näher als die Annahme, dass man hier eben auch gekocht hat und dass man jeden, der unbewaffnet und in Lumpen hier ankam, ob Räuber oder nicht, eine Suppe anbot. Und manchem mag dieser Ort als Himmel auf Erden und weniger als Höllenschlund vorgekommen sein.

## Der Wunderquell des Heiligen

Als ob aus dem Grab des Hl. Ulrich eine heilende Kraft ausgehen sollte, hat man schon immer das Wasser, das vor den Mauern des Klosters **St. Ulrich** aus dem Felsen quillt, für ein besonderes gehalten. Hier, in der Nähe der Möhlin, soll Ulrich erst einmal sein eigenes Wasser geholt haben und es gibt bis heute Menschen, die weit fahren, um sich etwas von dem als »Heilwasser« apostrophierten Nass abzufüllen. Interessant ist aber auch die Tatsache, dass da, wo die Quelle herausprudelt, sich der ursprüngliche Grabstein des Klostergründers befindet. Dieser wiederum soll früher mehrere Wunder getätigt haben.

Die Grabkammer, reich verziert und beschriftet, die sich im Kreuz-Altar in der Kirche befindet, nimmt diese Eigenschaften auf, stammt aber erst aus dem 18. Jahrhundert.

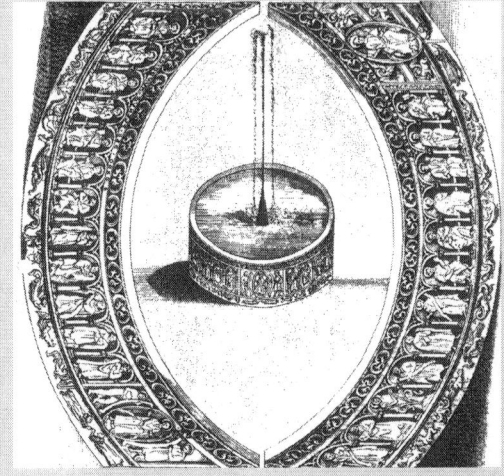

Über den großen Trog aus Sandstein, der im Hof steht, gibt es zahllose Geschichten. Oft wird er als »Taufbecken« bezeichnet, was aber einmal wegen seiner schieren Größe, andererseits auch wegen des viereckigen Lochs in der Mitte nicht sein kann. Viel eher stellte der Stein, der aus dem 11. Jahrhundert zu stammen scheint, einen Brunnentrog dar. Wer sich für die kunstgeschichtliche Seite des mit vielen Heiligenfiguren verzierten, leider stark verwitterten Kolosses beschäftigen will, lese über die **Glöcklehof-Kapelle** (siehe Kapitel »Heiliges und Heidnisches«) nach, denn beide Steinwunder stammen aus derselben Epoche. Die Sage verbindet den »Findling«

*Da waren die Bilder noch intakt: Abbildung des »Taufbeckens« (1736)*

Das Kloster
St. Ulrich
(um 1750)

mit dem Heiligen, der das Kloster gründete. Danach soll er einen dafür geeigneten Brunnentrog gesucht haben und im Traum habe er denselben, am Meeresgrund liegend, gesehen. Nun gab es da das Transportproblem, aber ein Jäger, den er auf freiem Felde traf, versprach ihm, den wertvollen Wasserbehälter zu besorgen, wenn er ihm seine Seele verspräche. Der Waidmann war nämlich niemand anderes als der Teufel. Unser Ulrich war aber nicht dumm: Er erkannte sofort, wer sein Verhandlungspartner war und stellte ihm eine Bedingung. Er müsse den schweren Stein noch vor der Wandlung in der 9-Uhr-Messe abliefern. Sei es, weil der Höllenfürst zu schleppen hatte, oder, viel wahrscheinlicher, dass er nicht genau wusste, wann die Wandlung während einer Messe stattfindet, jedenfalls kam er mit seiner Fracht zu spät. Vor Wut soll er den Trog dann an die Stelle geschleudert haben, an der er ursprünglich stand: Im Innenhof des Klosters.

### Bilderbuch auf Stein

Das in der Kirche erhältliche Faltblatt – empfehlenswert! – zeigt es deutlich: Selbst mit Hilfe der Kennzeichnung mit vier verschiedenen Farben bleiben die insgesamt 25 Gemälde schier unübersichtlich, öffnet sich hier ein wahres Bilderbuch über verschiedene Stationen des Heiligenlebens. Dies bestand in der Hauptsache in der Gründung verschiedener Benediktiner-Klöster cluniazensischer Prägung. Im Breisgau waren dies wahrscheinlich **Rimsingen** bei Breisach, später (1077) **Grüningen**, etwas weiter westlich (untergegangen), bevor er den Standort »Zell«, das heutige **St. Ulrich** ansteuerte, wo er auch im Jahre 1093, wohl 64-jährig, starb. Es ist hier nicht der Ort, alle Themen wiederzugeben, lediglich einige, besonders prägnante oder mit Bezug zur Region: (7) Beim Herzjesu-Altar (vor dem Chor links): Der Hl. Ulrich heilt hier eine Nonne aus dem ehemaligen Kloster **Bollschweil** von ihrem Nasenkrebs; (beim St. Ulrich-Altar rechts vorne (8)): Er heilt eine besessene Adlige, (Richtung Empore links in der Ecke (12)): einen Bauern aus **Ambringen** vor dem Erstickungstod, (beim Westeingang rechts (14)): Mitbruder »Kuno« in **Waldkirch,** dem er nach seinem Tod erscheinen wird (großes Gemälde an der Südwand). Auf dem großen Wandgemälde wieder Richtung Chor (vorne links) betätigt sich der Heilige als Bauherr: Er empfängt vom Basler Bischof einen Tauschbrief, der letztlich die Niederlassung hier ermöglicht, weiter Richtung Westen zeigt das große Bild die Grundsteinlegung, die für sein Leben und auch für die Kirche überhaupt symbolisch ist.

## Die Disney-Burg

Im Jahr 1347 verfasste der Ritter Johannes, ein Spross der berühmten Familie Snewlin, sein Testament. Darin erwähnte er – zum ersten Mal in der Geschichte – eine »burge ze Birchibergen.« Bereits zehn Jahre später aber wurde sie von Breisachern, Freiburgern und Neuenburgern unter dem Kommando von Landvogt Walter von der Dicke angegriffen und vollends dem Erdboden gleichgemacht. Ab diesem Zeitpunkt verfielen die spärlichen Reste der Feste immer mehr und niemand wusste mehr, wo die »Birchiburg« eigentlich gelegen hatte.

Es ist der Winter 1886/87. Starker Schneefall lässt eine dicke Decke über dem Land anwachsen. Einige Bäume bei **St. Ulrich** können die Schneelast bald nicht mehr tragen, werden entwurzelt und kippen um. Am Hang des Birkenberges entdeckt man nun plötzlich unbekannte Mauerreste und holt den Freiburger Stadtarchivar Albert Poinsignon, der übrigens auch zu anderen Themen wertvolle Erkenntnisse niedergeschrieben hatte. Nun verfasste er auch einen Artikel über die »verschollene Burg Birchiberg« und versah ihn mit einer Illustration von einem gewissen F. Hoch, die eine gewagte Rekonstruktion darstellte. Dieser hatte offensichtlich wenig Ahnung vom Burgenbau und bediente sich einfach existierender Bauten aus der gleichen Zeit als Vorbilder, wie zum Beispiel des Kaufhauses in **Freiburg.** Abgesehen davon, dass das umgebende Gelände nicht den wahren Gegebenheiten entspricht, erfand er für den Eingangsbereich außerdem eine Art Disneyland-Portal (vgl. Illustration, S. 113). Überraschend auch, dass bis zu den nächsten wissenschaftlichen Ausgrabungen im Jahre 1998 dies das einzige Bild der vergessenen Burg blieb ...

# Ein Rundgang über den Friedhof in Staufen: Geschichten in Stein

Natürlich gibt es auch genügend sehenswerte unterirdische Orte im Breisgau, allen voran locken die Besuchsbergwerke (z.B. der »Teufelsgrund«) Besucher an. Sie sind aber bekanntere Ziele, die meist auch in Reiseführern gut dokumentiert sind.

Grabsteine auf Friedhöfen stehen dagegen für Lebensläufe, die man nur durch zusätzliche Informationen erfährt. Die Geschichten hinter den kargen Angaben zu Geburts- und Todesdatum sind aber oft spannend, rührend oder auch nur seltsam. Für einen Besuch bietet sich besonders der Friedhof von **Staufen** an, der 1597, nach der letzten großen Pestwelle angelegt wurde, weil der Platz um die Martinskirche zu klein geworden war.

Wir beginnen den Rundgang gleich rechts neben dem Eingang, beim zweiten Grab von rechts:

### Zur falschen Zeit am falschen Ort I

Anton Gasz, von Beruf Bleicher, war weit davon entfernt, sich politisch einzumischen. Doch das sollte ihm in den unruhigen Zeiten der Badischen Revolution nichts nützen. Die Regierungstruppen wollten dem Struve-Zug entgegenmarschieren und suchten in Staufen, wo sich der Revolutionär aufgehalten hatte, nach Aufständischen, die sofort zu erschießen waren. Ein Denunziant hatte angegeben, »dass im ersten Haus rechts, wenn sie in die Stadt kämen, wo ein Blitzableiter sei, ein freiheitlich Gesinnter wohne«. Dummerweise änderten die badischen Truppen ihren Marschweg und kamen deshalb nicht von **Freiburg** her, sondern aus Richtung **Grunern**. Das erste Haus, das nun auf der rechten Seite stand, war dasjenige des Gasz. Er wurde am 24.9.1848 aus dem Haus geholt und trotz seiner Beteuerungen, dass er unschuldig sei, sofort erschossen.

Wir biegen beim alten Leichenhaus nach rechts ab und bleiben am ersten Grab der dritten Reihe stehen.

### Zur falschen Zeit am falschen Ort II

Tragisch ist auch die Geschichte von fünf Musikanten aus der Stadt Weil, deren Namen im Kreuzsockel aufgelistet sind. Dort fand eine Hochzeit statt, zu der sie spielen sollten. Am 21.9.1848 startete Gustav Struve mit seinem Zug der Aufständischen in Lörrach Richtung Norden. Unterwegs griffen sie die Musikanten auf und zwangen sie, als Marschkapelle mitzuziehen. Während der Kämpfe um **Staufen**, am 24.9., konnten sie sich allerdings verstecken. Am Tag darauf fand in der Fauststadt das Begräbnis eines Soldaten der Regierungstruppen statt. Als auf dem Marktplatz der Stadt eine Parade stattfand, fiel ein Schuss und jemand rief: »Die Freischärler kommen!« Bei der anschließenden Durchsuchung der benachbarten Häuser entdeckte man im Hinterhaus des Kreuzwirts Seiler die Musikanten und exekutierte sie noch auf dem Platz. Musikant Nr. 6 entkam, als Bäckergeselle verkleidet, aus der Stadt. Jemand hatte ihm geholfen.

Sechs Reihen weiter und rechts in der Reihe, befindet sich in dem zweiten Grab das des Löwenwirts mit Namen Glück.

## Zur falschen Zeit am falschen Ort III

Kann man noch über den Querschläger lächeln, der ausgerechnet im Rathaus in einer Ausgabe des »Großherzoglich Badischen Staats- und Regierungs-Blatts« stecken blieb, so hatte eine andere verirrte Kugel schlimme Folgen: Der Löwenwirt Josef Glück wurde am selben Tag in seiner Schänke tödlich getroffen. Auf seinem Grabschild steht: »Ein Opfer der Revolutionskämpfe in Staufen«.

## Der Uhren-Pater

Wir machen nun einen Abstecher zur Leichenhalle. Unter deren Dach findet man bald einen originellen, mit einem Globus verzierten Grabstein. Hier wenden wir uns einem positiv verlaufenen Leben zu, das von Schaffensenergie erfüllt gewesen ist. Der Grabstein gehört zu dem Benediktiner und Professor Thaddäus Rinderle, der eigentlich in **Freiburg** gestorben ist. Dort war der Stein allerdings der Verwitterung ausgesetzt, so dass man ihn hierher, in die Stadt seiner Geburt, brachte. Sein Epitaph lautet:

> Vieles hat er bestimmt
> Mathematisch mit Ziffer und Buchstab.
> Aber die Stunde des Tods
> Bleibt unbekannter als X.

Damit ist auch schon angedeutet, dass Rinderle sich in der Mathematik gut auskannte. Sein Lebenslauf zeigt aber, dass er weit mehr beherrschte. Am 3.2.1748 hier geboren, wurde seine technische Begabung schon als Kind offenbar. Dennoch trat er, nachdem er schon dort im Gymnasium gewesen war, 1766 als Mönch in das Kloster St. Peter ein. 1770 erlaubte man ihm, eine siebentägige Reise per Kutsche nach Salzburg zu machen, um unterwegs verschiedene mathematische Kabinette zu besuchen und in Österreich Mathematik zu studieren. 1772 wurde er zum Priester geweiht und blieb ab da im Breisgau. Dank seines erfinderischen Genies und seiner Genauigkeit entwickelte er ganz neue Werkzeuge für die Uhrenherstellung. Er untersützte damit auch die Schwarzwälder Uhrmacher, die zahlreich in seine Werkstatt in St. Peter kamen und von ihm beraten wurden. 1787 konstruierte Rinderle eine komplizierte astronomisch-geographische Pendeluhr, die heute im Museum Furtwangen zu bewundern ist. 1788 bekam er einen Ruf an die Universität Freiburg in den Lehrstuhl für Mathematik. Im Laufe der Zeit erfand er zahlreiche Geräte wie eine Rechenmaschine, ein Druckluftgewehr, stellte Himmels- und Erdgloben her und skizzierte den Dampfantrieb für Schiffe ...

Wir kreuzen den gesamten Friedhof in Richtung Eingang und suchen den Hauptweg entlang der Außenmauer zur Wettelbrunner Straße. In etwa 30 m Abstand zum Eingang liegt rechts das Grab des Peter Huchel, dann, in der Mitte der 5. Reihe, findet man dasjenige von Erhart Kästner. Den Abschluss des Rundgangs bilden also Gräber von Dichtern, die ein wechselvolles Leben gelebt hatten.

### Nachbarn im Leben und im Tod

Die beiden Schriftsteller Erhart Kästner und Peter Huchel sollen hier in einem Atemzug genannt werden, zumal sie beide Literaten waren und zumindest zwei Jahre gemeinsam als Nachbarn in **Staufen** lebten. Sie waren fast gleich alt, Peter Huchel Jahrgang 1903, Kästner 1904. Zwar waren beide auch spät in ihrem Leben hierher gezogen – Kästner schon 1968, Huchel erst 1972 –, hatten aber sehr unterschiedliche Lebensläufe hinter sich (vgl. Kapitel »Von Schreibern und Geschriebenem«). Die beiden Dichter wurden öfters, so erzählte man in Staufen, stumm nebeneinander hergehend, auf ausgedehnten Spaziergängen gesehen. Ihre Gräber, nicht weit voneinander entfernt, sind beide schlicht und unprätentiös – wie die lebenden Dichter es waren.

# Tragödien
# und Katastrophen

Dieses Kapitel beschäftigt sich mit den skurrilen, tragischen oder makabren Geschehnissen und Katastrophen früherer Zeiten (»Katastrophen in den Chroniken«), die oft genug über Generationen im kollektiven Gedächtnis bewahrt, manchmal auch sagenhaft verändert und dramatischer ausgestaltet wurden. Aber auch das Furchtbare, das der Mensch dem Mitmenschen zufügt, soll hier geschildert werden. Dazu gehören die zum Teil grausamen Strafmethoden (Exkurs »Strenge Strafen«).

Den Abschluss soll der **Bleibacher** Totentanz bilden, der den Menschen die Endlichkeit des Lebens und die Tatsache vor Augen führen sollte, dass im Tod alle gleich sind. Geschichten zu den Hexen und deren grausamer Verfolgung lese man im Kapitel »Magier, Teufel, Hexen und Geister« nach.

### Ein makabrer Streit

Der als **Achkarrer** Kirchenstreit in die Chroniken gegangene Zwist, der von 1144–1183, also fast vier Jahrzehnte währte, führte zu uns heute unvorstellbaren Auswüchsen. Involviert waren mehrere Konstanzer Bischöfe, insgesamt sechs (!) Päpste, drei Kardinallegaten und der Erzbischof von Mainz. Es ging dabei eigentlich nur um die Zugehörigkeit der Pfarrei zum Kloster **St. Ulrich** einerseits, das durch die Errichtung der Pfarrei St. Georg dort 1135 indirekt diejenige in **Bickensohl** verkleinerte. Einer der dortigen Priester, Rudolf, wandte sich nun 9 Jahre später an seine Obrigkeit und klagte Leutpriester Ludwig von Achkarren und das Kloster St. Ulrich vor dem bischöflichen Gericht in Konstanz an. Da sich hier nichts bewegte, machte der Bicksensohler eine Eingabe in Rom. Letztlich wurde aber 1145 durch Bischof Herrmann zu Zarten für die Gegenseite entschieden und die Pfarrei sollte, so Adolf Futterer, auch »freies Tauf- und Begräbnisrecht haben [...] samt allem, was einer freien Kirche zusteht. Jede Gemeinschaft mit Bickensohl solle gelöst sein«. Was man kirchenjuristisch nicht bekam, sollte dann eben anders erworben werden, muss sich ein Nachfolger des Rudolf mit Namen Lutfred gesagt haben. Jedenfalls drang er mit Helfern bei einem Begräbnis in die Achkarrer Kirche ein und »führte die Leiche eines [...] Mannes samt dem Grabkreuz [...] weg nach Bickensohl«. Bei diesem Überfall blieb es jedoch nicht. Eines sonntags nach dem Gottesdienst kamen der Bruder und der Vater des Lutfred und stürzten sich auf den amtierenden Achkarrer Vizepleban, schleppten ihn fort und misshandelten ihn. Als ob dies nicht schon genug gewesen wäre, suchte der Bickensohler Priester erneut Hilfe, nacheinander bei Bischof Otto II., dann – nach erneuter Bestätigung der Gegenpartei – bei Kardinalbischof Peter von Tuskulum, der allerdings gerade keine Zeit hatte.

Dass man sich am Ende dennoch – modern gesprochen – auf einen Vergleich einigte, war nur nach Beteiligung aller möglichen Kirchenoberen zu bewerkstelligen, deren Aufzählung langweilen würde. Die brutale Vorgehensweise jedenfalls wurde nie geahndet.

## Der schwarze Tod

Eine besondere Stellung in der Erinnerung und dem Glauben der Leute hatte die Pest, Geißel der Menschheit, deren Herkunft lange im Dunkeln blieb. Seit dem 14. Jahrhundert – in dem sie besonders grausam gewütet hat – sind für das **Glottertal** Kreuzgänge überliefert, die zur Abwendung der Seuche in der Osterwoche vorgenommen wurden. Zuständig für die Verschonung war in unseren breiten der Hl. Sebastian, dessen Martyrium im Jahre 288 der Tod durch Pfeilschüsse war, nachdem der römische Kaiser Diokletian erkannt hatte, dass sein Lieblingshauptmann Christ war. Da er nur scheinbar tot und später wieder lebendig dem Caesar entgegengetreten war, bevor er erneut und endgültig hingerichtet wurde, galt später das Gebet zu ihm als besonders heilvoll.

Da die Übertragungsart der Pest unbekannt war und die Pogrome gegen die Juden (s.u.) nichts an der Wiederkehr der Seuche änderte, versuchte man alle möglichen Mittel und Wege, um gegen sie gefeit zu sein: Mal sollte Menschenblut, mal sollten bestimmte Kräuter– meist Wacholder, Eberwurz, Blutwurz, Bibernelle – helfen.

Die Pestdämonen hatten sehr unterschiedliche Gestalt und erschienen als kleine Tierchen, als schwarze Gestalten, Knaben, Pestmännlein o. Ä. Für die Bewohner von **Endingen** scheint es sich um eine Art Ausdämpfung gehandelt zu haben, die in der so genannten »Totenkinzig«, ein Straßenname erinnert noch heute daran, besonders übel gewütet hat. Noch zur Zeit der Schwarzwald-Sagen (1930) glaubte man, sie stecke in einem Balken als das »bläu Dempfli«. Wer es da hineingebannt haben soll, ist nicht überliefert … Der Roman »Der Pestengel von Freiburg« von Astrid Fritz vermittelt ein anschauliches Bild der Seuche und der Zeit.

## Die Leidensgeschichte der Juden

Die Geschichte beginnt mit der Niederlassung der Juden vor allem in **Breisach** und **Endingen** im Jahre 1348. Ihr Bürgerrecht ist befristet, sie haben zwar keine politischen Rechte, können aber Land erwerben und Häuser bauen. Das Mittelalter stellt sich als liberaler dar, als die späteren Jahrhunderte, in denen Anhänger des jüdi-

schen Glaubens immer wieder von Pogromen und Verfolgungen, Ausgrenzung und Mord heimgesucht wurden. Die unten, "vor Ort" erzählte Geschichte von 1470 reiht sich in die grauenhafte Tradition der perfiden Beschuldigungen und Unterstellungen ein, die nicht selten letztlich die Beschlagnahme des Besitzes der Ermordeten zum Ziel hatten. Man kann das Schicksal der breisgauischen Juden in mehrere Phasen unterteilen. Zwischen ca. 1100 – der ersten Einwanderungswelle – und 1298 war eine friedliche Epoche, die Söhne Davids durften sich auch überall niederlassen. Dann begann die immer wiederkehrende Periode der Beschuldigung, sie hätten die Brunnen vergiftet und dadurch die Pest über die christliche Bevölkerung gebracht. Die grausamsten Pogrome folgten, auf der Folter hatten einige Juden gestanden. Die Chronik schreibt dazu: »Da verbrannte man sie in vielen Städten und schrieb diese Geschichte nach Straßburg, **Freiburg** und Basel, damit sie dort auch ihre Juden verbrannten [...]«.

Allein in der elsässischen Hauptstadt fanden so 2000 den Tod. »Wer sich taufen lassen wollte, durfte am Leben bleiben, es wurden auch viele kleine Kinder aus dem Feuer gegen ihrer Eltern Willen genommen, um sie zu taufen. Was man den Juden schuldig war, galt als bezahlt, [...] das Bargeld der Juden nahm der Rat und verteilte es unter das Handwerk. Das Geld war auch die Ursache, warum die Juden getötet wurden, wären sie arm und die Landesherren ihnen nichts schuldig gewesen, so hätte man sie nicht verbrannt.«

Wer dem entkam, musste außer Landes fliehen, um mit dem Leben davonzukommen. Erst Ende des 14. Jahrhunderts kehrten die ersten wieder zurück. Dabei waren die Bedingungen denkbar ungerecht: Juden mussten viel höhere Abgaben leisten, hatten kein Recht, einer Zunft anzugehören und mussten deshalb auf Berufe wie Hausierer, Geldwechsler und -verleiher, Viehhändler und Verkäufer landwirtschaftlicher Erzeugnisse ausweichen. Perfiderweise wurde ihnen immer wieder genau daraus der Strick gedreht, sie würden sich an den Christen bereichern ... In Konstanz beispielsweise machten die Juden zwar nur 1% der Bevölkerung aus, ihre Abgaben betrugen aber 11,5% des städtischen Haushalts. Auch mussten sie – heute eine Mafiamethode – Schutzbriefe erwerben, wobei es einen Pauschalbetrag pro Person gab, jeder Haushalt wurde aber noch einmal zur Kasse gebeten. Um nicht den »Judenfleck« tragen zu müssen, konnten sie sich davon loskaufen. Extragebühren für die Nutzung der Infrastruktur – für Christen undenkbar – waren auch keine Seltenheit. So kassierte man bei Juden für den Gebrauch der Brunnen, von Brennholz, der Wege oder der Weiden. Auch rechtlich waren sie nicht gleich: Speziell erlassene Judenordnungen regelten das Leben und zwar immer zum Nachteil der Israeliten. Auch war hier eine Quote für jeden Ort festgelegt, sowie Straßenzüge, in denen nur sie wohnen durften (vgl. UF, 47f).

**Judenhut.**

*Stigma: Juden mussten besondere Hüte tragen*

## Die Belagerung von Breisach

Es herrscht Krieg, der Dreißigjährige, dessen Schrecken noch Jahrzehnte nachhallen würden. Im Jahr 1638 lässt Herzog Bernhard von Sachsen-Weimar die militärisch wichtige Stadt **Breisach** belagern. Er möchte sie einnehmen und zur Hauptstadt des neu zu schaffenden Herzogtums Burgund machen. Monatelang sind die Breisacher von der Umwelt, von der Versorgung von außen abgeschnitten. Besonders hart war der Winter ohne Hoffnung und Brot. Die Tagebücher des Thomas Mallinger aus der Zeit, hier leicht modernisiert, geben ein plastisches Bild davon: »Es sind viele Ratten und Mäuse gefressen worden und auch für unglaublich viel Geld verkauft worden. Fast alle Hunde und Katzen sind in der Stadt verspeist worden. Mehr als 1000 Pferde, Kühe und Ochsen und Schafe sind mitsamt der Haut gegessen. Am 24. November ist im Gefängnis ein Gefangener gestorben, und als man ihn abholen und begraben wollte, war er von den anderen Gefangenen bereits verspeist worden. Es haben viele Gefangene mit ihren Fingern Löcher in die Mauer gemacht und Mörtel gegessen.

Hat eine Frau [...] für 1 Laib Brodt und 1 Maß Wein ein guldener Ring mit einem kostlichen Diemant geben worden. Hat eine Frauw umb 1 Sester Waitzen geben 1 Wyberpelz [...]«.

Letztlich wurde die Stadt aufgegeben, der Herzog starb jedoch auch bald, mit 36 Jahren – wahrscheinlich wurde er vergiftet ...

Einige Schicksale, die mit der Badischen Revolution 1848 zu tun haben, haben ihr Ende auf dem **Staufener** Friedhof gefunden. Die Gräber dieser Menschen, die zur falschen Zeit am falschen Ort waren, werden im Kapitel »Steine, Gebäude, Unterirdisches« beschrieben.

### Die Köpenickiade von Endingen

Im Mai 1932 bekam das alte Ehepaar Daubmann Post aus Palermo. Ihr Sohn Oskar teilte ihnen darin mit, dass er nun, nach einer Odyssee von 16 Jahren, endlich wieder nach Hause kommen könnte. Er sei 1916 schwer verwundet in Gefangenschaft gekommen, nach einer Flucht über 5000 Kilometer zu Fuß nun aber endlich per Schiff nach Süditalien gelangt. Er brauche seinen Geburts- sowie seinen Taufschein zur Erlangung eines Passes im neapolitanischen deutschen Konsulat. Er wolle dort auf die Papiere warten und dann nach Endingen heimkehren.

Leider handelte es sich aber nicht um den echten, seit 1916 vermissten Sohn des Ehepaars, sondern um einen ehemaligen Spielkameraden namens Karl Josef Hummel, zuletzt wohnhaft in Offenburg. Immerhin scheint der Bürgermeister von **Endingen** Skrupel gehabt zu haben, die Bescheinigungen bedingungslos loszuschicken. Er verlangte, dass man dem vermeintlichen Endinger Testfragen stellen solle, um wegen seiner Herkunft sicher zu gehen. Wo das Rathaus Endingens stehe sowie den Namen der Wirtschaft am Tor konnte er korrekt nennen, sich aber nicht an die Nummer seines angeblichen Regiments erinnern. Nach dem Vornamen der vermeintlichen Mutter gefragt, fiel er theatralisch eindrucksvoll in Ohnmacht und man sah von weiteren Fragen ab, schließlich war er sichtlich geschwächt. Man händigte ihm den Pass aus und er reiste mit dem Zug Richtung Deutschland.

Inzwischen hatte die Kunde von dem »verlorenen Sohn« weite Kreise gezogen, das Ehepaar hatte im Städtlein von dem erfreulichen Brief erzählt, die Zeitungen hatten das Thema aufgenommen und man fühlte mit dem Leid des Soldaten wie mit der Freude der Eltern mit. Der letzte Kriegsheimkehrer des Ersten Weltkriegs war

Gesprächsthema Nr. 1 in Deutschland. Hummel erfuhr von seiner Prominenz schrittweise: Ein ehemaliger Feldwebel begrüßte ihn im Zug, ein Redakteur der »Badischen Presse« war ihm extra von Karlsruhe entgegengereist und überbrachte ihm in Luzern einen Blumenstrauß. Noch versuchte der vermeintliche Heimkehrer zu fliehen, es gelang ihm aber nicht mehr. Wen die Geschichte an die Novelle »Kleider machen Leute« erinnert, der mag über eine weitere Koinzidenz staunen: Hummel war eigentlich Schneider von Beruf. In **Freiburg** auf dem Hauptbahnhof erwarteten ihn Tausende von Menschen in bester Feierlaune, Abordnungen aller Kriegervereine standen Spalier, eine Kapelle spielte »Alte Kameraden«. Der falsche Heimkehrer brach nun wirklich zusammen und wurde schnell nach **Endingen** kutschiert, wo er in den Schoß der Familie kam, die noch immer glaubte, dass es ihr Sohn sei. Im Nachhinein scheint es so, als habe die Hoffnung die Wahrnehmung der alten Leute getrübt, Frau Daubmann versicherte, es sei ihr Sohn, auch die Schrift in dem schicksalhaften Brief sei die Seine.

Wieder gesundet, unternahm der Spätheimkehrer eine Tournee durch ganz Deutschland und erzählte seine Geschichte immer wieder aufs Neue. Er bekam zahlreiche Auszeichnungen. Die Sympathien flogen ihm nur so zu und auch die Ämter beeilten sich, ihm zu Geld zu verhelfen, das Versorgungsamt bewilligte schnell entsprechende Bezüge. Das Auswärtige Amt wurde tätig und forderte von Frankreich Auskunft über den Fall. Dort wollte man aber keinen Gefangenen dieses Namens kennen.

Natürlich gab es früh Zweifler, die diese Geschichte für unglaubhaft hielten. Besonders engagiert war Regierungsrat Dr. Ramsperger, Leiter des Badischen Landespolizeiamts in Karlsruhe. Er besuchte Hummel kurzerhand, von zwei Ärzten flankiert, in Endingen. Bei der Untersuchung einer angeblichen Bajonettwunde wurde schnell klar, dass es sich um eine Operationsnarbe handelte. Der Abgleich seiner Fingerabdrücke (die man ihm unter Vorwand genommen hatte), ergab seine wahre Identität. Er wurde verhaftet und die Presse hatte erneut ihre Sensation: Man berichtete von einem Kleinkriminellen, der schon als Kind abgehauen sei und in einer Erziehungsanstalt aufgewachsen war. 1915 hatte er sich freiwillig zum Militärdienst gemeldet, war von dort aber desertiert. Nach dem Krieg streunte er umher, kam aber dann nach Offenburg und wurde ab 1930 Schneider und Familienvater. Dort hielt er es aber nicht lange aus und wollte zur Fremdenlegion, wurde aber nicht angenommen. Nun fuhr er mit einem Fahrrad bis nach Süditalien, wo er völlig ruiniert und ausgezehrt ankam.

# Exkurs: Strenge Strafen

Für uns heute skurril, teilweise unverständlich oder einfach nur schockierend sind die früheren Regelungen bezüglich Schuld und Sühne. Grundsätzlich unterschied man hier zwischen der hohen und niederen Gerichtsbarkeit, die durch den (von der Gemeinde gewählten) Vogt bzw. den Meier ausgeübt wurde. Bei schweren Verbrechen wie Mord oder Totschlag wurde »hohes« Recht mit mehreren Urteilern gesprochen, in **Kirchzarten** waren es beispielsweise 24. Im **Dreisamtal** hielt man dreimal im Jahr Gericht.

Die Strafe wurde, anders als heute üblich, auch als Reinigungsritual begriffen, das bedeutet, dass die Seele durch die Sühne rein in den Tod gehen und damit dem Frevler die Chance auf Fegefeuer und Paradies nicht verwehrt bleiben sollte. In diesem Zusammenhang sind auch vor allem die Verurteilungen zum Verbrennen (bei Hexen, vgl. Kapitel »Magier, Teufel, Hexen und Geister«) zu verstehen.

| Vergehen | Strafe | Bemerkungen |
|---|---|---|
| Totschlag, Aufruhr, Straßenräuberei | Enthaupten (*poena capitis*) | »Ehrbare« Todesstrafe, für Männer und Frauen |
| Diebstahl | Hängen | nur Männer |
| Mord, Diebstahl, Raub | Rädern | nur Männer; oft kombiniert mit Hängen |
| Kindsmord, Diebstahl | Ertränken | der »Sack«, nur Frauen |
| Verrat, Aufruhr | Vierteilen | Männer; vor allem in den Bauernkriegen 1525 |
| Hexerei, Kirchenraub, Ketzerei | Verbrennen | »schimpflicher Tod«, auch bei Falschmünzerei |

Bei der Übersicht zu den Kapitalstrafen ist auffällig, wie oft und grausam die Eigentumsdelikte geahndet wurden. In der Gerichtsordnung Karls V., der so genannten Carolina von 1532 waren noch die Hinrichtungen durch Lebendigbegraben, Pfählen (Treiben eines Pfahles durch den Brustkorb), sowie die verstümmelnden Strafen nach dem Talionsprinzip vorgeschrieben. Letzteres bestand darin, den Rechtsbrecher an dem Körperteil zu bestrafen, mit dem er gefrevelt hatte, einem Dieb wurde beispielsweise die Hand abgehackt. Entsprechende Illustrationen und Erläuterungen, auch der öffentlichen »Ehrstrafen«, findet man im Museum für Stadtgeschichte, Breisach (siehe Kapitel »Aus der Geschichte«).

*Leibesstrafen*

Die Tätigkeit des Henkers galt übrigens als unehrenhafter Beruf. Er musste besondere Kleidung tragen, hatte in der Kirche auch einen gesonderten Platz. Er wurde gemieden, im Wirtshaus durfte er nicht mit anderen zusammen essen ...

## Apfel oder Münze?

Im Unterschied zu heute waren Kinder bis sieben Jahren nicht strafmündig, danach aber durchaus. Oft machte man die folgende Probe: Man hielt ihm in der einen Hand einen Apfel und in der anderen eine Münze hin. Nahm das Kind die Münze, war es strafmündig, andernfalls eben nicht. Man wollte damit letztlich prüfen, ob es schon den Wert der Dinge kannte. Gleichzeitig wurde die Jugend früh mit den Werkzeugen und Orten der Strafe bekannt gemacht. Es ist überliefert, dass bei der Neuerrichtung eines Galgens – der vom Sturm umgerissen worden war – in **Merzhausen** ein Fest gefeiert wurde, bei dem die Schulkinder nicht nur dabei waren, sondern mithalfen, den Galgen hochzuziehen um ihn aufzustellen. So geschehen am 14.12.1739.

*Folter- und Hinrichtungsgeräte*

## » ... bey voriger Straf«

Einen Einblick in die Probleme mit der Jugend gibt die »Polizei- und Jugendordnung« für **Geiersnest** und **St. Ulrich** von 1727. Einige Zitate sollen verdeutlichen, wie streng vor allem die Mädchen gehalten werden sollten:

»1. wird allen Jungfrauen hiemit gebotten, ihre Kräntz nit nur im Kirchgang und Kirchen, item bey Anfang der Mahlzeit auf zu haben, sondern auch solang die Zech [Essen] währet, auch solche beym Tanz nit abzulegen, als wen sie sich schemten, nachmittag vor Jungsfrauen angesehen zu werden, unter Straf der Geigen.« Mit der Geige ist eine Art hölzernes Brett gemeint, das für Kopf und Hände je ein Loch vorsieht und die Form des Streichinstruments hat. Damit wurden Bestrafte dann durch den Ort geführt ...

Die gleiche Strafe droht denjenigen »Maitlin« wie »Knaben«, die »mit außgezogenen wullen Hemd, blossen Hals am Tisch oder Tanzboden [...] erscheinen«. Die Jungen müssen sich im Falle der Zuwiderhandlung mit brennenden Kerzen vor die Kirchentür stellen, während die ganze Gemeinde am Sonntag an ihnen vorüberzieht.

Der nächste Punkt berührt das Problem der zunehmenden unehelichen Kinder und soll den Mädchen und Jungen keine Möglichkeit der näheren Begegnung geben. Dieses Thema wurde bereits oben unter den Bestimmungen für Wirtschaften angeschnitten; wegen der drakonischen Ahndung sei es aber hier noch einmal erwähnt: Es »sollen alle Jungfrauen abend um Betzeit allsogleich die Würtshäuser räumen und allein ohne Mitgehen der Knaben in ihre Behausungen sich verfügen, unter voriger Straf«, nämlich der Geige!

Auch 1679 war man in **Elzach** wegen des (Fehl-)Verhaltens einiger Kinder an Fastnacht nicht gerade zimperlich: sie wurden kurzerhand in den Turm gesperrt …

In der niederen Gerichtsbarkeit mögen manche Urteile fast zum Schmunzeln anregen, wüsste man nicht, dass die Menschen damals sehr karg leben mussten und eine Geldstrafe oft genug an den Rand der Armut führte, ein Turmarrest häufig wegen der schlechten Hygiene und Feuchtigkeit krank machte. In diesem Sinne müssen die folgenden Ausführungen gelesen werden. So wurde beispielsweise in **Sölden** ein Mann wegen »mit Gaisen hüten auf fremdem Eigentum wegen Vermögenslosigkeit« um 1850 zu »sechs Stunden Thurmarrest« verurteilt, ein anderer zu 30 Kreuzern, weil »er am Sonntagvormittag mit einer Axt nach Hause gekommen« war und damit gegen das Verbot der Arbeit am Tag des Herrn verstoßen hatte.

*Strafgeige mit Öffnungen für Hals und Gelenke (18. Jahrhundert)*

## Sackpfeifer und dergleichen

Ein Dekret vom 18.9.1747, das aus **Vörstetten** überliefert ist, gibt uns einen Eindruck der verschiedenen Hausierer aus dieser Zeit: »alle und jede das Land betrettende Vaganten und Bettler, Landstreicher und Deserteurs, Leyerer, Hackbrettler, Sackhpfeiffer und dergleichen herumziehende Spielleute, fahrende Schueler, unprivilegierte Haußirer, Scheuren-Kraemer, welche sonderlich mit allerhand geringen Sachen handeln, Sänger [...] und Raritätenträger, [...] Taschen-Spieler, Gauckler, Thier-Führer, Quacksalber, Bettel-Juden, [...] Collectanten [Geld-Sammler], Bürstenbinder, bettelnd herumlauffende, theils auch fälschlich sich dafür ausgebende Handwerks-Purschen«, sollten gefangen genommen,»in Eisen und Banden geschlossen, und auf denen Land-Strassen, Stein- und Sand-Gruben und anderen öffentlichen Orten, wo gearbeitet wird, zu harter herrschaftlicher und Landes-Arbeit angehalten [...] und

*Tragödien und Katastrophen*

zu dessen Verrichtung mit empfindlichen Schlägen angetrieben werden [...]«. Die Vielfalt der Herumziehenden war letztlich ein Produkt der Verarmung der Menschen durch Kriegsfolgen, Seuchen und finanzielle Not.

Betteln war auch später noch grundsätzlich verboten. Am 16.3.1857 wurde Theresia Riesterer von **Bollschweil** wegen Betteln arretiert und dem Bürgermeister vorgeführt. Strafe: »Eine Viertelstund Thurmarrest und aus dem Ort gewißen.« Oft bekamen die Bettler auch einen sogenannten »Laufpass« (daher der heutige Ausdruck!), den sie bei dem Bürgermeister ihres Herkunftsortes vorzeigen mussten.

Aber auch anderes unangepasstes Verhalten wurde geahndet. Hart erscheint uns heute die folgende Strafe vom 5.11.1859, verzeichnet im »Anzeigebuch« des Polizeidieners, für Melania Pfefferle und Marianne Stiegeler (aus **Sölden**), die angeblich die Ruhe gestört hätten, außerdem wegen »unardigem Benehmen« bestraft wurden. Sie mussten 48 Stunden im kalten Turm schmachten. Ein Schmied aus **Elzach**, der sich immer wieder dem Suff ergab, wurde, laut Urteil, vier Wochen lang in seiner Werkstatt festgeschmiedet ...

## Vom Krieg verroht?

Stellvertretend für alle Hinrichtungen soll hier die letzte dargestellt werden, die in **Breisach** vollstreckt wurde. Was war geschehen?

Auf dem **Jägerhof**, der zu **Vogtsburg** gehört, wurde, so verzeichnete es der Pfarrverweser Pantaleon Rosmann im Sterbebuch des Pfarramts von Breisach, »am 20.9.1807 Maria Anna [...] eheliches Kind des Martin Höschel, Bürger in **Hartheim**,12 Jahre alt, [...] auf grausame Weise [...] ermordet, während die übrigen Leute aus dem Haus zu Rothweil (**Niederrotweil**) [...] im Frühgottesdienst waren«.

Der 39-jährige Mörder war der Sohn des früheren Stadtjägers Lais mit Namen Johannes. Er war Witwer und aus dem Kriegsdienst nach Breisach zurückgekehrt. Er wurde festgenommen und nach Freiburg gebracht, wo ihm der Prozess gemacht wurde. Er legte offenbar ein Geständnis ab. »Nachdem er alle Zeichen der Reue und Religionskenntnisse gegeben, gebeichtet den 29. [Juni] abends, wurde demselben den 30. das Allerheiligste Altarsakrament gereicht.« Am 7. Juli dann, wurde er mit dem Schwert hingerichtet. Die neue großherzogliche (badische) Regierung fragte daraufhin an, wie die »durch das Stadtverbrennen von 1793 so verarmte Stadt überhaupt dazu käme, Todesurteile zu vollstrecken«. Man antwortete, man habe das Recht seit 1275 zu urteilen »gegen Leib und Leben«.

Wer meint, dass heutige Gerichtsverfahren besonders lang und aufwändig seien, muss sich eines Besseren belehren lassen: Der Gemarkungsstreit in Sachen **Horben** gegen **Freiburg** dauerte insgesamt 300 Jahre! Ausgelöst war er durch die Bejagung eines Wildschweins worden und hatte damit die Frage nach der Zuständigkeit für das Waldstück aufgeworfen, in dem der Keiler erlegt worden war ...

# Katastrophen in den Chroniken

Der **Breisgau** wurde öfters von Katastrophen heimgesucht, die zwar heute nicht ganz in Vergessenheit geraten, aber häufig uns Nachfahren nicht mehr in ihrer existentiellen Bedeutung bewusst sind.

Bereits aus dem Jahr 1117 haben wir Kunde von Gregor Baumeister, dem Chronisten des Klosters St. Peter. Er übermittelt, dass es in diesem Jahr ein fast 40-tägiges E r d b e b e n gegeben hat, ebenso wie im Jahre 1295. »Am Sankt Lucastag [18.10.] des Jahres 1356« gab es eines, das »um die Vesperzeit« die Menschen in Angst und Schrecken versetzte. »Beim dritten Schlag der Wächterglocke kam ein ganz ungefüger Stoß, der viele Kamine und Türmchen von den Häusern warf«, notierte man in den Annalen. Insgesamt sollen dabei fast 60 Burgen am Oberrhein zerstört und die Stadt Basel »mit ihren Kirchen und Häusern, ihren Ringmauern und Türmen« dem Erdboden gleichgemacht worden sein. Auch brannte die Stadt, so dass niemand mehr hineingehen wollte. Bald kamen Hunger und Seuchen dazu.

1258 berichtet die Straßburger Städtechronik, dass ein großes U n w e t t e r das Korn faulen ließ, der Herbst fiel dann so kalt aus, dass man »die Trauben mit Körben und Säcken auf die Trotten tragen und mit Schuhen treten mußte, wobei Eis und Wein miteinander herausflossen«.

*»vom brand des weters«: Unbilden der Natur (aus der »Wundartzney« des Paracelsus)*

Auch der Rhein sorgte nach heftigen Regenfällen immer wieder für Ungemach: Im Jahr 1302 schwoll er auf lange Zeit »zu einer furchtbaren Höhe und Wildheit an, riß die Brücken nieder und vernichtete die gesamte Ernte; so gewaltig, daß der **Kaiserstuhl** eine Insel bildete und man von da aus in einem Kahne nach **Freiburg** fahren konnte«. Weitere Überschwemmungen katastrophalen Ausmaßes sind aus den Jahren 1343 und 1480 überliefert. Die Fluten des Hochwassers von 1570 gingen laut Augenzeugen gar bis Offenburg.

A.D. 1349 gilt als das schlimmste Jahr der Heimsuchung durch die P e s t, aber bereits 1298 gab es in **Breisach** viele Kranke.

Allein im Jahr 1314 sprach man in Basel von über 14 000 Pesttoten. Da man die Ursache nicht erkannte, wurde hier der Verzehr von Rindfleisch verboten. 1313 wütete die Geißel der Menschheit derart, dass in manchen Orten am Oberrhein niemand überlebt haben soll. Auf das Siechtum folgte der Hunger, weil die Leute zu schwach waren, um ihre Felder zu bestellen. Viele verzehrten tote Tiere, wie etwa Pferde. In der Hochzeit der Pestilenz zwischen 1346 und 1350 soll in Europa ein Viertel der Bewohner der Seuche erlegen sein. Orte wie **Breisach** verloren 9/10 der Bevölkerung, im **Dreisamtal** starben von 5000 Einwohnern 1200. Zwischen den Jahren 1473 und 1634 gab es im Freiburger Raum nicht weniger als 20 Pestwellen. Bekanntlich wurde die Seuche durch den Rattenfloh übertragen. Da man dies aber nicht wusste, machte man die Juden dafür verantwortlich (s. o.).

*Solch skurrile Uniformen trugen die Pestärzte*

Auch immer wieder auftretende H e u s c h r e c k e n s c h w ä r m e vernichteten die Ernte. Bezeugt sind sie von Gregor Baumeister für die Jahre 1371 und 1472. Im letzteren Jahr waren die Insekten so zahlreich, dass sie den Himmel verdunkelten. Die Folge waren Hungersnöte, die zu wahren Exzessen führten. Angeblich verzehrten im Jahre 1438 Eltern ihre Kinder ...

*Getreideernte aus besseren Zeiten (Nürnberg 1701)*

In den Jahren 1513–1520 herrschten lange Winter und trockene Sommer, so dass nichts wuchs, M i s s e r n t e n waren an der Tagesordnung.

In wieweit diese Situation letztlich zum Ausbruch der Bauernkriege (1525) geführt hat, ist immer wieder diskutiert worden.

Das Ungarische Fieber wütete vor allem im Winter 1713/14. Überliefert ist aus dem Ort **Föhrental** im Glottertal, dass der S e u c h e von ca. 650 Einwohnern des kleinen Ortes über 90 Erwachsene zum Opfer fielen ...

Am 1.10.1801 wendet sich der **Achkarrer** Vogt Wendelin Fichter an die Freiburger Regierung mit der Bitte, dass man die Weinabgaben gnädigst erlassen wolle, weil durch »Mißwachs und Hagelschlag«, sowie durch Krieg zu wenig Wein vorhanden sei. Zehntherr war der Johanniterorden in Heitersheim, der die Weinmenge übrigens ohne Abzug einforderte ... Insgesamt ging es um eine Größenordnung von fast 2000 Liter Wein!

Der indonesische V u l k a n Tambora bricht am 10. April des Jahres 1815 aus. Eine immense Wolke aus Asche und Schwefel verdunkelt daraufhin die Atmosphäre und beeinflusst fast zwei Jahre lang auch das mitteleuropäische Wetter: Im Sommer 1816 regnet es ununterbrochen, in Schottland fällt Schnee. Wegen des fehlenden Sonnenlichts verdirbt die Frucht auf den Feldern, Hunger und Not brechen aus. Das Jahr 1817 kennt nur 17 Sonnentage. In der Rheinebene steht wochenlang das Wasser. Im Schwarzwald backte man aus Not Brote mit Stroh, Heublumen, Nesseln und Baumrinde ... Viele Menschen sahen als einzige Lösung die Auswanderung (s. S. 15), nicht zuletzt, weil sie die Ursache der Unwetter nicht kannten und nicht ahnten, dass die Jahre danach sich die Lage wieder normalisierte.

Aber auch positive Folgen hatte die Jahrhundertkatastrophe: Allein in Württemberg gehen die Gründung der Universität Hohenheim (um die Landwirtschaft zu verbessern) und die Landessparkasse (zur sicheren Aufbewahrung des Geldes) darauf zurück. Manche meinen auch, dass wegen der vielen verhungerten Pferde Karl Freiherr von Drais seine Draisine, das Laufrad, als Transportmittel erfand (vgl. UF,142).

Tornados sind Stürme, bei denen ein trichter- oder schlauchförmiger Teil (Windhose) Bodenkontakt bekommt und dann alles verwüstet. Zurück bleiben Schneisen der Zerstörung. Angefügt sei die Liste der regionalen W i r b e l s t ü r m e , die nicht erst in unserer Zeit Panik ausgelöst haben: **Gundelfingen** (18.7.1841), **Kenzingen** (26.7.1880), **Bad Krozingen** (16.7.1884) und **Denzlingen** (2.7.1986).

# Vor Ort

## Das unheimliche Grab

Gleich mehrere makabre Geschichten beziehen sich auf ein idyllisch in den Weinbergen gelegenes Grabkreuz, das als »Enderles Grab« bekannt ist.

Der ursprüngliche Anlass für die Setzung des christlichen Mahnzeichens ist der gewaltsame Tod des Enderle, der stellenweise auch als »Hofrat« bezeichnet wird. Dank einer List soll er den Ort **Bombach**, in dessen Nähe das Kreuz steht, im Dreißigjährigen Krieg vor dem Ansturm der Schweden bewahrt haben. Schließlich wurde er an dieser Stelle erschlagen aufgefunden und begraben. Die Inschrift auf einem Schild erzählt diese Geschichte.

Was wenige noch wissen, ist, dass sich eine weitere Begebenheit anschließt. In späteren Jahrhunderten war es unter Jugendlichen offenbar Sitte, eine Mutprobe an das einsam am Berg liegende Grab zu knüpfen. So sollte der junge Mensch nachts um zwölf Uhr einen Pflock in die Erde treiben. Ein Mädchen, das seine Unerschrockenheit beweisen wollte, ging tatsächlich nachts an diesen unheimlichen Ort und schlug einen mitgebrachten Holzstab in den Boden. Dabei muss sie jedoch ein Stück ihres Hemdes mit befestigt haben und kam nicht mehr los. Zu Tode erschrocken, kehrte sie heim und wollte sich von ihrem Schock erholen. Dies gelang ihr aber nicht mehr, denn sie starb drei Tage später.

Zahlreiche weitere Steinkreuze stehen für Mord und Totschlag im Breisgau: So soll in **Waltershofen** an einem solchen ein Kind von einem Bettler wegen eines Brotes erschlagen worden sein. Eine andere Variante knüpft daran den gegenseitigen Mord zweier Erwachsener. In **Bombach** standen früher zwei Kreuze nebeneinander, die »Jud« und »Metzger« hießen und die gegenseitige Tötung zweier Männer verewigten.

## Die unschuldigen Kinder von Endingen

Noch bis ins Jahr 1967 wurden in der Peterskirche zu **Endingen** die Mumien der »unschuldigen Kinder«, sowie die Leichen zweier Erwachsener in einem Glaskasten am rechten Seitenaltar und in einem Schrank ausgestellt, um an eine düstere Geschichte zu erinnern, die sich im Jahre 1462 hier abgespielt haben soll. Über dem rechten Seitenaltar zeigt – über dem hl. Sebastian – ein kleines Bild die beiden vermeintlich getöteten Kinder. Auch auf der 1714 gegossenen Glocke »Osanna« sind sie abgebildet. Was war geschehen?

Ein Protokoll aus dem Jahr 1470 beginnt folgendermaßen: »by acht iaren sient arme Luthe [Leute], nemlich ein man, ein frawe und ezwey kinde mit eynem pferdlin ezu Endingen spate uff der gassen gehalten und habent gebetten umbe herberg.« Über die Motive der kleinen Familie wird spekuliert, waren es Wallfahrer? Waren es Bettler? Jedenfalls will sie zuerst niemand aufnehmen, die ca. 900 Bewohner der Stadt Endingen sind nicht gerade wohlhabend, viele Häuser sind baufällig. Schließlich erbarmt sich Sara, die Frau des örtlichen Rabbiners und bietet ihnen die Scheune des Hauses an. Es ist Laubhüttenfest und ihr Mann Elias hat Besuch von seinen Brüdern und anderen Juden aus Pforzheim. Am nächsten Tag nun sollen die Fremden spurlos verschwunden gewesen sein.

Acht Jahre später, also 1470, werden zwei Endinger beauftragt, das inzwischen ebenfalls baufällig gewordene Beinhaus am ehemaligen Friedhof bei der Kirche zu erneuern. Deshalb werden die Gebeine geräumt. Dabei entdecken sie vier mumifizierte Leichen, denen der Kopf fehlt. Spätere Bearbeitungen der Geschichte verklären die Toten: »Sie blühen wie ein Rosenstock, sie schmecken als wie ein Jilgenstock [Lilie], vor Gott sind sie vier Engel.« Die Endinger sind sich bald gewiss: Diese unschuldigen Menschen sind Opfer der grausamen jüdischen Rituale, die sie angeblich an Christen vollziehen. Was nun folgt, ist die der Zeit entsprechende Wahrheitsfindung. 24.3.1470: peinliches Verhör der Endinger Juden Elias und Eberlin – 26.3.1470 Verhör des Juden Merklin – 8.4.1470: Die drei Juden werden in Endingen verbrannt – 22.4.1470: Verhör des Pforzheimer Juden Leo. – 5.5.1470: Schriftlicher Befehl des Kaisers Friedrich III., die Juden freizulassen. – Dennoch am 8.5.1470: Weiteres Verhör des Juden Leo. Mit »Verhör« ist natürlich die Befragung unter Folter gemeint, die den Verdacht bestätigte: Die Beschuldigten hätten beschlossen, die vier Fremden umzubringen, das Blut der Kinder in ein Glas abgefüllt und zusammen mit ihren Köpfen in die Stube gebracht. Die Körper hätten sie »czum hinteren thurlin [...] uff der cristen kyrchoff und dye totten lichnamen in das gebeyne begraben«. Danach habe man das Blut heimlich nach Pforzheim zum Juden Leo wie auch nach Schlettstadt zum Juden Leomann gebracht und verkauft. Die Hinrichtung ist weitaus grausamer als oben lakonisch bemerkt: Die Brüder Elias, Eberlin und Merklin werden auf Kuhhäuten von Pferden durch die Gassen von Endingen geschleift, während die Zuschauer sie mit Steinen bewerfen und beschimpfen dürfen. Dann kommen sie zum »Judenbuck« Richtung **Königsschaffhausen** und werden dort öffentlich verbrannt. Die kaiserliche Order kommt zu spät. Alle anderen Endinger jüdischen Glaubens wurden »auf ewig« aus dem Ort verbannt. Im Anschluss daran wurde auch das sogenannte »Endinger Judenspiel« gedichtet. Über das Schicksal der Pforzheimer Juden ist nichts bekannt. Die unschuldigen

Kindlein tätigen indes insgesamt 22 verschiedene Wunder an Gläubigen, die zu ihnen gebetet haben.

## Der rätselhafte Tod des Markgrafen

1590 erhielt das Dorf **Emmendingen** die vollen Stadtrechte und war ab dem Zeitpunkt abgabenfrei. Schuld daran war der damalige Markgraf Jakob III., der den Ort auch zur Hauptstadt seines Gebietes machen wollte. Pläne für eine Festung waren auch schon geschmiedet. Doch die Euphorie, die sich breitgemacht hatte, fand ein jähes Ende.

*Hatte mächtige Feinde: Markgraf Jakob III.*

Markgraf Karl II., Vater des Stadtgründers, hatte sich noch »auf Gedrang seines Gewissens« 1556 zum Protestantismus bekannt und damit Baden-Durlach evangelisch gemacht. Der Sohn, an der Universität Straßburg gebildet, schön, hochgewachsen und kräftig, heiratet 1584 die ebenso gutaussehende, reiche Elisabeth, Gräfin von Manderscheid und das Paar zieht nicht in die Hochburg, sondern nach Emmendingen. Nun beschäftigt sich Jakob mit Glaubensfragen und besonders mit derjenigen, ob die Teilung der Kirche legitim sei oder nicht. Früh schon wird er von Württembergs Herzog Ludwig davor gewarnt, zum Katholizismus zu konvertieren. Doch der Potentat lässt nicht locker: Er möchte öffentlich über das Schisma diskutieren lassen, um sich endgültig zu entscheiden. Es kommt zu »Religionsgesprächen«, eines in Baden-Baden, das zweite, das »Colloquium Emmendingense«, fand zwischen dem 13. und dem 17. Juni 1590 im Schloss statt. Das Ergebnis kommt einem Paukenschlag gleich: Jakob lässt sich am 15.7.1590 im Kloster **Tennenbach** (siehe Kapitel »Heiliges und Heidnisches«) katholisch taufen. Papst Sixtus V. lässt anlässlich des erfreulichen Ereignisses eine ganze Dankesprozession in Rom veranstalten. Der Markgraf sollte danach noch genau 33 Tage leben: Nach einer Brunnenkur kommt er am Abend des 8. August »mit frischem Hertzen und erfrewlich bey dero Gemahlin und Fürstlichen Kindern an«. Plötzlich, des nachts, bekommt er heftigen Brechdurchfall. Sein Leibarzt Pistorius eilt aus Freiburg heran, außerdem werden weitere Koryphäen der Medizin bestellt. Das Urteil ist einstimmig: Die Fürstliche Hoheit hat »Gifft eingenommen«. Nun geht es einige Tage, die Medizinische Fakultät der Universität Freiburg ist anwesend, alle beobachten den sich verschlechternden

Zustand des Landesherrn. Dieser stirbt am 17. August, der Obduktionsbericht von drei Ärzten kommt zu dem Schluss, dass Gift die Todesursache ist – nach heutigem Kenntnisstand Arsen. Nun beginnt eine Kampagne der Gegenseite, die von einem »Gottesurteil« spricht, die Veränderungen im Darm rührten von der Brunnenkur her, in der Jakob wohl zu viel Kohlensäure zu sich genommen habe ... Jakobs Bruder reragiert schnell und sperrt Elisabeth in der Hochburg ein, von dreihundert Soldaten bewacht. Für die Kinder werden evangelische Vormünder bestimmt, der Erbfolger Ernst Jakob vom Onkel mit nach Durlach genommen, wo er keine drei Wochen später angeblich an »Brust- und Gichtwehe« stirbt.

## Die »blutige Kirchweih«

Wie an so vielen Orten im Breisgau stehen auch zu **Ebringen** seit 1908 steinerne Denkmäler, deren ursprüngliche Bedeutung in Vergessenheit geraten ist, zu denen es aber fantasievolle Deutungen gibt. Wer von Westen in den Ort fährt, gewahrt in der ersten starken Linkskurve rechter Hand ein Denkmal, in dem vier Kreuze sinnbildhaft zusammengefasst sind. Und wie es oft geht, aus der Vermutung, es handele sich um Sühnekreuze für die tatsächlich im Streit geendete Kirchweih von 1495, wurde im Laufe der Tradition historischer Begebenheiten Gewissheit. Was war aber geschehen?

Im »Untreubuch«, das im **Freiburger** Stadtarchiv aufbewahrt wird, liest man Folgendes: »Ebringer můtwill: die von Ebringen haben unnser handwercksgesellen und burgers sön, die uff sontag nach Assumptionis Mariae anno XCV uff ir kilchwei zů inen zugen, můtwilliklich und on ursach uberloffen [überfallen], geslagen, geworfen, geschossen, zwen hert verwundt und ein ze tod geslagen, wie dan das im geschichtbůch witer gschriben statt [steht].«

*Waren dies die ursprünglichen Steinkreuze vor Ebringen?*

Dieser Eintrag von Ulrich Zasius ist leider einseitig und gibt nicht den genauen Hergang wieder. In Wirklichkeit hatten sich am 16.8.1495 junge Burschen aus Freiburg, meist Schuhmacher, auf den Weg zur Kirchweih gemacht, jahrhundertelang einer der wenigen Anlässe, um zusammenzukommen, zu tanzen, Musik zu machen, natürlich auch um zu trinken, denn der örtliche Wein war damals schon sehr beliebt. Nicht selten gab es auch Schlägereien, die besonders unter dem Einfluss des Alkohols recht grob abgehen konnten. Wohl um dies im Vorhinein zu vermeiden und aus Erfahrung hatte man den jungen Männern einen bestimmten Garten zum Feiern zugeteilt, in Abstand zur einheimischen Jugend. Es war schon spät und man rüstete sich zum Aufbruch, nahm seine Waffen an sich. Da stieß ein Kannengießergeselle aus Versehen eine Immenbank um. Und wie es so geht, brach Panik aus, die Burschen suchten den Bienen zu entkommen und liefen geradezu in eine Scheune, die von jungen Ebringern angefüllt war. Ein Wort gab das andere und in kürzester Zeit war die Schlägerei nicht mehr aufzuhalten, auch nicht von einem herbeigeeilten Vogt. Als man abzog, wurde die ganze Katastrophe sichtbar: Schustergeselle Claus Güntzel – aus Günzburg – war durch einen Hellebardenstich tödlich, zwei weitere Männer schwer verletzt worden. Außerdem war »ein fänli zerrissen« worden. Am nächsten Morgen zogen 700 Freiburger ins Dorf, um zumindest zwölf Bauern gefangen zu nehmen, die Dörfler hatten aber das Weite gesucht und so kehrte man wieder heim. Die Ebringer durften fürderhin nicht mehr den Markt in Freiburg betreten, sie selbst verweigerten die Wein- und Gartenzinsen.

Beim gerichtlichen Nachspiel bekam letztlich Ebringen Recht, da die Freiburger durch ihre Racheaktion den Frieden unnötig gebrochen hatten (der »ewige Landfrieden« war am 7.8. desselben Jahres auf dem Reichstag zu Worms ausgerufen worden). Die Ebringer hatten also keinen Grund, ein Sühnekreuz aufzustellen. Seltsam ist auch die Anzahl der Kreuze – man hätte seinerzeit sicherlich nur *ein* großes Mahnmal aufgestellt. Viel wahrscheinlicher ist die Überlieferung, wonach die Kreuze zur Zeit des Glaubensstreits als Grenzsteine zum seit 1556 lutherischen **Wolfenweiler** gedient hatten.

### Grausame Schweden

Am Hauptaltar des **Kirchhofener** Gotteshauses zeugt eine Inschrift von einem Geschehen, das man heute als Kriegsverbrechen bezeichnen würde. Leider ist sie nur auf der hinteren Seite des Altars angebracht, der Chor ist aber nicht begehbar.

Einen Besuch lohnt aber in jedem Fall das Wasserschloss, der eigentliche Ort des Geschehens, 50 m weiter nördlich.

Wir schreiben das Jahr 1633, der Dreißigjährige Krieg ist in seiner Hauptphase. Schwedische Truppen unter Rheingraf Otto haben den Ort von morgens 10 Uhr bis abends 6 Uhr unter Beschuss genommen, alles ist niedergebrannt. Zuletzt ist auch das Schlösschen umzingelt, drinnen haben sich ca. 300 Bauern verschanzt. Als auch schon diese Mauern zu fallen drohen, bitten die Kirchhofener um Gnade. Nach Aussonderung der »guten« Männer, die man in die eigene Armee pressen wollte, ließ man Vogt und Bauern durch eine lange Gasse Spalier stehender Soldaten gehen. Als der Vogt am Ende angekommen ist, wird er erschossen, die ihm folgenden Bauern alle erbarmungslos hingerichtet. Über 300 Menschen werden so hingeschlachtet.

Wie durch ein Wunder entkamen aber Hans Scherlin und Anna Gottfriedin dem Tod, die auf der Altarinschrift erwähnt und als Stifter genannt werden, »weil uns der Herr das Leidig' Kriegswesen hindurch wunderbarlich erhalten [...]«.

Der Verrat wird sich über Generationen in die Köpfe der Kirchhofener eingraben. Angeblich verbot der Vogt – zum grausigen Exempel? – die Toten zu begraben, später wurden deren Knochen in einem zu diesem Zweck gebauten Beinhaus aufgeschichtet. Davon ist allerdings nichts mehr übrig.

## »Their leader failed ...«

Die Geschichte wäre an sich schon traurig genug: Eine englische Gruppe aus London-Brixton mit 27 Schülern und ihrem Lehrer gerät am 17.4.1936 am **Schauinslandkamm** in Bergnot – es ist dunkel, Schnee fällt, die Jugendlichen zwischen 12 und 14 Jahren frieren. Nur dank des schnellen Einsatzes vieler Bewohner von **Hofsgrund** können die meisten gerettet werden – für fünf Schüler allerdings kommt jede Hilfe zu spät. Sie sterben an Erschöpfung und Kreislaufversagen angesichts der Kälte. Ein Denkmal an prominenter Stelle soll über das Geschehen informieren – tut dies aber nicht restlos. Nur ein spärlicher Hinweis auf die Retter, vor allem aber keine Zeile zu der eigentlichen Ursache, der eigenmächtigen Entscheidung des Lehrers trotz mehrerer Vorwarnungen aus der Bevölkerung dennoch bei Nacht und Nebel den Gipfel zu ersteigen. Stattdessen wird das plötzliche Auftauchen eines Blizzards und einsetzender Nebel als Grund für die Katastrophe genannt – eine Legende, die auch im Internet gerne verbreitet wird. Wieso gibt es außer dem großen Gedenkdolmen einen weiteren, kleinen englischen Gedenkstein für Jack Alexander Eaton, aus dem der folgende Schriftzug herausgemeißelt wurde: »Their leader failed in the hour of his trial« – zu Deutsch: Ihr Führer versagte in der Stunde der Bewährung?

Die Antwort ist nur schwer erträglich: Das Unglück wurde von der deutschen Seite zu Propagandazwecken missbraucht, von englischer Seite vertuscht. Die Hitlerjugend war schnell zur Stelle: Man erklärte, wie es Bernd Hainmüller in der Badischen Zeitung zum 80. Jahrestag darstellt, die verunglückten Schüler zu »gefallenen Bergkameraden«, bahrte sie in Freiburg unter Hakenkreuzbannern und Union-Jack-Fahnen auf und organisierte eine Totenwache. Man wollte – auf Weisung auch aus Berlin – gut Wetter mit den Engländern machen angesichts der bevorstehenden Olympischen Spiele in der Hauptstadt. Der englische Lehrer spielte das Spiel mit und ließ sich, zusammen mit den überlebenden Schülern, auf eine HJ-Ausflugsfahrt mit anschließendem Fußballspiel einladen. Er wurde nie zur Verantwortung gezogen, denn auch in London sah man offensichtlich keine Veranlassung, den wahren Hergang des Unglücks zu untersuchen, wahrscheinlich wollte man nicht genau hinschauen – weil nicht sein kann, was nicht sein darf.

Nach dem Krieg entfernte man an dem Denkmal die Inschrift »Die Jugend Adolf Hitlers« und ersetzte sie durch »Die Jugend Deutschlands«. Die Nazisymbole wurden ebenfalls weggemeißelt.

# Am Schluss: Der Tod

### Gleichmacher Sensenmann

Ein absolutes Muss für jeden, der sich einerseits mit der Todesvorstellung vor 200 Jahren befassen, andererseits eine eindrucksvolle, künstlerisch wertvolle Darstellung des Moments erleben möchte, in dem der Knochenmann die Menschen holt, ist die Beinhauskapelle in **Bleibach**, die man durch die 1975 neu gestaltete Pfarrkirche erreicht. Hier tritt einem auf nachhaltig beeindruckenden Gemälden der Gevatter Tod entgegen und treibt mit Vertretern der unterschiedlichen Stände, Berufe und Altersgruppen seinen skurrilen, makabren Tanz. Offenbar entstanden solche Totentänze, deren einen es beispielsweise auch in Basel gibt, vor allem nach großen Pestepidemien, zuerst also im 14. Jahrhundert (s. o.). In Bleibach war es die reine Platznot, die es notwendig machte, dass man ältere Gräber aushob und die Knochen einsammelte. Damit diese eine würdige Bleibe bekämen, baute man 1720 das Beinhaus. Hier wurden die gereinigten Knochen, geordnet nach Schädeln, Bein- und Armknochen, aufgeschichtet, auf die Köpfe die Namen notiert. Um den Totenbesuch durch eine mahnende Illustration zu ergänzen – das *memento mori* des Barock – ließ man 1723 dieses Panoptikum des Todes in das Tonnengewölbe der Kapelle malen.

Auch das hier aufgehängte Gemälde, das eine Sterbeszene darstellt, stammt aus der Zeit und zeigt die Seele, die als Kind aus dem Mund des Sterbenden entfleucht.

Das Band der Szenen ist aber auch eine kulturgeschichtliche Preziose, denn hier werden uns die verschiedenen Personen des barocken Lebens in ihrer typischen Kleidung vorgestellt. Herauszuheben sind vor allem die Bäuerin in **Elztäler** Tracht, der Richter mit Robe, der Bürger, der Krämer mit Korb, die Städterin mit großem Hut, die Pilgerin mit Accessoires, sowie die verschiedenen geistlichen und weltlichen Herren. Nicht zuletzt der schwarze Humor, der sich im Verhalten des Sensenmannes zeigt, der sich zum Teil die Insignien der Macht aneignet, wirkt bis heute sehr originell.

Über den Bildern wurde eine zu jeder Einzelszene passende Gedichtstrophe geschrieben. Hermann Trenkle, von dem viele der Informationen zu diesem Artikel stammen, ist es gelungen, den Autor herauszufinden. Es handelte sich um einen von seiner Familie wegen der Konversion zum katholischen Glauben verstoßener österreichischer »Edler« namens Scherer, der Geld benötigte und sein Dichtertalent hier einsetzen konnte. Als Einführungsstrophe dichtete er:

> Kombt Ihr Menschen Jung und Alt,
> Bescheuen den Tantz, wie er abgemahlt!
> Und solchen thuen nur wohl betrachten,
> Wie wenig das Zeitlich ist zu achten.
> O mensch laß gehn dein Hoffarth!
> All Stund der Tot auf dich warth'!
> Kein Mensch kann ihm ja nit entgehen ...

# Magier, Teufel, Hexen und Geister

Am Ende wird alles gut: Die verzauberte Königin wird durch den König erlöst, der sie wiedererkennt. Das Märchen »Brüderchen und Schwesterchen« der Brüder Grimm (KHM Nr. 11) erzählt die Szene romantisch: »Da konnte sich der König nicht zurückhalten, sprang zu ihr und sprach ›du kannst niemand anders sein als meine liebe Frau‹. Da antwortete sie ›ja, ich bin deine liebe Frau‹ und hatte in dem Augenblick durch Gottes Gnade das Leben wiedererhalten, war frisch, rot und gesund.« Was nun kommt, möchte man den Kindern dann am liebsten ersparen, denen man die Geschichte vor dem Einschlafen vorliest: »Darauf erzählte sie dem König den Frevel, den die böse Hexe und ihre Tochter an ihr verübt hatten. Der König ließ beide vor Gericht führen, und es ward ihnen das Urteil gesprochen. Die Tochter ward in den Wald geführt, wo sie die wilden Tiere zerrissen, die Hexe aber ward ins Feuer gelegt und mußte jammervoll verbrennen.« Trotz der Skrupel, die einen bei der Lektüre ergreifen mögen, denkt man erst einmal nicht daran, dass dies der Nachhall realer Geschehnisse ist, die in unseren Breiten vom 15. bis Mitte des 17. Jahrhunderts beinahe zum Alltag gehörten.

Außer von den bösen Hexen ist in diesem Kapitel von den diversen düsteren Gesellen, den Zauberern, Alchimisten, sowie den Geistern die Rede.

### Eine folgenschwere Bulle

Die erste Spur zu denen, die Hexen jagten, führt gar nicht so weit aus dem Breisgau weg: Heinrich Kramer, genannt Institoris, Prior des Dominikanerklosters in Schlettstadt (Sélestat) im Elsass, knapp 40 km von **Breisach** entfernt, Autor des »Hexenhammers«, war, zu Beginn zusammen mit seinem Ordensbruder Jakob Sprenger, als Inquisitor tätig und brachte ab 1480 allein im Bistum Konstanz 48 »Hexen« auf den Scheiterhaufen. Sein Ziel war es, das Bild der nachts ausfahrenden, zum Schaden der Mitmenschen lebenden, sogar Kinder essenden »Unholde« zu verbreiten, das schon vorher im Süden vorherrschte. Diese sollten eine Sekte bilden, die dann mit den Werkzeugen der Ketzerverfolgung bestraft werden konnte. Möglicherweise wäre das Wüten der Dominikaner auf den Widerstand so mancher vernünftiger Menschen getroffen, die es übrigens auch danach noch gab. Fatal war jedoch, dass der wegen seines ausschweifenden Lebens berüchtigte Papst Innozenz VIII. am 5.12.1484 eine Bulle erließ, in der er das Vorgehen der Inquisition ausdrücklich unterstützte und für wünschenswert erachtete. Darin ist von »Personen beiderlei Geschlechts« die Rede, »die mit Teufeln, die sich als Inkubi und Sukkubi mit ihnen vermischen, Missbrauch treiben und mit ihren Verzauberungen, Liedern und Beschwörungen

Teamwork: Die
Hexe öffnet das
Weinfass, der
Teufel steht dabei

sowie anderen abscheulichen abergläubigen Handlungen, [...] die Geburten der Weiber, [...] die Feldfrüchte, [...] und andere Erzeugnisse des Bodens verderben, ersticken und umkommen lassen«. Die Litanei der Schädigungen nimmt schier kein Ende. Mit der Erwähnung der Unwetter sowie der Pest traf er ins Herz der durch diese Katastrophen gebeutelten Menschen. Der schon erwähnte »Hexenhammer«, 1486/87, auf Lateinisch »Malleus Maleficarum«, als Leitlinie für die Verfolgung jetzt nur noch der »schadenstiftenden Frauen« verfasst, hatte zum Ziel, diese zu »zermalmen«. Bis 1669 sollte es insgesamt 25 Auflagen der Schrift geben. Das Unheil der Denunziation, Verfolgung, Folterung und Ermordung meist unschuldiger Frauen und Kinder nahm seinen Lauf. Es ist hier nicht der Ort, ausführlich den Inhalt dieses teilweise ebenso perfiden, wie absurden, perversen wie detailversessenen Buches darzulegen. Entscheidend ist, dass es einerseits durchaus die Billigung durch theologische Fakultäten erfuhr, andererseits auch weltliche Gerichte sich bemüßigt sahen, gegen die vermeintliche Gefahr durch die bösen Frauen mit denselben Methoden vorzugehen.

## Die Frau nebenan

Die Hysterie gegen die angeblichen Schadenstifterinnen verbreitete sich in Freiburg und im Breisgau zwischen dem 16. und 18. Jahrhundert. Opfer konnten praktisch alle Frauen werden, die, einmal im Visier der Nachbarn oder der Herrschaft, fast keine Möglichkeit mehr hatten, der grausamen Abfolge von Verhör, Folter und Hinrichtung zu entkommen. Namen wie Anna Schweizerin

(1546, **Freiburg**; vgl. UF, 53), Merga Steffanin (1579, **Zarten**), Ottilie Reichenbachin (**Waldkirch**, 1587) oder Appolonia Freyin (**Himmelreich**, 1631) – Frauen wurden mit der Endung »-in« am Familiennamen bezeichnet – stehen in diesem Zusammenhang stellvertretend für die vielen, nach Schätzungen um die 9000 Menschen in Süddeutschland, die dem Hexenwahn zum Opfer fielen. In dem Roman »Die Hexe von Freiburg« von Astrid Fritz kann man sich übrigens gut in die Stimmung der Zeit und die Geschehnisse zwischen Denunziation und Hinrichtung hineinversetzen.

Anlass einer ganzen Verfolgungswelle war eine schwere Viehseuche, die im **Dreisamtal** 1630 grassierte. Da man den Teufel und seine Buhlerinnen im Verdacht hatte, forderte die Bevölkerung die gnadenlose Untersuchung verschiedener Frauen aus **Ebnet**. Fatalerweise wurden diese unter Folter auch dazu gezwungen, weitere Namen von angeblichen Hexen zu nennen, was zur schnellen Erhöhung ihrer Zahl führte. Apollonia Freyin, Wirtin aus **Himmelreich** war auf diese Weise gleich mehrfach denunziert worden. In der Talvogtei (**Kirchzarten**) fanden die Verhöre statt, in denen sie sogar ihr Mann – wissentlich oder nicht – belastete, denn er gab an, es sei viel Vieh gestorben und seine Frau sei selten zur Beichte gegangen. Dass die Frau wohl nicht den eigenen Tieren geschadet hätte, spielte im Prozess offensichtlich keine Rolle. Nachbar Jörg Wießer gab ihr dann auch noch die Schuld für den Verlust diverser Zähne, nachdem er bei ihr im Wirtshaus gewesen war. Diese Indizien scheinen schon ausgereicht zu haben, um sie ab dem 10.2.1631 in **Freiburg** vor dem Malefizgericht und unter Folter zu befragen. Nach sechs Tagen Quälerei bekannte sie sich schuldig. Die Forderung des Hexenhammers, dass eine leibliche »Vermischung« mit dem Teufel stattgefunden haben musste, konnte aus ihr herausgepresst werden, ebenso die Angabe, sie habe beim dritten Erscheinen des Versuchers Gott und alle Heiligen geleugnet. Dieser Pakt war denn auch die Grundlage für das Urteil wegen Ketzerei (s.o.). Danach wollte sie mit ihm auch zu einem Hexentanz (wahrscheinlich zum **Kandel**, s.u.) geflogen sein. Auch Apollonia nannte dann weitere Namen von vermeintlichen bösen Frauen. Doch die Richter hatten ihre Rechnung ohne die resolute Wirtin gemacht: Sie widerrief rechtzeitig ihre Aussagen und gab an, aus Angst vor weiteren Torturen alles gestanden zu haben. Auch nach der dritten Folterung blieb sie standhaft. Nach geltendem Recht war nun aber nichts mehr zu machen – es sah nur drei »peinliche Befragungen« vor. Dennoch – trotz Gutachtens durch den Stadtsyndicus Johann Häring, der eine vierte untersagte – kam es, wohl auf Druck der Bevölkerung, zur erneuten qualvollen Untersuchung, während der die arme Frau »nach langem jämerlichem erinnern« alles wieder gestand. Die Freyin wurde am 31.3.1631 vor den Stadtmauern mit dem Schwert hingerichtet. Dies war übrigens eine ehrenhafte, unübliche Methode (vgl. Kapitel »Tragödien und Katastrophen«), man hatte wohl doch Skrupel, sie wie eine normale Hexe verbrennen zu lassen.

## Breisgaus Brocken

»Im Breisgau treffen sich alle Hexen auf dem **Kandel** beim ›Hexentanzplatz‹; dann gibt es eine ›große Fastnacht‹. Einige hundert Hexen fliegen von allen Seiten herbei, die meisten auf gesalbten Stöckchen, einzelne aber auch in ›Gutschen‹, die mit Schimmeln bespannt sind. [...] Ehe die Hexen abfahren, rufen sie aus: ›In tausend Teufels Namen!‹ [...] Die Tische sind aufs reichlichste gedeckt, nur Salz und Brot fehlen; dagegen wird weißer und roter Wein im Überfluß getrunken. [...] Ist nicht eine ›große Fastnacht‹ angesetzt, so kommen die Hexen an anderen Orten zusammen: die[jenigen] von **Waldkirch** auf dem **Kastelberg**, jene von **Freiburg** auf dem Nägelesee (vgl. UF, 110). Auf der Wasserscheide, wo die drei Gemarkungen: **Siegelau**, **Niederwinden** und **Katzenmoos** aneinandergrenzen, ist ein alter Hexentanzplatz.« So informierten noch die »Schwarzwald-Sagen« um 1930, als wäre es Wirklichkeit. Die Berge und Wegkreuzungen waren schon immer Orte des Unheimlichen, ideale Marken, wo man zaubern konnte und wo sich die Unholden trafen.

Nebenbei muss bemerkt werden, dass es am **Kandel** auch in jüngerer Zeit nicht immer mit rechten Dingen zuging: In der Walpurgisnacht 1981 brach der gewaltige, dreißig Meter hohe Kandelfelsen um 0 Uhr 17 auseinander. Dies ist genau der Zeitpunkt, zu dem nach alter Sitte Satan persönlich auf dem Felsen zu thronen pflegt.

## Das Hexental – Tal der Hexen?

Zahllose Sagen künden von dem Glauben an die bösen Frauen. Nur noch zwei seien hier erzählt, weil sie zeigen, auf welch schwachen Verdachtsmomenten hin die meisten armen Frauen beschrien wurden. Die erste wird von Sprenger in seinem »Hexenhammer« (s.o.) als abschreckendes Beispiel wiedergegeben. In einem Dorf zwischen **Breisach** und **Freiburg** bekamen zwei Nachbarinnen Streit. Als nun die eine »selbigen Abends in etwas Geschäfften Verrichtung für ihrem Haus gestanden, habe von ihrer Nachbarin Hauß ein ganz warmer Wind sie angewehet und angeblasen, worüber sie stracks außsetzig geworden«. Sage Nummer zwei kommt aus **Horben**, wo besonders viele angebliche Fälle von Schadenszauberei vorgekommen sein sollen. Ein Sohn hatte gehört, seine Mutter sei eine Hexe. Zuerst glaubte er den Gerüchten nicht. Dann stellte er sie aber auf die Probe. Er hatte erfahren, dass die Zauberinnen sogenannte »Dreikreuzlemesser« hassten – wohl wegen der Kreuz-Zeichen darauf. Prompt brachte er zwei davon – kreuzweise – über der Tür an. Da die Frau ihn bat, diese wieder zu entfernen, habe er nun gewusst, dass sie es mit dem Teufel habe. Wir wissen nicht, was aus der bedauernswerten Frau geworden ist. Welche Mutter würde es eigentlich gutheißen, dass ihr Sohn über der Tür irgendwelche Messer anbringt?

In **Wyhl**, am »Galgenbuck«, also dem Gewann, an dem der Hinrichtungsort war, wurde 1780 eine Hexe verbrannt. Man soll sie dort noch immer zeitweise schreien hören.

Dennoch, nicht überall, wo man von Hexen sprach oder noch spricht, muss man auch die oben geschilderten grausigen Bilder damit verbinden, denn einige Namen entspringen der Fantasie der Leute und sind oft auch relativ neuen Ursprungs. Paradebeispiel ist das so genannte **Hexental**, das eben nichts mit den verfolgten Zauberinnen zu tun hat, sondern, darin ist man sich inzwischen einig, von »Hag« kommt, ein anderes Wort für Zaun/Hecke. In älteren Texten steht nämlich noch häufig »Hagstal«, oder ähnliche Formen. Die oft zitierte Sage, wonach das »Hexenmättle« bei **Au** auf ein so genanntes Annele zurückgehen soll, das dort den anderen schadete und auf diesem Flurstück verbrannt worden sei, hat nicht den berühmten wahren Kern: Es gibt keinerlei Aufzeichnungen über diesen Kriminalfall.

### Der Wind dreht sich

Der Hexenwahn war im 18. Jahrhundert – mit der Aufklärung – zwar abgeebbt, im Volksglauben wimmelte es aber noch immer von den bösen Frauen: Die zahllosen Ortssagen wurden noch immer weitererzählt, die Märchen an die Kinder weitergegeben, die hässlichen Alten lebten in der Fastnacht fort. Auch die Angst vor dem vermeintlichen Einfluss bestimmter weiblicher Personen, die angeblich über besondere Kräfte verfügten, blieb lebendig. Noch 1896 erwürgte ein junger Bauer in **Forchheim** seine Großtante, weil er sie für eine Zauberin hielt.

Dennoch gab es schon lange vorher auch Beispiele für den vernünftigen Umgang mit den Beschreiungen: Im Jahre 1652 wollte Georg Vogel die Frau des Vogts von **Achkarren** als Hexe anklagen. Oft war es nur einfach Neid oder Missgunst, welche die Denunzianten antrieb, nach der Logik des »Hexenhammers« (s.o.) blieb norma-

*Ein altes Rezept: Den Teufel durch Beten und Schlagen austreiben*

lerweise aber auch derjenige ungestraft, der seine üble Nachrede durch nichts beweisen konnte. Nach den vielen Jahren grausamer Verfolgung und dem großen Krieg hatte sich aber die Stimmung geändert: Vogel wird verurteilt, weil er seine Anschuldigungen nicht belegen kann. Er muss sogar Abbitte leisten und kommt ins Turmgefängnis.

Manchmal war es auch ein Glücksfall, dass gerade die Franzosen in unserer Gegend das Sagen hatten: Aus dem gleichen Ort ist aus dem Jahr 1666 überliefert, dass eine 70-jährige alte Frau, die mehrfach der Zauberei beschuldigt wurde, vom damals französischen Intendant in **Breisach** beschützt wurde. Ganz aufgeklärter Geist ließ er verlauten, er glaube nämlich nicht, dass es in der Welt Hexen gebe ...

### Von Magiern und Zauberern

Von jeher gab es auch besondere Menschen, die sich mit Magie beschäftigten und angeblich die Naturgesetze außer Kraft setzen konnten. Typische Vertreter waren besonders Gebildete, die sich mit Alchimie beschäftigten, also Gold herzustellen versuchten, Doktoren und Einsiedler, also Forschernaturen und Außenseiter.

So soll es zwischen **Wyhl** und **Weisweil** ehemals einen Ort **Wellingen** gegeben haben, der zu **Endingen** gehörte. Von dem untergegangenen Dorf blieb zeitweise noch die Kirche stehen, in der

*Naives Teufels-portrait aus einem Zauberbuch von 1823*

ein Einsiedler hauste. Dieser hatte nun besondere Kräfte, er konnte Teufel austreiben, Geister bannen, Schätze ausfindig machen und war auch im Gesundheitssektor zu Hause. Die Volksseele ist solchen Aussiedlern immer skeptisch gegenübergetreten und so behauptete man nach seinem Tod, er geistere als »feuriger Mann« weiter um den Ort herum, an dem einst das Kirchlein gestanden hatte. In **Endingen** soll früher ein »Geisterseher« gelebt haben, der vermittelst eines besonderen Hobels sich gegen die Unholde verteidigen konnte. Ein armer Mann aus **Heimbach** lief einst durch den Wald und rief verzweifelt: »Wenn nur der Teufel käme und mir Geld brächte!« Da erschien ihm ein Jäger – natürlich der Teufel selbst – und überreichte ihm ein Buch mit den Worten: »Lies fleißig darin, so bekommst du Geld genug!« Der Mann begann gleich zu lesen, da wurde er in die Luft gehoben und konnte sich nur noch durch ein Stoßgebet wieder auf die Erde bringen. Es wurde ihm Angst und Bange und er traute sich nie mehr, darin zu lesen. Bald war es auch vom Erdboden verschluckt ...

Eine Figur, die zu ihrer Zeit die Gemüter erregte und die Fantasie der Leute inspirierte, war Theophrastus von Hohenheim, bekannt unter dem Namen »Paracelsus«, Arzt, Naturforscher und Philosoph (1493–1541), eigentlich ein fortschrittlicher Geist, der seine Erkenntnisse aus der Beobachtung herleitete. Ihm wurden viele Wundertaten zugeschrieben und oft auch ähnliche Attribute verliehen wie dem Dr. Faust (s.u.), ja oft verwechselte man die beiden auch miteinander. Auf dem Land sprach man oft nur vom »Dr. Frastus« und in einigen Sagen wird er mit der Stadt **Kenzingen** in Verbindung gebracht. Er soll viele Menschen kuriert haben, denn sein Hauptgeschäft war – und das ist historisch belegt – die Heilkunst, über die er auch viele Schriften – in deutscher Sprache verfasste. Auch hatte er angeblich ein Lebenselixir und die Tinktur entwickelt, die Eisen in Gold verwandeln konnte. Von seinen neidischen Arztkollegen verfolgt, soll er auch von ihnen vergiftet worden sein.

*Der Gottseibeiuns soll auch den »Brunnentrog« von St. Ulrich geliefert haben (vgl. S. 128)*

## Panik-Panoptikum

Geister sind – neben den im Kapitel »Naturwunder, Fauna und Flora« dargestellten Naturgeistern – ursprünglich arme Seelen, die ein ungesühntes Verbrechen begangen haben und nun in einer Art Zwischenwelt herumirren müssen. Oft kann man sie mit den nötigen Informationen von ihrem Schicksal erlösen. Sie können aber sehr unterschiedlich sein, was ihr Verhalten oder die Tatsache, ob sie sichtbar sind oder nicht, anbelangt. Gespenster sind bekanntlich spiritistische Wesen, die meist in Häusern umgehen. Das Wort kommt ursprünglich von althochdeutsch «kispanst«, was eigentlich »Eingebung«, »Trugbild« bedeutete. Weil man früher in den Beichtformeln von »des Teufels gespenste« sprach, war der Weg zu den konkreten Erscheinungen, die man gesehen hatte, nicht weit.

Manche Erscheinungen waren harmlos, wie das Wesen in **Bad Krozingen,** das sich lediglich durch Niesen bemerkbar machte. Auch die vielen **Glottertäler** Wesen vermitteln einen Eindruck davon, dass sie allgegenwärtig waren und ihren speziellen »Beruf« hatten: Noch im 19. Jahrhundert behauptete man dort die Existenz des »Lammgeischts«, des »Fideleschwanzes« im »Wale Loch«, der

»Lederkäppler« wohnte auf dem Gullerhof (vgl. Kapitel »Kaleidoskop der Originale«), eine »Windlewäschere« kniete waschend am Lutterbächle ohne Kopf, im **Kandelwald** konnte man den »Geißenmeckerer« hören. Im wahrsten Sinne bedrückender war dann doch die nächtliche Aktivität des »Schrecklis«, einer Art Alp, das sich nachts auf den Brustkorb der Schlafenden setzte und ihnen entsprechende Träume verschaffte.

Besonders große Angst hatte man früher vor den oben erwähnten unerlösten Seelen. Fast jede Burg hatte ihr Gespenst. Ein Beispiel sei von der **Wiesneck**, früher auch »Wißneck«, erzählt. Ein Hirtenbub soll auf ihren Trümmern beobachtet haben, wie ein weißes Burgfräulein um die Mittagszeit immer wieder an einer bestimmten Mauerstelle entlang gegangen sei und dann dort schweben blieb. An der Stelle, wo sie stehengeblieben war, grub nun der Junge und fand mehrere alte Taler. Die weiße Frau erschien ihm plötzlich und legte zwei Finger auf den Mund, wohl, damit er ihr Geheimnis niemandem verraten sollte. Eines Tages, nach mehreren weiteren glücklichen Grabungen, erzählte er dennoch dem »habgierigen Oberknecht« von seinem Erlebnis. Von da an war aber nichts mehr zu ergraben ...

Als »Feldmesser« werden Gespenster beschrieben, die zu Lebzeiten beim Ausmessen der Gewanne betrogen haben und nun oft als »Feurige« umhergeistern. So geschehen in **Ehrenstetten**, wo die armen Seelen dann mit glühenden Stangen nachmessen müssen.

Die »Lochegeister« im **Glottertal** waren Bauern, die sich wegen der Lochen (Grenzsteine) im hiesigen Leben gestritten, gar prozessiert hatten. Waren sie im Zank gestorben, zogen sie des Nachts umher und erschreckten die Spätheimkehrer. Über den alten Engelwirt erzählte man sich, dass er auf dem Sterbebett seinen Kontrahenten im Grenzstreit, den Eckli-Rot, zum Jüngsten Gericht bestellte, damit dort endlich der Zwist gerichtet werden könne.

Zu der großen Gruppe der Wiedergänger gehören auch die Nachterscheinungen, die mit Kampfgeschrei durch die Gegend poltern sollen. Wie bereits (siehe Kapitel »Facetten des Breisgaus«) beschrieben, grassiert in unseren Breiten immer wieder das »wütende« oder »wilde Heer«.

## Gegen die Geister

Was waren nun die Rezepte, um sich lästige Gesellen vom Leib zu halten? Zuallererst natürlich das Gebet, wie überhaupt die Teufel die Nennung des Gottesnamens, das Kreuzzeichen, das Läuten der Kirchenglocken u.Ä. nicht vertragen. Auch die Tierschädel, die man noch heute an vielen Bauernhöfen sehen kann, dien(t)en zu diesem Zweck. Offenbar waren die Wesen der Anderwelt geräuschempfindlich, denn das Schießen, das man früher auch zu bestimmten Gelegenheiten wie Hochzeiten durchführte, bekam ihnen nicht gut. »Geisterabwehrend sind ferner alle spitzigen und schneidenden Gegenstände aus Eisen: wie Nadeln, Nägel, Messer, Pflug«. (Handbuch des Aberglaubens) Auch Amulette mit bestimmten Zeichen und Symbolen halfen zur Abwehr. Am durchschlagendsten wirkt aber der Einsatz von Feuer oder Licht. Denn sobald die Sonne aufgeht, muss sich das lichtscheue Gesindel verziehen.

Dennoch scheint es Plagegeister gegeben zu haben, die sehr widerstandsfähig gewesen sind. In solchen Fällen wandte man sich an Geistliche, die im Ruf standen, mit Hilfe der Bibel Haus und Hof gespenstfrei machen zu können. Mitunter war dies aber sehr anstrengend und manch Pfarrer hat angeblich die Bannung auch das Leben gekostet (s.u. »Der Syndikus Korum«). Das Prinzip Gleiches mit Gleichem versprach auch hier Gültigkeit, denn Personen, die qua Beruf die »schwarze Schule« beherrschten, also Scharfrichter, offenbar auch Kaminfeger, oder Randgruppen wie Sinti oder Roma waren angeblich ebenfalls in der Lage, die Bösen zu vertreiben.

# Vor Ort

### Der Syndikus Korum

Die Sage überliefert, dass Ende des 18. Jahrhunderts, als Napoleon regierte, in **Kenzingen** eine Figur waltete, deren Beschäftigung als »Syndicus« (»Beauftragter einer Corporation, um deren Rechtssachen zu führen«, Herders Conversations-Lexikon von 1857) wohl genauso geheimnisvoll blieb, wie sein Pakt mit dem Teufel. Dieser äußert sich in der Sage nur dadurch, dass an seinem Lebensende der Höllenfürst dem Sünder das Genick umdreht, wie er es auch bei Faust (s.u.) getan haben soll. Zu Lebzeiten jedenfalls war der Herr Korum ein böser Mensch, der geizig und betrügerisch handelte. Dennoch nannte man ihn fast liebevoll das »Korumle«. Viel mehr wissen wir über seine Aktivitäten nach seinem Ableben: Nun geisterte er um das Rathaus herum, bis er von einem Kaplan in den Wald gebannt werden konnte. Die spiritistische Aktion kostete dem armen Geistlichen drei Tage später das Leben, so zäh hatte sich der Ex-Syndikus gewehrt. Danach gebärdete er sich wie viele seiner »Kollegen«: Er führte die Bauern in die Irre, warf auch mal einen Wagen um, spazierte mit seinem Kopf unterm Arm durch die Waldungen. 1880 soll er sogar bei **Kiechlinsbergen** gesichtet worden sein.

*Trügerische Idylle: Auch Kenzingen kannte seinen Zauberer*

## »gebetter und beschwörung«

Im Jahre 1752 planten einige Herren aus Straßburg eine Messe be-
sonderer Art in der St.- Katharinen-Kapelle auf dem Kaiserstuhl bei
**Endingen**. Nachts um 12 wollte man an diesem heiligen Ort mit Be-
schwörungsformeln Geld herbeizaubern. Die Veranstaltung konnte
allerdings nicht durchgeführt werden, da der Endinger Bürgermeister
Löffler, sowie der Förster Johann Lederle von der gotteslästerlichen
Handlung Wind bekamen. Die Zauberer wurden verjagt und eine Untersuchung eingeleitet. Etliche Bürger wurden »in sachen auf oner-
laubt und strafbare weyß attentierter gebetter und beschwörung zur
erlangung geldes« verhört und Strafen verhängt. Passenderweise zum
Teil in Geldform, aber auch Turmstrafen bis zu vier Tagen!

Nicht überliefert ist die Methode, mit der die Straßburger reich werden wollten. In ähnlichen Fällen (vgl. UF, 77f) bediente man sich eines
sogenannten »Geldmännleins«, meist eine Alraune, also menschen-
ähnliche Wurzel, der man Leben zuschrieb. Vielleicht aß man auch
davon und nahm dann aufgrund der haluzinogenen Wirkung der Man-
dragorawurzel Bewegungen und auch die Stimme des Wichtes wahr.

*Die St. Katharinen-
Kapelle war auch
Schauplatz der
Zauberei*

Für die eigentliche Beschwörung brauchte man einen (Mess-)Kelch, ein Purificatortüchlein und eine priesterliche Stola. Letztere dienten angeblich der »Reinigung« des Zauberraumes. Das Männlein wurde nun mit silbernen Nägeln an ein Kreuz genagelt und die passenden Geister beschworen, die nun erpresst wurden nur gegen Geld den ihnen verwandten (?) Wicht wieder freizugeben.

### Der Fall Schnidenwind

Ein speziell für die Hexenverfolgung konzipierte Ausstellung kann man in **Endingen** im »Wagenmannkeller« (Inschrift am Eingang: »Hexenwahn«) besuchen. Am besten nach Voranmeldung wird man dann in ein Gewölbe und in das 18. Jahrhundert geführt. Sehr anschaulich kann man dann am Fall der 1751 (!) hingerichteten Anna Schnidenwind das Schicksal der armen Frau aus **Wyhl** nachvollziehen. Der 63 Jahre alten Bäuerin wurden der Teufelspakt und Brandstiftung vorgeworfen. Sie wurde für den verheerenden Brand **Wyhls** am 7. März 1751 verantwortlich gemacht, den sie wohl beim Räuchern ausgelöst hatte. Das Feuer zerstörte einen Großteil der Ortschaft. **Endingen** ist dadurch an einem traurigen Spitzenplatz, denn dies war die vorletzte Hexenverbrennung in ganz Deutschland. Die späteste Hinrichtung fand 1771 in Kempten/Allgäu statt.

### Spuk im Gasthaus und am Berg

Im Gasthaus »Zur Birke« zu **Kirchzarten** (ehemals **Zarten**) soll ein Hausgeist sein kümmerliches Dasein fristen. »Wie das neue Haus gebaut wurde, sah man ihn nachts das Holz abmessen. Er hat seinen Sitz unter der Stiege vor dem Haus. Das Nest [!] muss von Zeit zu Zeit mit einer Mistgabel aufgerüttelt werden, sonst ist der Geist unruhig.« Leuten, die sich des Nachts auf dem **Limberg** aufhielten, erschien der »Eichert-Joggeli«, der sie von der Limburg her dermaßen terrorisierte, dass sie schweißnass in **Sasbach** ankamen.

### Ritter Kuno und der Teufel (Teil 2)

Zuerst lese man den ersten Teil im Kapitel »Steine, Gebäude, Unterirdisches«.

Der Teufel kennt keine Nächstenliebe, wenn er hilft oder etwas verspricht, so denkt er immer nur an seinen Vorteil. Selbstverständlich hatte er es auf die Seele des Kuno von Falkenstein abgesehen gehabt und war nun sauer, dass er ihrer nicht würde habhaft werden, weil ihr die Tierwelt Beistand geleistet hatte. Als nun der Löwe den Ritter vor dem Gasthaus »Fortuna« zu **Kirchzarten** abgesetzt hatte, nahm der Höllenfürst einen großen Stein und warf ihn nach dem glücklich

Gelandeten. Dieser wich jedoch geschickt aus und der Fels traf das Gasthaus, wo er noch heute zu besichtigen ist. Eine kleine Tafel gibt dazu an:

> Herr Kuno, Ritter von Falkenstein
> entging hier knapp dem Teufelsstein.
> Er hat den bösen Feind besiegt.
> Sein Stein hier an der Ecke liegt.

## Gespenstische Weiblein

Eher mit den Hexen »verwandt« erscheinen die verschiedenen alten Frauen, die sich zu bestimmten Zeiten in der Natur zeigen und meistens ebenfalls umgehende Geister sind. Ein »Huttenweible« wurde auch in der Gegend um **Sölden** immer wieder gesichtet. Es hatte zu Lebzeiten nämlich auch an Sonn- und Feiertagen auf dem Schönberg Holz gelesen und war wegen der Ent-Heiligung dann nach seinem Tod zum Spuken gezwungen. Ihr Name kommt von der Hutte, in dem sie auch jetzt noch das Holz transportiert. Die Sage liefert uns ausnahmsweise auch eine genaue Personenbeschreibung: »Sie ist alt und klein, stützt sich auf einen Stock und hat ein Strohhütlein auf; ihre Jacke und Handschuhe sind mit Pelz besetzt, der eine ihrer Strümpfe ist weiß, der andere rot.« Sie kann sich sogar in andere Menschen und Tiere verwandeln. Sie schreit »Hu, hu, hu!« oder sitzt singend in den Tannen. Dann klingt ihr Liedlein »Heute strick ich, morgen näh ich!« durch den Wald. Als Reh verzaubert traf es einmal auf einen Mann aus **Pfaffenweiler**. Dieser wollte es mit nach Hause nehmen, doch da wuchs das Tier zu einem riesigen Gespenst an und der arme Mann verlief sich im Wald.

## Tragödie im »Löwen«

Wer kennt nicht den Goetheschen Faust, der mit Mephistopheles eine Art Pakt schließt, um mit seiner Hilfe noch einmal das volle Leben zu genießen? Aber wer weiß schon, dass es einen Georg Faustus im 16. Jahrhundert wirklich gab, dass er in insgesamt acht (verbrieften) Dokumenten erwähnt wird? Nach neueren Forschungen handelte es sich um einen Kalendermacher, Horoskopsteller, Marktschreier, aber auch Alchimisten, der für Anton von **Staufen** Gold herstellen sollte, da dieser nachweislich hoch verschuldet war. Dieser Adlige residierte in der Burg, deren Ruine noch immer majestätisch das Staufener Becken überragt (siehe Titelbild). Ein Spaziergang dorthin bietet sich auch wegen dem guten Blick an.

Sagenhaft ist freilich die Überlieferung, wonach der Teufel um 1540 Faust im hiesigen »Löwen« nach einer Frist von 24 Jahren geholt und

ihm das Genick gebrochen haben soll. Dies stellt auch die Abbildung über dem Eingang der traditionellen Wirtschaft dar (siehe Abbildung). Im Haus selbst kann man das »Faust-Zimmer« (Nr. 5) bestaunen, in dem der Gelehrte, der freilich nie einen Doktortitel besaß, seine letzten Tage verlebt haben soll und dessen Geist angeblich noch immer dort umgeht. Interessanterweise erzählte man sich noch im späten 19. Jahrhundert, ohne Bezug zu schriftlichen Quellen, noch immer die Geschichte vom Faust im »Löwen«.

Der Wunder nicht genug, wurde in der Spitalgasse 17 ein Buch mit astrologischen und magischen Einzeldrucken entdeckt, das aus dem 16. Jahrhundert stammt und den rätselhaften Eintrag enthält, dass es »etwa zwanzig Jahre« seien. Da das Buch nachweislich 1537 erworben worden war, wären dann 20 Jahre des 24-jährigen Teufelspaktes abgelaufen gewesen. Nach anderen Quellen war Fausts Todesjahr nämlich 1541 ... Auch existiert in der Rathaustreppe nebenan eine Kuhle in einer der obersten Treppenstufen, der sogenannte »Teufelstritt«, den Mephisto beim Abheben hinterlassen haben soll, als er Faustens Seele mitnahm. Allerdings wurde das Rathaus erst Jahre nach der Tragödie erbaut.

In Staufen entdeckt: Das Zauberbuch des Doktors?

Schließlich kann man in der Wirtsstube an den Wänden Fresko-Szenen aus dem Leben des Teufelsbündlers bewundern. Staufens Untergrund hebt sich seit einer Tiefbohrung um ca. 2 mm pro Monat. Davon wurde leider auch das wertvolle Kunstwerk getroffen. Bis zur endgültigen »Beruhigung« des Bodens muss man mit einer Reproduktion im Löwen vorlieb nehmen.

Goethe hatte übrigens den Stoff nicht aus der Sage übernommen, sondern als Student in einer Puppentheater-Aufführung bestaunt. Dies muss den jungen Johann Wolfgang so beeindruckt haben, dass er das Thema später in einem Drama aufgriff. Zu den Faust zugeschriebenen Zauberbüchern (»Höllenzwänge«) siehe Kapitel »Alltagskultur und Brauchtum«.

Portrait Georg Fausts beim Beschwören (Holzschnitt, 16. Jahrhundert)

## Zuflucht vor dem Teufel

Im Zusammenhang mit der Faust-Sage steht auch eine Geschichte, die sich am Johanniter-Kreuz auf dem Weg nach **Bad Krozingen** zugetragen haben soll: Demnach hat sich ein Bauer mit seinem Sohn hier panisch in Schutz begeben, als der Teufel auf seinem Weg nach **Staufen** als Riesenvogel vorbeigeflogen sein soll, um den Dr. Faust heimzusuchen. Der Sage nach hat der Gottseibeiuns die beiden Verängstigten dann im »Löwen« auf ihre Flucht angesprochen. Ganz historisch kann dies nicht sein, das Kreuz stammt nämlich aus dem Jahr 1565, also 24 Jahre nach dem unheimlichen Geschehen um den ominösen Doktor.

# Aus der Vorgeschichte

»Bei einem Einfall in Deutschland kamen die Hunnen nach **Schlatt**, zerstörten das Frauenkloster bei dem Heilbrunnen und den größten Teil des Dorfes. Zwischen Schlatt und dem Rheine trafen sie auf das Heer der Deutschen und erlitten eine völlige Niederlage. Ihr Fürst [Attila] fiel in der Schlacht; er wurde in einen goldenen Sarg gelegt, den wieder ein silberner und schließlich ein hölzerner umschloß [...]«.(Schwarzwald Sagen)

Nichts davon ist nach heutigem Wissensstand wahr, weder waren die Hunnen in unseren Breiten, noch starb ihr Fürst bei uns. Die zahlreichen Hügelgräber, die man fand, gehörten ebenfalls in eine völlig andere Zeit (s.u.). Doch für die Erzählenden früherer Zeiten dürften solche Geschichten ein Trost gewesen sein, dass schließlich das Böse (hier: die Hunnen) immer besiegt wird. Zu den vorgeschichtlichen Rätseln gehören aber auch die wissenschaftlichen Fragen und Entdeckungen, die sich mit dem Dunkel der Vergangenheit befassen: Archäologie und Anthropologie. Das Kapitel soll also auch eine kurze Einführung in die vorgeschichtlichen und antiken Völker im Breisgau geben. In den Museen vor Ort können Interessierte dann die Originalfunde bestaunen.

### Rentierjäger am Tuniberg

»Es gab eine ferne Zeit, da der Feldberg und seine Getreuen das ganze Jahr hindurch Schneehauben trugen und der Saum ihrer dicken Eismäntel als Gletscher tief in die Täler hinabreichte. Damals war die schöne **Breisgau**-Ebene noch sumpfig und unbewohnt. Eisigkalte Gletscherwasser schossen in das Flachland hinaus, führten Geröll und Schwemmerde mit sich und ebneten dadurch den breiten Rheingraben immer mehr ein. Doch ragte schon aus diesem vielfach unzugänglichen Sumpfland der heutige **Tuniberg** gleich einer langen, schmalen Insel hervor. An seinem südlichen Ende hielt nach langer Wanderung eine Jägerhorde. Ein kristallklares Wasser sprudelte aus dem Kalkfelsen und lud die müden Fremdlinge zur Rast ein.« So steht es im »Badischen Lesebuch« von 1950 und, wenn auch seitdem viel Zeit vergangen ist, stimmt diese Szene von vor etwa 10 000 Jahren noch immer mit dem Bild überein, das uns die Archäologen aus dieser Periode zeichnen. Deutlich wird auch, wie unwirtlich unsere Gegend zu der Zeit war und welche Mühen die Urmenschen hatten, hier zu überleben. Faszinierend aber auch, mit welchen einfachen Mitteln unsere Vorfahren auskamen ...

## Von Urnen und Fürsten

Breisach und sein Münsterberg waren schon früh besiedelt und könnten mit einer archäologischen Schichttorte verglichen werden. Zuunterst fand man Siedlungsreste aus der Urnenfelderzeit (1200–800 v. Chr.). Die Archäologen profitieren davon, dass man früher die Abfallgruben in Ruhe ließ. Dort nämlich finden sich heute die Scherben der Keramik, die zur Datierung sehr wertvoll sind. Der nächste Zeitabschnitt verrät, dass hier Menschen lebten, die Kontakte bis nach Südfrankreich hatten und das schon zur Hallstattzeit (ca. 800–450 v. Chr.)! Schließlich geht man davon aus, dass der Berg zur Latène-Zeit (450–50 v. Chr.) Sitz eines Keltenfürsten war, der über die ganze Region herrschte. Die zahlreichen Hügelgräber südlich (s. u. Museum Breisach) gehörten sicherlich zu der Befestigung auf dem Berg. Zu dem im Dreisamtal gelegenen **Tarodunum** bestand keine Verbindung, da letzteres wesentlich später bestand. (Zu den Funden s. u. Museum für Ur- und Frühgeschichte, Freiburg).

## Uralte Straßen

Im Jahr 1935 fand man ein Stück Römer-Straße auf 40 m Länge und in 3 m Tiefe. Die genaue Lage: beim »Leimstollen«, nördlich der Abzweigung nach **Leutersberg**, also nahe bei der heutigen Straße (B3). Die Ur-Italiener bauten nämlich richtige Stein-Wege, auf denen Fuhrwerke einigermaßen eben vorwärts kamen. In **Wolfenweiler** sind ebenfalls Teile der Fortsetzung nachgewiesen. Auch entdeckte man dort Ziegel mit dem Stempel der XXI. Legion, die hier offensichtlich stationiert war. So ergibt sich das Gesamtbild einer römischen Nord-Süd-Verbindung, die von Basel/Kaisersaugst über **Schallstadt** nach **Riegel** in nördlicher Richtung verlaufen ist. Eine Querverbindung lief über **Jechtingen** zu einem Rheinübergang. Der Weg nach Osten ging traditionell über das Höllental.

## Multikulti am Oberrhein

Agathias, ein römischer Geschichtsschreiber des 6. Jahrhunderts, schildert die hiesigen Germanen folgendermaßen: »Die Alemannen sind [...] ein zusammengewürfeltes Mischvolk, und das drückt auch ihre Benennung aus. Sie haben zwar von den Vätern übernommene Sitten, aber auf dem Gebiet der Staatsverwaltung und Obrigkeit richten sie sich nach den Franken. Nur im Religiösen haben sie nicht die gleiche Anschauung. Sie verehren irgendwelche Bäume und Flüsse, Hügel und Klüfte, und für diese schneiden sie, als wären es heilige Handlungen, Pferden und Rindern und vielen anderen Tieren die Köpfe ab und verehren sie wie Götter [...]«. Im

Gegensatz zu diesem Zitat sprechen wir übrigens bei den frühen Germanen, die unsere Gegend besiedelten, von Alamannen.

Um uns noch ein genaueres Bild ihrer Sitten machen zu können, zitieren wir aus den ab dem 7. Jahrhundert durch die Frankenkönige veranlassten Aufzeichnungen ihrer Rechtsgrundsätze. Dabei entspricht 1 Schilling etwa dem Wert einer Kuh, 2 Schillinge einem Ochsen, für ein Pferd musste man ca. 12 Schillinge berappen. Übrigens spiegeln derartige Bestimmungen immer auch die Realität wider, zumal es kein Gesetz ohne Vergehen gibt ...

### Aus den *Leges Alamannorum*:

Kapitel 10: »Wenn einer dem anderen einen Daumen abhaut, zahle er 12 Schillinge. Wenn der zweite Finger abgehauen wird, zahle man 10 Schillinge [...].«

Kapitel 13: »Wenn eine Frau eine andere ›Hexe‹ oder ›Giftmischerin‹ schilt, zahle sie 12 Schillinge.«

Kapitel 19: »Wenn einer in fremdes oder in der Kirche Gut in rechtswidriger Weise eindringt, begeht, wer dem Täter gewaltsam widersteht, kein Verbrechen.«

Kapitel 22: »Wenn ein Sauhirt gebunden, vom Wege gestoßen oder geschlagen wird, so daß zwei halten und einer prügelt, büße man 9 Schillinge.«

Kapitel 25: »Wenn einer eine Leitsau tötet, büße er 6 Schillinge.«

### Der fromme Andreas

Im Bereich zwischen Heidentum und Christianisierung ist der Fund eines Silberlöffels bei **Sasbach** zu verorten, der in einem alamannischen Grab aus dem 4./5. Jahrhundert gefunden wurde. Da die Toten noch nicht bekehrt waren, ist die folgende Geschichte vorstellbar: Irgendein Christ mit Namen Andreas (ein Priester?) dürfte den mit seinem Namen und dem Christusmonogramm (Px) gravierten Löffel verloren haben. Ein Alamanne muss ihn gefunden und wie einen Talisman behalten haben. Vielleicht bedeutete er für ihn den Schutz vor bösen Geistern oder er fand Anschluss an die neue Religion des Christentums. Als er starb, legte man das Schmuckstück in sein Grab, sozusagen um sicher zu gehen, dass er auch bei allen Göttern Gnade finden möge ...

*Frühes christliches Relikt aus einem Alamannengrab*

# Vor Ort

### Der importierte Gott

Aus dem fernen Iran kam die Gottheit Mithras über den Seeweg nach Griechenland, später, im 1. Jahrhundert nach Christus dann auch mit den Römern in unsere Gegend. Er wurde mit der Sonne gleichgesetzt, aber auch als oberster Kriegsgott verehrt. Vor allem wegen seiner Unbesiegbarkeit stand er bei den römischen Soldaten in hohem Ansehen. Der Kult wurde stets in Höhlen mit dem Firmament als Decke vollführt. In **Riegel** kann man noch die Überreste eines künstlichen Mithräums, eines Raumes mit Seitenbänken und einem Altar, besuchen. Die dort aufgestellten Altarsteine und Infotafeln vervollständigen das fremdartige Bild religiöser Praxis. Höhepunkt des Kultes war die im Rausch (symbolisch) vollzogene Tötung eines Stieres. Dass es sich in Riegel wohl eher um eine Art religiöses Drama handelte, beweist der Fund eines Theaterdolchs, den wohl der Tierdarsteller anlegte, um seinen Tod anzuzeigen. Der ab dem 3. Jahrhundert staatlich angeordnete Ritualtag war der 25. Dezember. Wegen ihm feiern wir heute Weihnachten an diesem Datum, da es christlich »belegt« wurde, um den heidnischen Glauben zu neutralisieren. In der Bibel gibt es bekanntlich keinen zeitlichen Hinweis auf die Geburt Jesu.

*Mythisches*
*Stieropfer des*
*Mithras*

### Römer-Reste

Wer würde auf dem Gelände der Burg **Sponeck** ein ehemaliges römisches Kastell, also eine wichtige antike Befestigung, vermuten? Sogar Mauerreste bestehen noch aus der Zeit. Hier, also in **Jechtingen**, waren die Eroberer Germaniens zwischen etwa 50 und 260 n. Chr., als auch in **Riegel** sowie in **Sasbach** ebensolche Militärlager bestanden. Eine wichtige Straße soll hier vorbeigeführt haben, um den Weg über den Rhein zu sichern. Dieser führte nah am heutigen Burghügel vorbei und so bestand direkter Zugang zum wichtigen Wasserweg. Danach siedelte man die Truppen auf dem Breisacher Berg (Mons Brisiacus) an, bevor die Römer im 5. Jahrhundert endgültig das Feld angesichts des Alamannen-Ansturms räumten. Während der Besatzungszeit lebten hier, nach Auswertung der Grabfunde der Gegend, auch germanische Söldner, sowie germanische Frauen, was zu allerlei Spekulationen einlud: Sollten sich hier römische Soldaten Germaninnen zur Frau genommen haben? Die Geschichte um die alamannischen Könige Gundomad und Vadomar, die im 4. Jahrhundert offenbar Verträge mit den »italienischen« Eroberern geschlossen hatten und also mit ihnen friedlich kohabitierten, macht dies vorstellbar. Von den Römern übernahmen unsere Vorfahren nur wenige Techniken, aber eine sehr wichtige zum Glück: den Weinbau (vgl. Kapitel »Alltagskultur und Brauchtum«). Übrigens: Die Rekonstruktion eines Gutshofbades kann man in **Merdingen** bestaunen.

*Das Merdinger Römerbad sah wohl so aus*

### Das Grab Attilas?

Das kollektive Gedächtnis überlieferte, dass unter diesem Erdhaufen einst Knochen und Schmuck gelegen haben. Deshalb sprach man früher von dem gut begehbaren Hügel, den man noch heute östlich von **Gündlingen** (im Wald von der Straße Richtung **Grezhausen** aus) vorfindet, vom Grab des Hunnenfürsten. Allerdings haben sich Etzel und seine gefürchteten Kämpen aus Zentralasien nie in unsere Gegend verirrt (siehe die einleitenden Bemerkungen). Stattdessen handelt es sich um einen Grabhügel aus der Hallstattzeit. In der Archäologie identifiziert man diese Periode mit den Kelten. Gerade die Gegend südlich des **Kaiserstuhls** ist auf der Karte der Keltologen besonders reich an Gräbern, die mit Erdaufschüttung versehen waren. In jedem Fall muss man eine gute Portion Fantasie mitbringen, da es sich eben nur um Erdhügel handelt, deren »Innenleben« längst in die Museen verbracht worden sind (s.u.).

Der Gündlinger Hügel ist aber nur einer von vielen »Attilagräbern« im Breisgau. Die Volkssage hat es auch in **Oberrimsingen**, Bad Krozingen-Schlatt, **Opfingen** und auf Freiburger Gemarkung (UF, 146f) sehen wollen. Angeblich spukt es dort und Radbrüche häufen sich auffällig ...

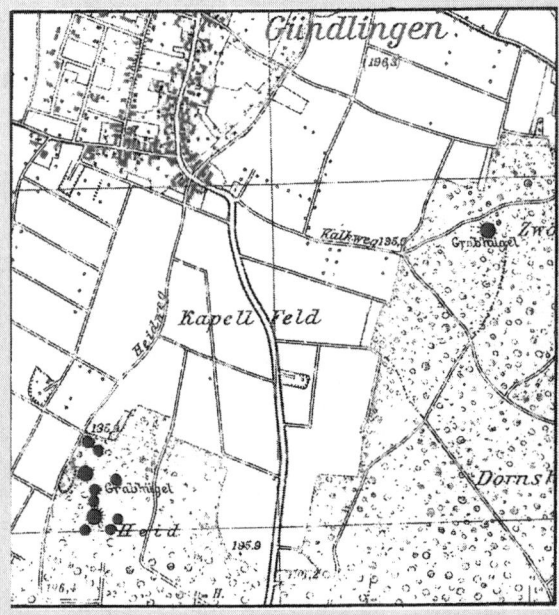

Grabhügel-
Geografie südlich
von Gündlingen

## Rätselhaft riesig

Wer auf der B 31 Richtung **Kirchzarten** fährt, kann auf einer Hinweistafel »**Tarodunum** im Dreisamtal« lesen. Zahlreiche weitere Hinweise
liefern u.a. eine Schule gleichen Namens, eine Tarodunumstraße. Um
die große ehemalige, keltische Befestigung wurde ein Rundweg angelegt, der ebenfalls gut ausgezeichnet ist. Bei so vielen Schildern und
Benennungen könnte man denken, hier habe man es mit einer bedeutenden Ausgrabungsstätte zu tun, die reichhaltige Reste der Kultur
aufweisen kann. Doch weit gefehlt, außer dem aus Steinen konstru-
ierten Wall wurden leider bisher keine Funde getätigt. Auch springt
die Anlage nicht gleich ins Auge, muss man sich auf die Suche machen
nach dem, was die Archäologen als Oppidum (»Stadt«) bezeichnen.

Diesen kamen 1818 der Naturforscher Lorenz Oken und der Freiburger
Archivar Julius Leichtlen zuvor, die den Zusammenhang zwischen dem
schon bei Ptolemaios (160 n. Chr.) in seiner »Geographie« genannten
Ort ›Taródounon‹ und dem heutigen Ortsnamen »Zarten« erkannt hatten.

Rätselhaft, dass man innerhalb der Anlage, die aus einer Aufschüttung
hinter einem Balkengerüst, wie es Caesar in seinem *bellum Gallicum*
[VII,23] berichtet hat, bestand, nie Reste einer Besiedlung gefunden
hat. Lediglich im Knick des »Heidengrabens« (zwischen Rainhof und
Wiesneck) wurde 1901 ein Tor ergraben, in der Nähe auch ein paar

*So muss der »Murus
Gallicus« in Tarodunum
ausgesehen haben*

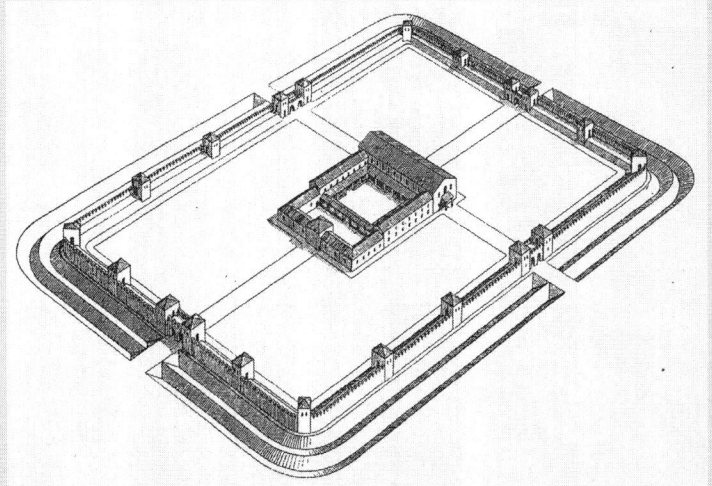

*Auch im Breisgau bestanden die römische Kastelle*

Scherben aus keltischer und römischer Zeit. Interessant, dass im Volksmund eben durch die Benennung des Grabens eine Erinnerung an Heiden geblieben ist.

Erst im Jahre 1987 hat man nun eine keltische Siedlung entdeckt – 1 km westlich des Walls, auf der Gemarkung »Rotacker«. Dort nun sollen im 2. bis 1. Jahrhundert vor Christus fast 3000 Menschen gesiedelt haben, bis sie 80 v. Chr. den Ort verließen. Die reichhaltigen Funde, u.a. Gold- und Silbermünzen, Weinamphoren aus Mittelitalien, Graphittonware aus dem heutigen Passau, sowie Bernstein (Ostsee) zeugen von weit reichenden Beziehungen an diesem Weg durchs Höllental. Da **Zarten** (von »Tarodunum«) bis heute bekannt ist – der einzige Ortsname keltischen Ursprungs, der heute noch besteht! – gibt es eine Theorie, wonach bis ins 7. Jahrhundert im Dreisamtal romanisch sprechende Siedler gewohnt haben sollen.

## Früher Unterschlupf

Wie bereits im Kapitel »Steine, Gebäude, Unterirdisches« beschrieben, dienten die Höhlen bei **Gütighofen** seit frühester Zeit als Unterstand. Bereits vor ca. 35 000 Jahren rasteten hier die Rentierjäger (s.o.) um sich angesichts der großen Kälte zu wärmen und vor dem Angriff von Raubtieren in Sicherheit zu bringen. Knochen- und Werkzeugfunde beweisen dies. Insgesamt wurden über 900 Geräte und –teile ausgegraben.

# Museen

## Wie die Alamannen lebten

Wer sich Eindrücke von der Kultur, der Lebensweise und der Probleme unserer Vorfahren machen will, kann sich in **Vörstetten** informieren, einem Freilichtmuseum, das die Rekonstruktion einer frühalamannischen Siedlung bieten kann. Vor allem bei den regelmäßig stattfindenden Veranstaltungen der Museumspädagogik kann man sich ein plastisches Bild vom (einfachen) Leben unserer Vorfahren machen. Das Museum informiert mit einer Dauerausstellung über die frühen Alamannen im Breisgau. Das Freigelände zeigt verschiedene Gebäudetypen (Wohnstallhaus, Grubenhaus, Speicher, Töpferwerkstatt, Backofen, Brunnen, Kultstätte, Handwerkerhaus). Auf einer gemeindeeigenen Pachtfläche werden alte Getreide- und Gemüsesorten, sowie Kräuter angebaut. Deutlich wird hier, wie mühsam man früher den Lebensunterhalt erarbeiten musste. Das Museum ist auch für Familien mit Kindern geeignet, da häufig Vorführungen stattfinden.

# Museum Breisach

Für die Besichtigung des ersten, archäologischen Teils des Museums begeben wir uns nach oben, denn da sind die frühen Epochen ausgestellt. Wir beschreiben nur eine Auswahl der besonders bemerkenswerten Ausstellungsstücke oder Tafeln. In Ergänzung zu diesem Rundgang sollte man auch das Museum für Ur- und Frühgeschichte (Freiburg) besuchen, in dem teilweise die Originalexponate zu bewundern sind.

## Mondidol oder Feuerbock?

Es ist Vollmond in irgendeinem Jahr zwischen 1300 und 800 vor Christus, also zur Urnenfelderzeit. Ein als Priester gekleideter Mann mit den Accessoires der Schamanen beginnt um ein Feuer zu tanzen und hebt dabei immer wieder einen Gegenstand in die Höhe, der die Mondsichel symbolisiert. Die Mondgottheit gilt es zu besänftigen, denn sie ist es, die eng mit der Fruchtbarkeit verbunden ist und darüber gebietet, ob es wieder eine gute Ernte gibt, wohl auch, ob die künftig geborenen Kinder gesund sein werden.

Diese Szene könnte man sich vorstellen, wenn man das Exponat, von dem nur der rechte obere Teil im Original erhalten ist, erblickt. Doch die Experten sind sich nicht sicher, ob es sich tatsächlich um die Darstellung des Erdtrabanten, also um ein Kultgerät, oder ein anderes, dem religiösen Bereich zuzuschreibendes, Objekt handelt. Diskutiert wird auch, ob es ein so genannter Feuerbock ist, den man noch heute im Kamin aufstellt, um die Holzscheite aufzuschichten. In **Burkheim** gefundene, vollständige Stücke aus der Zeit zeigen eine Schauseite. Vielleicht war es eine Art Hausaltar, der im damaligen »Herrgottswinkel« stand?

## Verwischte Spuren aus der Vergangenheit

Eine Tafel informiert über die zahllosen Gräber zwischen **Breisach** und dem **Tuniberg**, die sich aus der Luft wie Maulwurfshügel ausnehmen. Die darin Bestatteten stammen ziemlich sicher aus einer Siedlung, die man auf dem Münsterberg – in exponierter und sicherer Lage also – als keltisch identifizieren konnte. Zu dieser Zeit war der Berg wohl vom Rhein umflossen, so dass man die trockene Ebene weiter östlich zur Beerdigung der Toten wählte.

Was aber auf der Grafik als stattliche Anzahl an zum Teil reich bestückten Grablegungen darstellt, lässt sich vor Ort kaum mehr erkennen: Jahrhundertelange Ackerbearbeitung haben die meisten dieser »Keltengräber«, wie sie die Romantiker des 19. Jahrhunderts bezeichneten, eingeebnet.

## Väterchen Rhenus

Der Fluss, der die westliche Grenze des Breisgaus und lange Zeit auch diejenige zwischen Römern und Germanen war, wurde wohl schon von den Kelten so bezeichnet. Der Name kommt sogar aus der Zeit vor den Germanen und lautete ursprünglich »Reinos«, was »Fluss« (indogermanisch *erei – fließen) bedeutet. Dass er wie ein Gott behandelt wurde, zeigen die Gegenstände, die man schon früh ihm weihte, indem man sie hinein versenkte. Der Glaskasten im Museum illustriert aufs Anschaulichste die Vielfalt vor allem der Bronzegegenstände, die bereits 1000 v. Chr. geopfert wurden.

## Weinhafen Hochstetten

Bevor die Römer kamen, und zwar schon 300 Jahre zuvor, gab es Handelsbeziehungen zwischen **Hochstetten** und dem Süden Europas: Vor allem der Weinhandel blühte. Die Funde von 100 Fragmenten von Transportamphoren (vgl. unten, Freiburg, Museum für Ur- und Frühgeschichte) mit über 20 Liter Fassungsvermögen lassen erahnen, wie groß die Nachfrage nach dem römischen Rebensaft gewesen sein muss. Der Historiker Diodorus behauptet sogar, damals hätten die Händler pro Amphore einen Sklaven oder das Äquivalent in Geld bekommen ...

### Amelung der Große?

Um 450, also zu Lebzeiten des berühmten Hunnenfürsten Attila, soll **Breisach** das Zentrum der legendären Harelungen gewesen sein. Urkunden über diese Zeit gibt es leider nicht, so dass die Epoche nur über die Sagen und Legenden plastisch vorstellbar wird: Nach der Harelungensage, die auf die Zeit der Völkerwanderung im 4. Jahrhundert zurückgeht, soll der »getreue Eckhart« hier auf dem Eckartsberg eine Burg besessen haben. Als Erzieher soll er das junge gotische Geschlecht der Harlungen betreut und vor Ermanarich, dem tyrannischen Ostgotenkönig zu schützen gesucht haben. Ein König Amelung soll auf der Fritilaburg auf dem heutigen Münsterberg gesessen und über den gesamten Breisgau regiert haben. Er soll das Gebiet nach dem Abzug der Römer im 5. Jahrhundert übernommen und – historisch korrekt – im Dienste der Fränkischen Könige gestanden haben.

# Freiburg: Museum für Ur- und Frühgeschichte

Zu diesem Museum gibt es leider keinen Führer und auch kein Faltblatt, das einen Überblick zu den verschiedenen Ausstellungsräumen geben würde. Die zeitliche Anordnung der Geschosse ist außerdem nicht chronologisch. Im EG befindet sich die Urgeschichte, im Untergeschoss findet man den Alamannenschatz. Im 1. Obergeschoss befindet sich die Römer- sowie die frühalamannische Zeit. Dieses Buch kann natürlich kein vollständiger Museumsführer sein, es ist auch hier das Besondere, Ausgefallene, was interessiert.

Es empfiehlt sich, den Rundgang im EG mit den Ausstellungsstücken zu den Anfängen des Breisgaus zu besichtigen. (Zum Museumsgebäude selbst siehe auch UF, 44f)

### Individuelle Skelettgeschichten

Die ersten Zeitabschnitte (finden sich hinten, rechts hinter dem Empfang). Beeindruckend ist das erste Panorama, das den Oberrhein in der Altsteinzeit (ca. 15000 v. Chr.) zeigt. Hier können wir die oben beschriebenen Rentierjäger vom **Tuniberg** verorten (s.o.). Im nächsten Raum sind zwei Skelette aus unterschiedlichen Zeithorizonten der Jungsteinzeit (ab ca. 10000 v. Chr.) ausgestellt, zu denen die persönliche Geschichte, vor allem ihr Alter, Geschlecht, aber auch der Gesundheitszustand angegeben ist. Sie lassen einmal mehr erahnen, wie beschwerlich das Überleben in der Frühzeit gewesen sein muss. Links in Vitrinen findet man verschiedene Keramik-Funde aus unserer Gegend. Es sind Orte, an denen Ausgrabungen Zeugnisse der ver-

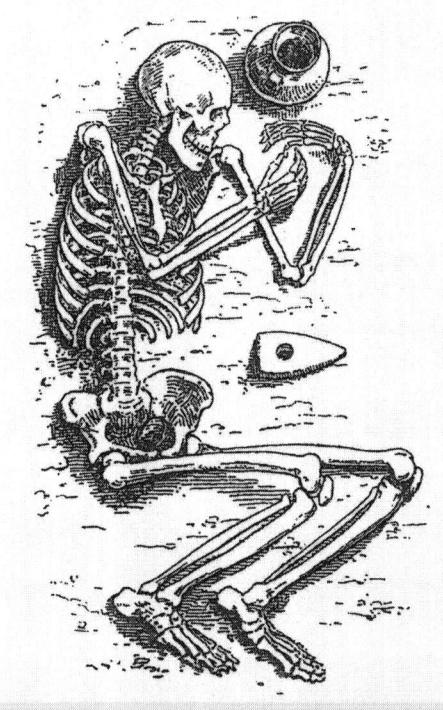

Alamannische
Halskette,
zwischen
Achkarren und
Oberrotweil
gefunden

Beigaben für
das Jenseits:
Fundzeichnung
aus dem
19. Jahrhundert

schiedenen urgeschichtlichen Kulturepochen zutage gefördert haben
(**Bollschweil**, **Munzingen**, **Jechtingen**, **Oberrimsingen**)

Im nächsten Raum betritt man die Metallzeiten, zuerst Bronze, später
die Eisenzeit, deren früher Abschnitt auch als »Hallstattzeit« (nach
einem Ort in Österreich, ca. 800 v. Chr.) benannt ist. Hier dürfen wir
die Kelten ansiedeln, die am **Kaiserstuhl** und um **Freiburg** sehr häufig (durch Funde) vertreten sind. Neben den Resten einer Wagenbe-
stattung interessieren besonders die Importe aus anderen Regionen:
Aus dem Mittelmeerraum hatte man Herkules- und Merkurstatuetten
bezogen, von der Ostsee kamen Bernsteinperlen und -ketten. Zentral-
gallien ist ebenso vertreten wie Böhmen und Griechenland, von wo
eine Scherbe mit Dionysos-Darstellung auffällt. Dieser Gott, den die
Römer Bacchus nannten, war für die Natur und ihr Wachstum, insbesondere aber auch den Wein zuständig. Die Technik des Rebenanbaus
war schließlich bei uns die einzige, die von den Römern übernommen
wurde. Am Boden steht eine Weinamphore, die den regen Handel von
**Hochstetten** mit Mittelmeerländern belegt (vgl. Museum Breisach).

Der Star unter den Ausstellungsstücken ist aber sicherlich:

### Der Keltenfürst von Ihringen

In dem Grab eines vorzeitlichen Fürsten, der um 480 v.Chr., also zu keltischer Zeit, zwischen **Ihringen** und **Merdingen** begraben wurde, hat man eine Glasschale gefunden, die ihresgleichen sucht. Die Archäologen haben festgestellt, dass sie im 4000 km entfernten altpersischen Reich hergestellt und auf Handelswegen hierher gebracht worden sein musste. Es handelt sich damit um das älteste Glasgefäß Europas! Bei dem Fürsten, in dessen Grab sich auch noch eine etruskische (!) Bronzekanne, zwei Becken aus dem edlen Metall, sowie ein bronzener Kessel befand, muss es sich also um eine außergewöhnlich hochgestellte Persönlichkeit gehandelt haben. Neben der Glasschale selbst kann man das Skelett des Fürsten bewundern, der ca. 1,80 m groß war – für seine Zeitgenossen ein Riese. Auch sein Schmuck ist in einer Vitrine präsentiert. Er muss wohl sehr auf sein Äußeres geachtet haben, denn eine Grabbeigabe war auch ein Kamm aus Bronze ...

Wir begeben uns (mit einem Zeitsprung) ins Untergeschoss, das als Schatzkammer ausgestaltet ist und zahlreiche, in ihrer kunsthandwerklichen Qualität atemberaubende, Preziosen zeigt.

### Von Wurfäxten und Sturzbechern

Das, was man in Gräbern der Alamannen fand, zeugt von einem hohen Maß an Kunstfertigkeit und Geschmack: Eine Wurfaxt ist genauso vertreten wie Frauenkleidung, exotisch anmutende Schmuckstücke aus Almandine, deren Herkunft (Vorderasien) weit reichende Kulturkontakte illustriert. In einer Vitrine in der Ecke sind verschiedene Glasbecher ausgestellt. Interessant sind die »Sturzbecher«, die man austrinken musste, weil man sie nur leer und »kopfüber« auf den Tisch stellen konnte. Spricht man deshalb davon, dass jemand »sturzbetrunken« ist? Wie dem auch sei, das Exponat aus **Eichstetten** hat zwar schon einen kleinen Fuß, konnte aber noch nicht stehen. Ganz anders der Stielbecher aus **Sasbach**, wo man schon die südliche Kultur gepflegt zu haben scheint.

Eine Auswahl an Gegenständen des (Aber)Glaubens sind auch ausgestellt: So finden wir immerhin eine verzierte Hirschgeweihscheibe aus **Endingen**, die wohl als Glücksbringer gedient hat. Ebenso wie die Runen, die einzige, relativ spät aufgetauchte Schrift der Germanen, die man auch zu Prophetiezwecken benutzte. Noch unser heutiges Wort »Buchstabe« vermittelt, dass die antiken Wahrsagerinnen mit Buchenstäben beispielsweise den Zeitpunkt eines Kampfes vorausbestimmt haben.

## Romeo und Julia alamannisch

Wie eine Stimme aus einem fernen Reich erscheint, angesichts der vielen stummen Funde aus der Zeit zwischen 580 und 600 n. Chr. eine Inschrift, die man mit viel Fantasie zu einer Liebesgeschichte ausdeuten kann. Denn was da in eine Scheibenfibel aus **Bad Krozingen** in Runen eingeritzt wurde, teilt etwas über eine Beziehung zwischen einem Mann und einer Frau mit, die auf die berühmten drei Wörter reduziert wurde: »Boba leub Agirike«, moderndeutsch: Boba ist dem Agirik lieb. Doch schauen wir uns an, was die Wissenschaft herausgefunden hat: **Krozingen**, ehemals »Scrozzinca«, lag nicht nur an einer alten Römerstraße, sondern es gab offensichtlich Kontakte zu fränkischem Gebiet, nachdem die Alamannen im Jahre 496/7 von Frankenkönig Chlodwig besiegt worden waren. Hier nun zeigt sich eine außergewöhnlich prächtige, also reiche Grabbeigabe von zwei silbernen, teilvergoldeten sogenannten »Almandinenscheibenfibeln«, das sind Schmuckstücke, die ein Gewand zusammenhielten. Die Mode hatte sich gerade geändert und die Frauen trugen jetzt statt mehrerer Bügel- eine große Scheibenfibel unter dem Hals. Eine weitere Information in der »Schatzkammer« klärt darüber auf, dass der (rote) Almandin ein Stein ist, der damals aus Südindien bzw. Ceylon kam. Solche exotischen Schmucksteine dürften einen hohen Wert gehabt haben. Dass hier gleich zwei so wertvolle Scheiben gefunden wurden, spricht für das Vorhandensein einer vornehmen Frau, nennen wir sie Boba. Wahrscheinlich hatte an diesem Ort ein Beauftragter des fränkischen Königs einen Hof, in dem er mit seiner Ehegattin wohnte. Durch diese herausgestellte Position des Agirik (Agi=Furcht, rik=reich) wird nun aus der Inschrift ein kleiner Roman: Vielleicht schenkte einst Agirik seiner Dame diesen Schmuck und ritzte das Liebesgeständnis ein, das sie ab da immer bei sich trug, mit der Schrift zu ihrer Brust gewendet ...

## Das Stammeln der Entzifferer

Nicht so einfach lässt sich eine zweite Runeninschrift interpretieren, die auf einer Schwertscheide eingeritzt ist, welche in **Eichstetten** 1980 in der Folge von Flurbereinigungsarbeiten gefunden wurde. Insgesamt befanden sich in diesem Gräberfeld am »Wannenberg« 281 Bestattungen aus der Zeit zwischen etwa 500 und dem 7. nachchristlichen Jahrhundert. Das Blech, um das es geht, misst nur ca. 2 auf 5 cm und zierte die Scheide eines Langschwertes, das auch unter dem Namen »Spatha« bekannt ist. Es ist auf die Zeit zwischen 550 und 600 datiert worden.

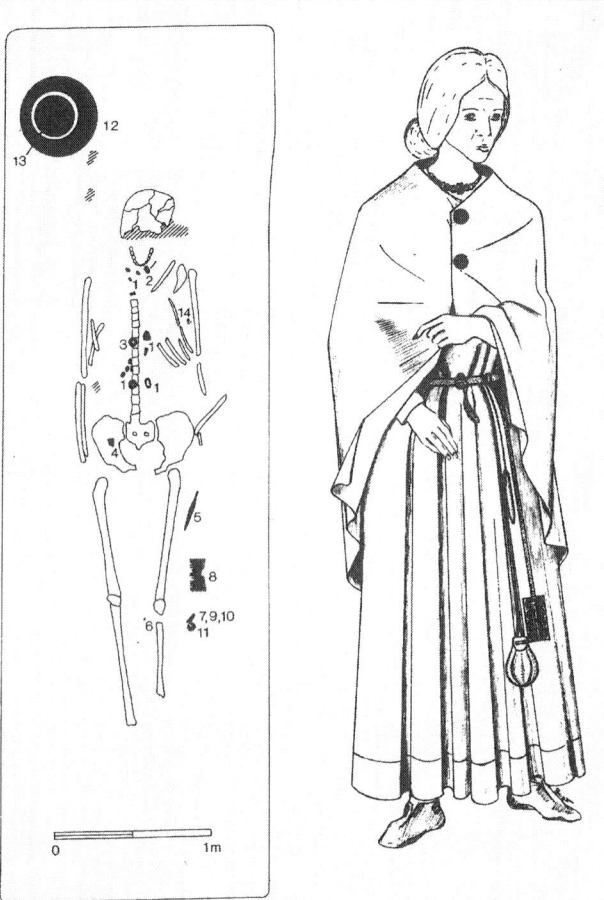

Das frühmittelalter-
liche Frauengrab
von Eichstetten

Bereits die Frage, um wie viele Runenzeichen es sich auf dem Blech handelt, ist allerdings schwierig und wurde sehr unterschiedlich beantwortet. Sicher ist nur, dass im mittleren Bereich die Buchstabenfolge »muniwiwo« steht, wobei auch da Zweifel an der Ausführung einzelner Runen bestehen. Überhaupt hatte der »Schreiber« entweder wenig Zeit und musste hastig ritzen, oder das Blech wurde zwischenzeitlich beschädigt ...

1982 wurde sie folgendermaßen gedeutet: »Ansuz (=Ase, Odin!), Jesus, Schutz, wie vortrefflich!« Der Eigentümer hätte dann erst einmal seine Verbindung zum Himmel in der germanischen wie der christlichen Sphäre gesucht, dann eine Art Schwert-Schutzformel benutzt, damit er auch nicht im Kampf verletzt werde. Es handelte sich also um eine Art Mischung religiöser Praktiken, um auch ja auf der sicheren Seite zu sein!

Eine andere Version sieht eine Art Erinnerungsformel darin: »Fiaginth erinnere sich [immer] an Wiwoga«, womit wir wieder bei Romeo und Julia gelandet wären ...

Wir begeben uns ins 1. OG, wo die Überbleibsel der Römer ausgestellt sind.

Beeindruckend sind zuerst die Exponate zur handwerklichen Technik. Die Wasserversorgung, die mit Wasserhahn und -leitung, aber auch einem antiken Gullydeckel vertreten ist, ebenso die Schreibkultur (Tintenfass mit Glasurüberzug, **Umkirch**, 2./3. Jh. n.Chr.!), nicht zu sprechen von den Werkzeugen aller Art. Der nächste Bereich, »Militär«, vor allem in **Riegel** präsent, gibt einen guten Überblick zum Leben im Kastell. Man muss sich klarmachen, dass es sich weniger um eine kulturelle Beeinflussung handelt, sondern eher eine Art Import von Techniken und Gegenständen, welche den hier stationierten Soldaten einen adäquaten Lebensstandard bieten sollten. In diesem Zusammenhang stehen auch die alltäglichen Accessoires im übernächsten Raum.

Wir verharren wieder im angrenzenden Ausstellungszimmer, das sich mit der Religion zu Beginn unserer Zeitrechnung befasst.

## Der Opferaltar im erzbischöflichen Garten

Hier kann man nun den Original-Altar ansehen, der 1932 auf dem auf dem Gartengelände des erzbischöflichen Kinderheims St. Anton in **Riegel** gefunden wurde (s.o.). Er stammt aus dem 2. bis 3. Jahrhundert nach Christus. Man erkennt deutlich die als Opferschale eingetiefte Mulde an der Oberseite. Interessanterweise wurde der Stein offensichtlich von einem »Victor, Sklave und Stellvertreter des kaiserlichen Sklaven und Verwalters Abascanthus« (Inschrift) gestiftet. Die Unfreien in solcher Stellung hatten wohl genügend Geld dafür. Daneben sind verschiedene Gefäße aus dem gleichen Fund ausgestellt, Kannen, Schüsseln, Essgeschirr, Öllampen etc. ...

In einer Glasvitrine kann man rechter Hand kleine Götterfiguren bewundern, die wohl als Talismane Verwendung fanden. Dazu gehört ein **Riegeler** Kultbesteck, sowie eine Mini-Axt. Aus dem gleichen Ort ist auch ein Messer-Amulett überliefert.

## Das Eisbein von Sponeck

Manche Exponate sind einfach nur überraschend: Glaubt man den Museumsmachern, spiegelt sich die Mischkultur auf dem Berg der Burg Sponeck, die oben bereits beschrieben wurde, auch in den ausgegrabenen Gegenständen wider. Allen voran sei das Eisbein genannt, also der Schweineknochen, der eben zum Eislaufen diente. Viele weitere germanisch-römische Exponate fand man an dem spätrömischen Standort eines relativ kleinen Kastells aus dem 4. nachchristlichen Jahrhundert.

Angaben zu frühalamannischen Gräbern aus **Ihringen** und **Wyhl**, sowie das Modell eines Gehöfts ergänzen die Ausstellung. Wer sich gerne eine Dokumentation zum Beginn der Alamannenkultur im Breisgau und am Oberrhein anschaut, kann das hier ebenfalls tun.

der Abentewrliche
Simplicissimus Teutsch

Ich wurde durche Fewer wie Phoenix geborn.
Ich flog durch die Lüffte! ward doch nit verlorn.
Ich wandert durchs Wasser, ich raißt über Landt,
in solchem Umbschwermen macht ich mir bekandt,
was mich offt betrübet, und selten ergetzt,
was war das! Ich hab in diß Buche gesetzt,
damit sich der Leser gleich, wie ich jtzt thue,
entferne der Thorheit und lebe in Ruhe.

Der Abentheurliche
SIMPLICISSIMUS
Teutsch /

Das ist:
Die Beschreibung deß Lebens eines
seltzamen Vaganten / genant Melchior
Sternfels von Fuchshaim / wo und welcher
gestalt Er nemlich in diese Welt kommen / was
er darinn gesehen / gelernet / erfahren und auß-
gestanden / auch warumb er solche wieder
freywillig quittirt.

Überauß lustig / und männiglich
nutzlich zu lesen.

An Tag geben
Von
GERMAN SCHLEIFHEIM
von Sulsfort

Monpelgart /
Gedruckt bey Johann Fillion/
Im Jahr M DC LXIX.

# Von Schreibern
# und Geschriebenem

Der Breisgau scheint auf den ersten Blick keine literarische Gegend, nicht einmal der Regiodichter zu sein. Heinrich Hansjakob und Johann Peter Hebel, deren wohl wichtigste Vertreter, lebten und schrieben im Schwarzwald bzw. im Wiesental.

Beschäftigt man sich aber intensiver mit dem literarischen Breisgau, dann trifft man allerdings auf diverse Städte und Dörfer, die in fiktiven Geschichten oder Dramen beschrieben wurden oder eine besondere Rolle spielen. Einige Breisgauorte waren auch die (neue) Heimat von Schriftstellern, deren Hauptwerk zwar nicht hier seine Kulisse gefunden hat, die jedoch auch über »ihren« Wohnort geschrieben haben.

Zur »Literatur« im weitesten Sinne sollen schließlich auch Texte gehören, die nicht unbedingt zum Kanon gehören, sondern einfache Schriftstücke verschiedener Herkunft, etwa ein sagenhafter Zettel oder eine Grabinschrift, die eine Geschichte erzählt.

Die Texte ohne besondere Sehenswürdigkeit sind chronologisch geordnet. Plätze, die einen Besuch lohnen, sind danach, unter »Vor Ort«, beschrieben.

### Per Indizienbeweis aus Au

> Ein ritter sô gelêret was
> daz er an den buochen las
> swaz er da an geschriben vant:
> der was Hartman genant,
> dienstman was er zOuwe.

Diese ersten Zeilen des »Armen Heinrich« (um 1195) des Hartmann von Aue, der um 1168 geboren und um 1210 gestorben sein soll, stellen – wie damals gar nicht unüblich – eine Art Selbstbeschreibung dar. Der Autor, bekannt auch für die Artusepen »Erec« und »Iwein«, hat außer seinen dichterischen Schriften leider keine Dokumente hinterlassen, die ihn eindeutig einem Ort zuschreiben ließen. Deshalb sind die Germanisten gefragt und sie haben inzwischen einige Indizien sammeln können, damit Hartmann im Breisgau verortet werden kann.

Vieles spricht dafür, dass er Ministeriale (Verwaltungsmann) der Herzöge von Zähringen in »Schwaben« war. Für die Zeit nach 1112 ist ein solches Geschlecht derer von Aue bezeugt. Das Gewann »Burghöfe« spielt noch heute auf einen ehemaligen Adligensitz an. Hartmann nahm auch an einem Kreuzzug teil (1189 oder 1197), angeblich aus Kummer wegen des Todes seines Dienstherrn und

schrieb darüber drei »Kreuzlieder«. Der Zähringer Bertold IV. starb 1186 – war es also der Zug von 1189?

Letztes Puzzleteil, das den Nachweis für unser **Au** im Hexental führt, ist das Wappen, mit dem er unter anderem in der Manessischen Liederhandschrift (Heidelberg) abgebildet ist. Es zeigt weiße Adlerköpfe auf dunklem Grund und passt damit zum heraldischen Symbol der Zähringer, das den gleichen Vogel zeigt. Und hieß das ehemalige Gasthaus oberhalb von Au nicht »Adlerburg«?

Ganz am Ortsende von Freiburg aus, etwas am Hang liegend, stehen die sogenannten **Schwabenhöfe**, die ebenfalls in Verbindung mit dem Dichter gebracht werden. Schließlich geht es im »Armen Heinrich« um einen Ritter, der bei einem Bauern wohnt und vom Aussatz befallen ist. Er kann nur durch das Opfer eines unschuldigen Mädchens geheilt werden. Prompt meldet sich die junge Bäuerin, die bereit ist, für ihn zu sterben. Gott belohnt diese Selbstlosigkeit mit der Gesundheit beider Leute und diese werden Mann und Frau.

Ob wohl ein junges Bauernmädchen des Schwabenhofs die Idee zur Ausgestaltung dieses Themas gegeben hat?

## Der berühmteste Schelm des 17. Jahrhunderts

Hans Jacob Christoph (Christoffel) von Grimmelshausen, geboren 1621 oder 22 in Gelnhausen, gestorben im badischen Renchen am 17.8.1676, ist als einer der ganz großen Romanciers und Satiriker in die deutsche Literaturgeschichte eingegangen. Allen voran sein »Abentheurlicher Simplicissimus Teutsch« hat uns eine Innenansicht des Dreißigjährigen Krieges überliefert, die mit Witz und Naivität die Brutalität, Wirren, aber auch menschlichen Schwächen der Zeit miterleben lässt. Außer einigen Informationen zu Grimmelshausens Zugehörigkeit zu Regimentern, ist allerdings nur sein Lebensabend genauer dokumentiert. Nach dem Übertritt zum Katholizismus im Jahre 1649 heiratete er und trat in den Dienst seines früheren Kommandanten Hans Reinhard, der ein Vetter des Carl Bernhard von Schauenburg war. Dieser wiederum hatte seinen Stammsitz in Gaisbach bei Oberkirch. Hier war nun der Literat Vermögensverwalter. Immer wieder zwischen seinen Verwaltungstätigkeiten bei verschiedenen Herren verdiente Grimmelshausen auch als Wirt sein Geld, bevor er ab 1667 in Renchen Schultheiß wurde. Nun konnte er auch seine Familie mit 10 Kindern ernähren und schließlich sein berühmtes Werk herausgeben: Es erschien im Herbst 1668 als »Der Abentheurliche Simplicissimus Teutsch / Das ist: Die Beschreibung deß Lebens eines seltzamen Vaganten / genant Melchior Sternfels von Fuchshaim / wo und welcher gestalt Er nemlich in diese Welt kommen / was er darinn gesehen / gelernet / erfahren und ausgestanden / auch warumb er solche wieder freywillig quittirt. Überauß lustig / und männiglich nutzlich zu lesen« (Titel vgl. S. 195).

Der Schelm Simplicius kämpft als Soldat im Dreißigjährigen Krieg. Im XIV. Kapitel verschlägt es ihn in unsere Gegend und er ist bei der Besatzung **Breisachs** dabei (zu den makabren Geschehnissen dort siehe im Kapitel »Aus der Geschichte«). Ein Auszug aus dem »Simplicissimus« in einer gemäßigt modernisierten Fassung: »[...] weil ich nunmehr weimarisch war, so war ich auch prädestiniert, Breisach belägern zu helfen [...] da ich denn wie andere Musketier Tag und Nacht wachen und schanzen mußte und nichts davon hatte, als daß ich lernte, wie man mit den Approchen [Laufgräben] einer Festung zusetzen muß [...]. Im übrigen aber war es lausig bei mir bestellt, weil je zwo [Läuse] oder drei aufeinander saßen, der Beutel war leer, Wein, Bier und Fleisch ein Rarität, Äpfel und halb Brod genug mein bestes Wildpret.« Der junge Soldat erreicht seinen Abschied durch Vitamin B und verlässt die Truppe: »Ungefähr eine Woch oder vier Wochen vor Weihnachten marschiert ich mit einem guten Feurrohr vom Läger ab, das **Breisgäu** hinunder, der

Meinung, selbige Weihnachtsmeß zu Straßburg 20 Taler, von meinem Schwähr [Schwager] übermacht, zu empfahen, und mich mit Kaufleuten den Rhein hinunder zu begebn, da es doch unterwegs viel kaiserliche Garnisonen hatte. Als ich aber bei **Endingen** vorbeipassiert, und zu einem einigen Haus kam, geschah ein Schuß nach mir, so daß mir die Kugel den Rand am Hut verletzt, und gleich darauf sprang ein vierschrötiger Kerl aus dem Haus auf mich los [...]«.
Dieser Fremde entpuppt sich als Olivier, dem Simplicissimus früher schon begegnet ist und der sich auf eigene Rechnung an den Leuten mit Gewalt bereichert, ein marodierender Soldat also. Das nächste, XV. Kapitel gibt dem Leser Gelegenheit, die Denkweise des »Freibeuters« kennenzulernen, die nichts anderes als Gesellschaftskritik, vor allem an Adligen, darstellt, da diese mit dem Räubern im großen Stil verglichen werden. Vordergründig wird der Schelm zwar nicht überzeugt, nimmt dann aber dennoch am Straßenraub teil, den findige Leser bei **Hecklingen** vermutet haben. Nachdem Olivier seine Herkunft und Erlebnisse in den folgenden Kapiteln dargelegt hat, kommt es bei dem Versuch, die beiden Gefährten zu verhaften, zu einer Schießerei, in der Simplex' Begleiter stirbt. Ein Bauer verhilft ihm daraufhin unter Zwang aus dem Breisgau in Richtung Villingen.

### Ein Radbruch im Jahre 1818

Einer Panne auf dem Weg von Freiburg nach Basel ist es zu verdanken, dass Dorothea, Ehefrau des berühmten Dichters und Philosophen Friedrich Schlegel an ihn einen Brief schrieb, in dem sie den Breisgau und die Landschaft bei **Kenzingen** als sehr schön beschreibt, wenn sie auch die momentanen Umstände nicht besonders glücklich stimmen.

»**Krozingen**, den 2ten [April], Nachmittags 4 Uhr

Hier sitzen wir eine Station von Freiburg und warten auf einen Wagner, der ein neues Rad machen oder borgen soll, bis wir nach Basel kommen, wo wir jetzt schon eigentlich sein sollten, wo wir uns sauber ins Bett legen und schön ausruhen wollten bis morgen früh um 4 Uhr, – aber es ging nicht so, wie man es sich vornahm ...
Übrigens aber, liebster Friedrich, war die Reise herrlich, im schönsten Wetter, ein wahrer Triumpheinzug des Frühlings [...] mit den gefälligsten, gutmütigsten Reisepatronen und durch das gesegnetste Land der Welt, das laß ich mir noch immer nicht ausreden. Baden, und besonders das Breisgau, sind, was unsereins sich Vortreffliches ausdenken mag. Ich weiß nicht, was ich sagen soll, wenn man so von allen Seiten klagen und schelten hört und sieht dann diese

Kultur, diesen Reichtum des Bodens, so benutzt, mit solchem Fleiß bebaut [...].

Diesen Morgen trank ich meinen Tee am offenen Fenster in einer lachenden Landschaft, in **Kenzingen**. Es ist Markustag, wo die Prozessionen segnend durch die blühenden und grünenden Felder ziehen. Denk Dir nur, das ganz nahe vor mir liegende Gebirg oben mit in der Sonne glänzendem Schnee bedeckt, in höchst schönen, malerischen Formen, darunter Hügel bis oben heran mit Wein bebaut, unten die herrlichsten Felder und blühenden Fruchtbäume, und nun eine Prozession wohlgekleideter Männer, niedlicher mit Bändern geschmückter Kinder und schönen, wohlgewachsenen Frauen und Mädchen in hellen sonntäglichen Kleidern, die Haare entweder in zierlichen Zöpfen aufgebunden oder mit Häubchen von verschiedenen und recht phantastischen Formen halb verdeckt, die roten flatternden Fahnen durch die blaue Luft und den Pfarrer mit einigen andern Geistlichen in Chorröcken, das goldene Kreuz vorgetragen, in langen Reihen durch die Felder und über die Hügel ziehen in schöner sittsamer Ordnung, singend und den Rosenkranz oder die Litanei von allen Heiligen betend [...].«

Mit den Klagen spielt die Romantikerin wahrscheinlich auf die Jahre zuvor an, in denen Hungersnöte und Missernten geherrscht hatten (vgl. Kapitel »Tragödien und Katastrophen«).

### Der Fischflüsterer

»Von gemächlichem Ruder getrieben, gleitet unser Boot das blaugrüne Altwasser dahin, auf einer kleinen Entdeckungsreise, die wir, der Freund und ich, in das Labyrinth waldiger Inseln unternehmen, das der Rhein oberhalb des Felsens von **Breisach** angesiedelt hat [...]. Über der Stille des Waldes und der ruhigen Wasser liegt das rorende Rauschen des ›Talwegs‹, wie der Eingeborene hierzuland den eigentlichen Strom des Rheines nennt, und es gibt einen angenehmen Grundbaß für unser schweigendes Schauen und Denken und – Atmen. Sprechen ist ja langweilig.«

So schildert ein Autor seinen Ausflug an und auf den Rhein, der wohl an Originalität, vor allem der Lebensführung, kaum seinesgleichen hat. Es handelt sich um Emil Gött, geboren in **Jechtingen**, der auch sonst ein rechtes Original war (Biografie siehe Kapitel »Kaleidoskop der Originale«). Die »Rheinfischer«-Episode zeigt seine intime Beziehung zur Natur, sowie ein fast ethnologisches Interesse für die Gebräuche der Einheimischen. Über diese wundern sich die Freunde in der Fortsetzung der Textstelle:

»Eben tritt ein Mann aus der Hütte und springt den Damm hinunter auf das Gerüst und hantiert da etwas. Dann steht er ruhig und stopft sich eine Pfeife. Wir sind herangekommen, steigen grüßend herunter und fragen, was es gibt. Fischer beim Salmenfang, liegen schon den dritten Monat draußen, im Zeltbiwak. Und nun kriegen wir wirklich was zu sehen! Sie machen's mit dem ›Lockfisch‹.

›Mit dem Lockfisch? Wie ist das?‹

›Na, wir haben einen Salm da stehen!‹

Er weist mit dem Kinn und den Augen in das Wasser unter dem Gerüst. Wir sehen nichts. Er weist noch einmal, aber wir sehen immer noch keinen Salm da stehen. Der Mann lächelt gutmütig-ironisch – seine grauen Fischeraugen durchbohren das grüne Rheinwasser freilich anders als unsere Zwicker – , greift nach einer der Schnüre und hangelt daran, bis er einen mächtigen, übermeterlangen Salm an die Oberfläche gehangelt hat; der Fisch zuckt. ›Bei Gott, der ist ja lebendig!‹ Die Besucher erfahren, dass der arme Fisch seit zwei Wochen schon an der Angel hängt, um andere Salmen anzulocken, die meinen, dass er an seinem Laichplatz hockt und über ihn herfallen sollen. Gött versetzt sich in den Fisch: ›Wir spüren einen stechenden, reißenden Schmerz in der Backe, als ob wir am Angel hingen, die zweite Woche.‹ Der Fischer entfernt sich. Wir sehen ihm nach und dann uns an und dann wieder die über den hier lebend Begrabenen hinwegschießenden Wogen, und das primitive Gerüst, und den langen, hagern, schwarzbraun gebrannten Rheinfischer, und fauchte da nicht gerade ein Eisenbahnzug über die Brücke, so hätten wir uns zweitausend Jahre zurückversetzt geglaubt, in die Urzeit dieses Landes; so – urig schmeckte die Fangmethode.«

# Vor Ort

## Die ganze Geschichte

Wohl einmalig in Deutschland dürfte der Ort sein, an dem die Sage von dem »Falschmünzer« geschrieben steht. Es handelt sich um einen Mann, der in **Elzach** das – natürlich verbotene – Handwerk des Geldfälschens betrieb und nach seinem Tod keine Ruhe fand. Weil die Sage so kurz ist, zitieren wir sie vollständig:

»Im geheimnisvollen Kellergewölbe ohne Fenster, fernab von der Außenmauer, hat einst ein Falschmünzer falsches (!) Geld geprägt. Nach seinem Tode kehrte sein Geist immer wieder hämmernd und klopfend in dieses Gewölbe zurück. Niemand wollte mehr hier wohnen. Da ließ der neue Hausbesitzer eine lebensgroße Muttergottes mit Jesuskind an die Giebelwand des Hauses malen. Seither hat das geheimnisvolle Hämmern und Klopfen aufgehört.« Dieser Text ist, unterhalb der genannten Madonna mit Kind, vollständig an die Hauswand Hauptstraße 49 angeschrieben. Überschrift: »Die Sage vom Falschmünzer zu Elzach«.

## Emmendingen und das Schrifttum

Vor allem aufgrund der Tatsache, dass Goethes Schwester hier zeitweise wohnte, kommt man hier am Thema Literatur, oder allgemeiner: Schrifttum, nicht vorbei. Wir beginnen den Besuch denn auch mit Plätzen, die mit der Präsenz der Personen um den Dichterfürsten zu tun haben.

Zum tragischen Ende des historischen »Faust« siehe Kapitel »Magier, Teufel, Hexen und Geister«.

## Schauplatz oder nicht?

> Lobt nicht der Fremde bei uns die ausgebesserten Tore
> Und den geweißten Turm und die wohlerneuerte Kirche?
> Rühmt nicht jeder das Pflaster? die wasserreichen, verdeckten,
> Wohlverteilten Kanäle, die Nutzen und Sicherheit bringen,
> Daß dem Feuer sogleich beim ersten Ausbruch gewehrt sei [...].

So steht es in dem Versepos »Hermann und Dorothea« von Johann Wolfgang von Goethe, das, so die häufig geäußerte Vermutung, in **Emmendingen** spielt, weil auch dort im 18. Jahrhundert die Kanäle abgedeckt gewesen seien. Aber noch weitere Indizien bringt man für den breisgauischen Schauplatz vor. In diesem, durch den Hexameter in homerischem Ton gehaltenen Drama, geht es um das Schicksal von deutschen Flüchtlingen, die durch eine Kleinstadt ziehen und damit das Elend in die kleinbürgerliche Idylle bringen. Dorothea, die Züge der Ex-Geliebten Goethes, Lili Schönemann, trägt und selbstlos ihren Schicksalsgenossen beisteht, beeindruckt Hermann, den Sohn des Löwenwirts, der sie daraufhin heiraten will und gegen die Ablehnung des strengen Vaters opponiert. Schließlich bekommt er aber seine Geliebte.

Für Emmendingen spricht nun, dass hier an einem großen Marktplatz das Gasthaus »Löwen« lag, dicht dabei eine Apotheke, wie im Epos. Goethe hatte sich nachgewiesenermaßen dreimal in der Stadt aufgehalten (s.u.). Der Dichterfürst selbst schrieb in einem Brief an J. H. Meyer im Oktober 1797, er habe mit dem Heldengedicht »das rein Menschliche der Existenz einer kleinen deutschen Stadt« zu gestalten gesucht, und »zugleich die großen Bewegungen [...] des Welttheaters aus einem kleinen Spiegel zurückzuwerfen getrachtet.« Als Quelle gelten die Erlebnisse eben jener Lili Schönemann, die die Wirren des Koalitionskriegs infolge der Französischen Revolution am eigenen Leibe erfahren hatte.

Zur Frage der Identität des Schauplatzes mit Emmendingen meinte Goethe 1826 ungnädig: »Da wollen sie wissen, welche Stadt am Rhein bei meinem ›Hermann und Dorothea‹ gemeint sei. Als ob es nicht besser wäre, sich jede beliebige zu denken! Man will Wahrheit und verdirbt dadurch die Poesie.«

*Machte sich rar in Emmendingen: Johann Wolfgang v. Goethe*

### Cornelia Schlosser und Emmendingen

Am 1.1.1773 heiratete Goethes Schwester einen engen Freund des Dichters, den Juristen u. Autor Johann Georg Schlosser. Das Ehepaar wohnte im heute so genannten »S c h l o s s e r h a u s«, in dem die Stadtbibliothek untergebracht ist. Die Ehe mit dem Oberamtmann in dem kleinen Emmendingen war allerdings unglücklich. Cornelia war die meiste Zeit depressiv, was sich auch in dem Brief vom 10.12.1776 an Auguste Gräfin Stolberg äußerte: »[...] wir sind hier ganz allein, auf 30 bis

*Cornelia Goethe um 1775*

40 Meilen weit ist kein Mensch zu finden; [...] hier macht die Natur unsere einzige Freude aus, und wenn die schläft, schläft alles.«

Ihr Bruder Johann Wolfgang machte sich rar im Breisgau. Nur ein Besuch zu ihren Lebzeiten, zwischen dem 28.5. und 5.6.1775, zusammen mit dem Dichter Lenz (s.u.), ist verbrieft.

Aus seiner Beschreibung in seiner autobiografischen Schrift »Dichtung und Wahrheit«, in der Goethe Cornelia beschreibt, geht auch das Motiv hervor: »Ich achtete diesen Schritt, meine Schwester zu sehen, für eine wahrhafte Prüfung. Ich wußte, sie lebte nicht glücklich, ohne daß man es ihr, ihrem Gatten oder den Zuständen hätte Schuld geben können. Sie war ein eignes Wesen, von dem schwer zu sprechen ist; wir wollen suchen, das Mitteilbare hier zusammenzufassen. [...] Ein fester nicht leicht bezwinglicher Charakter, eine teilnehmende, Teilnahme bedürfende Seele, vorzügliche Geistesbildung, schöne Kenntnisse, sowie Talente, einige Sprachen, eine gewandte Feder, so daß, wäre sie von außen begünstigt worden, sie unter den gesuchtesten Frauen ihrer Zeit würde gegolten haben [...].«

Ihr Ehemann hatte anfänglich noch gehofft, dass sich ihr Zustand bessern könnte: »Und wenn wir einmahl die erste Zeit, die am schwersten ist, ausgestanden haben, können wir sehr bequem leben; wir könntens schon, aber meine Frau ist auf einem besonderen Fuß erzogen worden. Sie beklagts, hilft sich so viel sie kann, und ich lebe gern ein wenig unbequemer, biß ich nach und nach den Fehler ihrer Erziehung etwas verbessert. Ich wünschte ihr etwas mehr Wirksamkeit und weniger Gefühl körperlicher Leiden. Jeder Wind, jeder Wassertropfen sperrt sie in die Stube und vor Keller und Küche fürchtet sie sich noch zu viel [...]«. (Brief vom 18.3.1774 an Johann Kaspar Lavater, den Begründer der physiognomischen Lehre). Dass sich Schlosser auch außerhalb der Ehe mit Pädagogik befasste, bewies er in einer Initiative, die auf seiner Abhandlung »Katechismus der Sittenlehre für das Landvolk« (1771) basierte. Darin wollte er nichts Geringeres als durch Erziehung eine bessere Welt schaffen. Die Schrift, die er dem Großherzog geschickt hatte, soll auch einen Einfluss auf seine Beförderung zum Oberamtmann gehabt und letztlich zu seiner Beorderung nach Emmendingen geführt haben. Freilich stellte er sich vor, dass die beste Erziehung durch die Arbeit vorgenommen werde. Dazu wollte er eine Fabrikschule eröffnen, in der Waisenkinder 10 Stunden am Tag arbeiten und zwei Stunden Unterricht erhalten sollten. Eine Baumwollspinnerei sollte damit bewirtschaftet werden. Die Stadtverwaltung unterstützte ihn aber nicht in seinen Plänen und so zog er 1787 resigniert ab. Inzwischen, nämlich 1777, war seine Ehefrau im Kindbett gestorben, vier Wochen nach der Geburt des zweiten Kindes.

Goethe besuchte sie erst zwei Jahre nach ihrem Tod wieder, von seiner Liebsten in Sesenheim (Elsass) kommend und von Herzog Karl August von Weimar begleitet, an ihrem Grab, das sich bis heute auf dem Alten Friedhof findet.

## Tragische Figur

Das sogenannte »Lenz-Häuschen« auf dem Schlossplatz sowie die Inschrift auf einer Säule im Goethepark (bezüglich dem Aufenthalt 1755) in **Emmendingen** verweisen auf eine der interessantesten Dichterpersönlichkeiten der Goethezeit. Jakob Michael Reinhold Lenz, geboren 1751 zu Seßwegen/Livland, gestorben 1792 in Moskau, war ein Dramatiker und Lyriker, der zeitweise mit Goethe in Straßburg zusammen studierte und dichtete. Im März 1776 zog es ihn zu seinem Busenfreund nach Weimar, wo er zu Gast war, bis er eine »Eselei« beging, aufgrund derer ihn der geliebte Goethe vom Hofe entfernen ließ. Ab Dezember 1776 war Lenz dann auf Wanderschaft und wurde, wohl durch den Freund unterstützt, bei der Familie Schlosser aufgenommen. Im Lenzhäuschen wohnte er allerdings nie. Bereits in Weimar hatte er Anfälle von Unruhe gehabt, die 1777, wohl nicht zufällig nach Cornelias Tod, in den Wahnsinn führten. Schlosser, welcher in der Arbeit auch eine pädagogische Funktion sah (s.o.), schickte den Unglücklichen nacheinander in die Lammstr. 12 zu Schuhmacher Süss, später nach **Weisweil** zu Förster Lydin. Sein Zustand verbesserte sich aber nicht merklich.

Ab 1778 brachte man dann den Kranken bei Pfarrer Johann Friedrich Oberlin im Steintal in den Vogesen unter. Georg Büchner schrieb über diesen Aufenthalt übrigens seine Novelle »Lenz« (1839), die sich stark an den Aufzeichnungen des Pfarrers orientierte. Kümmerten sich die Schlossers in Emmendingen um den Kranken, so wollte Lenz' Familie nichts von ihm wissen. Nachdem ihn sein Bruder Karl im Sommer 1779 nach Riga geholt hatte, schob man ihn bald wieder nach St. Petersburg ab. Ab 1781 lebte der Unglückliche in Moskau, wo er verarmt und vergessen starb.

*Tragische Figur: J. M. R. Lenz verehrte Goethes Schwester sehr*

Lenz spazierte oft, auch mit Goethe zusammen, zur **Hochburg**, die ihn besonders, auch zu Gedichten, inspirierte. Über Cornelia, die er geradezu anbetete, schrieb er folgende Zeilen, die an ihrem Grab auf dem Alten Friedhof zu lesen sind:

[In Emmendingen]
Hier wars, hier wars, wo die Bäume sich küssen,
Sich still und heilig auf ewig umarmen,
Hier wars, wo die unermüdete Quelle
Sanft nach ihr weint – nimm meine Tränen mit!
Hier wars, hier, wo der grausame Himmel
Hinter dem freundlichern Laube verschwindt
Und mein schont. Empfange mich, Erde,
Daß du mein Grab wärst – ich soll euch verlassen,
Sie verlassen, von ihr vergessen, [...]

## Der deutsche James Joyce

Von einem einfachen Mann wird hier erzählt, der in BERLIN am
ALEXANDERPLATZ als Strassenhändler steht. Der MANN hat vor an-
ständig zu sein, da stellt ihm das Leben hinterlistig ein Bein. Er wird
betrogen, er wird in Verbrechen reingezogen, zuletzt wird ihm seine
BRAUT genommen und auf rohe Weise umgebracht. Ganz aus ist es
mit dem MANN FRANZ BIBERKOPF. Am Schluss aber erhält er eine
sehr klare Belehrung: MAN FÄNGT NICHT SEIN LEBEN MIT GUTEN
WORTEN UND VORSÄTZEN AN. MIT ERKENNEN UND VERSTEHEN
FÄNGT MAN ES AN UND MIT DEM RICHTIGEN NEBENMANN. Ram-
poniert steht er zuletzt wieder am ALEXANDERPLATZ, das Leben hat
ihn mächtig angefasst.

Diese Inhaltsangabe war 1929 auf dem Titel der Erstausgabe des Ro-
mans »Berlin Alexanderplatz« abgedruckt und fasst zusammen, was
als bedeutendster Großstadtroman der deutschen Literatur gilt. Sein
Autor, Alfred Döblin, der 1878 in Stettin geboren war, studierte in den
Jahren 1904 und 1905 in **Freiburg**, wo er auch Dr. der Medizin wurde.
Eine Erzählung aus der Zeit, »Die Ermordung einer Butterblume« spielt
in Freiburg, auf dem Weg nach St. Ottilien (UF, 101). Darin spiegelt
sich bereits die Perspektive des Psychiaters, der Döblin war, auf einen
Mann, dessen im Unbewussten verborgene Schuldgefühle ihn zu gro-
teskem, paranoidem Verhalten treiben. Der Autor betrieb ab 1911 in
Berlin eine kassenärztliche Praxis als Allgemeinmediziner, Geburtshel-
fer, Neurologe und Psychiater. Da er die einfachen Leute behandelte,
bekam er Einblick in diverse Schicksale der Unterschicht, die er dann
beispielhaft in seinem großen Roman verarbeitete.

Döblin war Romancier, Dramatiker und Essayist, der sich mit zahlreichen theoretischen Beiträgen und seinen Werken als großer ex-
pressionistischer Autor hervortat. Mit seiner Montagetechnik in dem
Berlin-Roman erregte er Aufsehen und wurde immer wieder mit dem
irischen Autor James Joyce verglichen. Die Flucht Alfred Döblins vor
den Nazis im Jahr 1933 führte ihn in die Schweiz, nach Frankreich,

nach Hollywood und New York. Auf eine schwere Zeit im Exil folgte die Rückkehr ins besetzte Deutschland, wo er im Dienste der französischen Behörden am kulturellen Wiederaufbau mitwirkte. Dennoch konnte er in seinem Heimatland nicht wieder Fuß fassen. Einzig sein später und letzter Roman »Hamlet oder die lange Nacht nimmt ein Ende«, der in den Jahren 1945/46 in Baden-Baden entstanden war und eine psychoanalytische Aufarbeitung der Familiengeschichte eines Heimkehrers aus dem Zweiten Weltkrieg darstellt, wurde zum Erfolg – allerdings erst in seinem Erscheinungsjahr 1956. Der Literaturpreis, den ihm die Bayerische Akademie der Schönen Künste ein Jahr später verlieh, kam zu spät, Döblin war einen Tag vorher, am 26.6.1957 in **Emmendingen** im Landeskrankenhaus gestorben. Im Innenhof des Psychiatrischen Landeskrankenhauses steht eine Gedenktafel für den großen Literaten.

## Intime Schriften

Böll veröffentlichte eines über Irland, Frisch publizierte eines mit den Jahreszahlen 1946–1949, das der im Versteck lebenden Jüdin Anne Frank wurde weltbekannt: Es geht um das Tagebuch, geschrieben meist für die Erinnerung an Bedeutendes, oft auch zur Selbstbesinnung. Für dieses ganz persönliche Schrifttum interessiert sich eine relativ neue Einrichtung im Alten Rathaus in **Emmendingen**. Hier wird alles gesammelt, was an intimen Notizen zu Papier gebracht wurde. Auf insgesamt 10 000 Bände wird der Bestand geschätzt, seit Kurzem werden auch – im inzwischen eingerichteten Museumsteil – thematische Ausstellungen angeboten.

## Der Stadtschreiber von Burkheim

»In einer Stadt mit Nammen **Freiburg** saß ein reicher Ratsherr, welcher mit seiner Frauen noch nie in fünfzehen Jahr kein Kind gehebt hat, deshalben oft etwas Streit bei ihnen sich erhub, daß je eins dem anderen die Schuld gab. Auf ein Zeit dinget die Frau ein Hausmagd, welche sehr züchtiges Benehmen hatte, kunnt auch dem Haus wohl vorstehn. Ihr Mann gedacht in seinem Sinn: ›Mein Weib zeiht mich, ich sei kein Nütz; wie wär dem, so ich's mit meiner Magd versuchte, ob die Schuld mein sei oder nit, nur daß wir aus dem Zweifel kommen.‹ [...]«. So beginnt ein Schwank, den Georg [Jörg] Wickram, aus Colmar stammend, geschrieben hat. Seine fünf Romane gelten bis heute als bedeutendste Prosaerzählungen des 16. Jahrhunderts in deutscher Sprache. Im Jahr 1555 erschien sein »Rollwagenbüchlein«, das vor allem als Unterhaltung bei den Fahrten zur Straßburger Messe gedacht war. Darin finden wir die Geschichte vom schlauen Ratsherr, der seine Magd auch wirklich beschwätzen kann und ihr ein Kind

macht. Ein einfallsreicher Arzt spinnt dazu eine List, die den Mann
mit Bauchschmerzen schwanger werden lässt (man bringt dem Doktor
den Harn der schwangeren Magd). Der Ehefrau, die etwas gegen die
Bauchschmerzen des Gatten tun will, wird eingeredet, sie hätte ihn
geschwängert, indem sie sich allzu sehr ein Kind gewünscht habe.
Diese sieht es ein. »Und sie errötet, gedacht in ihr selbs einfaltig-
lich: ›Es mag sein!‹ und fasset wiederum das Herz zu beiden Händen,
fragt den Doktor, wie ihrem Mann zu helfen wäre. Dieser gab ihr die
Lehr: »Bestellen eine Jungfrau, die noch keins Manns schuldig ist,
und verfügen's zu Euerem Mann; alsdann wird die Jungfrau das Kind
empfangen.« Der Arzt schlägt dann auch noch die Magd vor, die die
Schwangerschaft sicherlich gegen ein Geldversprechen übernehmen
werde. Die Frau gehorcht. »Nach langer heftiger Bitt [!] willigt die
Magd ein und legt sich zum Herrn, welcher gleich in kurzen Tagen
wieder genas, und die Magd empfing das Kind.« Nach 20 Wochen folgt
schon die Geburt und die Frau bekommt Zweifel. Wieder befragt sie
den Arzt, der nun folgende Lösung anbietet: »Mein liebe Frau, wundert
Euch das? Gedenkt Ihr nit, daß der Mann das Kind zwanzig Wochen
getragen hat und die Magd auch zwanzig?«

Über den Dichter, der hinter dieser und den anderen, humorvollen und
äußerst unterhaltenden Geschichten steckt, weiß man nur sehr wenig:
Er wurde im Jahr 1505 in der elsässischen Stadt geboren, ein genaues
Datum ist nirgends vermerkt. Sein Vater war Ratsvorsitzender in der
Freien Reichsstadt Colmar, das Kind ist allerdings unehelich geboren,

ein Makel, der ihm zeitlebens anhängt. Immerhin kann er dank des väterlichen Erbes Bürger werden und seine Frau Anna heiraten. Wegen seiner illegitimen Geburt kommt er indes über eine bedeutendere Stellung im kulturellen Leben der Stadt nicht hinaus. Anders **Burkheim**, die Stadt stellt ihn ab 1555 als Stadtschreiber ein und er vertritt nun auch deren Interessen als eine Art Notar. Jedoch lebt er nicht mehr lange: spätestens 1562 muss er gestorben sein – so legt es eine Bemerkung in einer Neuauflage eines Werkes nahe. Er wurde vermutlich neben der Pfarrkirche St. Pankratius beerdigt.

In Burkheim gibt es einen Jörg-Wickram-Saal im Rathaus, der späteren Datums ist (1604). Auch eine Gasse ist nach dem Dichter benannt. Bei einem Rundgang durch den sehr malerischen Ort kann man sich aber noch gut in jene Zeit des Stadtschreibers hineinversetzen.

## Die Forelle im Kandelsee

Es geht die Sage von einem Pergament, das im Grundstein der Kirche zu **Waldkirch** eingemauert ist. Darauf soll verzeichnet sein, welche Bewandtnis es mit der Forelle im Kandelsee habe. Doch lesen Sie die Sage in ihrer ganzen Länge:

> Ein Hütebub am **Kandelfelsen** entdeckte eines Abends beim Vieheintreiben eine Lache, in der er eine Forelle fand, die wiederum mit einer Kette am Felsen befestigt war. Er rief einen anderen Buben herbei, aber auch mit vereinten Kräften bekamen sie den Fisch nicht abgezogen. Bei der Heimkehr erzählten die beiden alles dem Bauern. Dieser fand aber, als er sofort hinfuhr, weder Lache, noch Forelle, geschweige denn die Kette am Felsen. Das Ganze wiederholte sich genau ein Jahr später wieder und wieder konnte der Kandelhof-Bauer nichts entdecken. Die Forelle war etwas gewachsen und noch glänzender gewesen. Das gleiche Schauspiel kam auch im dritten Jahr des Aufenthalts der Buben wieder, diesmal war der Fisch noch größer und schöner geworden.
> Drei Jahre später entdeckten Holzbauern am Kandelfelsen ein Pergament, auf dem die Erlebnisse der Knaben genau geschildert worden waren. Das Schriftstück prophezeite auch, dass, sollte der Fisch eine entsprechende Größe erreicht haben, er mit der Kette den Felsen herausreißen, dadurch einen See im Innern des Gebirges freigeben und damit das gesamte **Elztal** überfluten würde.

Wie um die Sage noch einmal zu bestätigen, wird auch von einem Kind erzählt, das dort oben plötzlich verschwand, zwei Tage lang im Berg verbrachte und Dank der Hilfe einer wunderschönen Frau – der Heiligen Maria? – wieder heil herauskam. Dieses Kind soll von einem großen Wasser im Berg berichtet haben.

### Die steinerne Klage

Eine besondere Form der schriftlichen Überlieferung einer tragischen Geschichte kann auf dem Friedhof in **Wolfenweiler** besucht werden. Hier steht, in die südliche Kirchenmauer eingelassen, aus Platzgründen in aller Kürze, aber dennoch als dramatischer Verzweiflungsruf zu Gott, das Schicksal einer Frau, die in der Ich-Form ihr Leiden erzählt. Für die bessere Lesbarkeit wurden einige Formen geändert und Verständnishilfen in Klammern gesetzt.

Hier ruhet in Gott die vieler Tugend Belobte Frau Juditt Kiechler(in), des Vogts Michell Ingoldt herzgeliebte Ehefrau, (die) durch einen unverhofften Tod hier begraben (ist). (Wir) haben 35 Jahr in Frieden und Lieblichkeit gelebt. Bin von einer Wietigen [tollwütigen] Katz in den kleinen Finger Bis [gebissen] worden – Über [Nach] ein[em] Vierteljahr Miest [musste] ich Mich in z [2] Tagen zu dott [Tod] schreien – Meine Red und den Verstand habe ich nit verloren. Bis in den Dott [Tod] – habe (ich) las[s]en für mich beten, das[s] ich bald Errlest [erlöst] werden möge – habe Gott und die Menschen um Verzeihung gebeten – Mein Schmertzen [größtes Leid] war, Wan [dass] ich ein Kindt solt haben – Meine leste [letzte] Rede war: Vatter, meinen Geist Befill [befehle] ich in deine Hände – den 3t. Hornung i7zi [1721] ihres Alters 58 Jahr.

Auch der Vogt, ihr Ehemann, wurde bei seiner Frau begraben und zwar im Grab seiner Mutter wiederum. So gibt es die unten auf dem Stein abgesetzte Inschrift an.

### Beschreibung eines Dorfes: Bollschweil

Marie Luise Kaschnitz, eigentlich von Kaschnitz-Weinberg, geborene von Holzing-Berstett, erblickte das Licht der Welt am 31.1.1901 in Karlsruhe und zog mit ihren Eltern 1918 in das Dorf im Hexental. Auch wenn sie im Laufe ihres Lebens an vielen anderen Orten lebte (u.a. in Berlin, Königsberg, Marburg oder Frankfurt am Main), so betrachtete sie zeitlebens diesen Ort als ihre Heimat. Nachdem sie am 10.10.1974 in Rom gestorben war, wurde sie hier, in **Bollschweil**, begraben.

Die berühmte und mit vielen literarischen Preisen gekürte Erzählerin, Lyrikerin, Hörspielautorin und Essayistin schrieb im Jahre 1966 auch einen Text, der sehr viel mit dem Leben und dem Unabwendlichen, vor allem aber mit der Veränderung eines Ortes im Laufe der Zeit zu tun hat. So wird die Dorfbeschreibung auch zur Auseinandersetzung mit Heimat, Geschichte und Tod. Besonders wirkungsvoll ist der Kunstgriff, den sie wählte, um Nähe und Distanz zu dem Bollschweil ihrer Kindheit bzw. ihres Alters zu wahren: Der Text ist oberflächlich betrachtet eine Art Skizze seiner selbst:

*Von Schreibern und Geschriebenem*

WOHL DENEN·DIE GELEBT HABEN·EHE SIE STARBEN·

Eines Tages, vielleicht sehr bald schon, werde ich den Versuch machen, das Dorf zu beschreiben. Ich werde überlegen, womit anfangen, mit dem Oberdorf, mit dem Unterdorf, mit dem Friedhof, mit dem Wald. Oder mit den Höhlen, die hoch oben am Ölberg liegen, Wasser, so geht die Sage, erfüllte die Talbucht, wie jetzt zuweilen der Nebel, an den Felsen waren einmal Ringe, an den Ringen Boote befestigt, während in Wirklichkeit nur eines feststeht, nämlich, daß diese Höhlen die Zuflucht eiszeitlicher Jägerhorden waren / schließlich werde ich mit der Vogelschau beginnen, mit dem, was ein Vogel sieht, oder ein Fluggast aus seinem Kabinenfenster, schwarzen Wald auf der einen Seite des Tales, mit Buchengrün an den Rändern, Buchenwald auch an der anderen Seite, von Ahornen und Lärchen durchsetzt / übergehend in den Rebberg, und auf dem Talgrund das Dorf, zwischen Wiesen und Obstbäumen, die mächtige Lindenkuppel des Hauses Nr. 84 und die vielen Glasfenster der Gärtnerei [...].

Dieses Panorama beschreibt die Lage Bollschweils und endet in dem Schloss des Ortes, der lange Zeit Wohnsitz der Familie war. Der Text ist dabei immer wieder durch Einrückungen in – strophenähnliche – Abschnitte unterteilt (hier durch »/« wiedergegeben), die die Gedanken ordnen und übersichtlicher gestalten. Die folgenden Kapitel beschäftigen sich mit: 2. der Geschichte, 3. der oberrheinischen Tiefebene, 4. der näheren Umgebung und dem Wasser, 5. dem Gras, 6. der Statistik, 7. den Geräuschen des Dorfes, 8. dem Friedhof (s.u.), 9. dem Obst, 10. der Gärtnerei, 11. der Karte des Ortes, 12. den neuen Häusern, 13. den Gerüchen, 14. den Wegen, 15. dem, was im Tal wächst, 16. der

Industrie, 17. dem Namen »Hexental«, 18. dem Gasthof, 19. der Kirchengeschichte, 20. dem Haus Nr. 84, »das innen nicht beschrieben werden soll« und schließlich im Kapitel 21 mit dem Sinn der Beschreibung und der Zeit, die sich als Rad der Jahreszeiten fortbewegt und die Dichterin mitnimmt in eine Vision der Zukunft. Hier werden die Höhlen zu Beginn wieder aufgenommen:

> wie im Bett der Straße, die einmal der Burggraben des alten Wasserschlosses war, wieder Wasser fließt, ein Strom, der einen See bildet, einen See, der aufsteigt bis zu den Höhlen der nacheiszeitlichen Jäger, den Löchern, in denen sich die Bewohner des Tales vor den Schweden versteckten / wie von Schlamm und Wasser alles bedeckt ist, die hölzernen Jünger [hinter der Kirche] ertrunken und in *St. Ulrich* der runde Tafelstein mit den zwölf Aposteln und dem Christus in der Mandel von fremden Fischen umspielt.

Ein Plan mit den Örtlichkeiten zur Erzählung gibt es beim »Arbeitskreis der Agenda Kultur«.

### Am 8. Tag: Besuch des Friedhofs

Marie-Luise Kaschnitz schildert in »Beschreibung eines Dorfes« auch den Friedhof von **Bollschweil**. Wir lassen uns von ihr führen und erfahren Einiges über die Geschichten hinter den Grabsteinen, »über die kleinen Nummern auf den Gräbern, über die Namen, die sich immer wiederholen, Maier, Hermann, Mangold, Schmutz, Koch, Weber, Schweizer, Mörder, Gutgsell. Rechts am Ende des Querwegs die kleine Kapelle, himmelblau angemalt und mit Sternen und links das Familiengrab der Bewohner des Hauses Nr. 84, und die beiden Trauerbäume, die an dieser Stelle die Mauer überragen.« Hier liegt die Familie Kaschnitz.

»Ich werde versuchen, den Grabstein des alten Reiters wiederzugeben, Wappen und Helmzier, Dachsparren und Rosen und den springenden Steinbock im Wappen seiner Frau. Dabei werde ich mich an die Beerdigung des alten Reiters erinnern / an den arabischen Schimmel, der ohne Sattel hinter dem Leichenwagen hertänzelte [...] ich werde erwähnen / daß der Reiter gar nicht hier begraben sein wollte, sondern bei den Soldaten [...] während sein Schwiegersohn, der dritte, von weit hergekommene, gerade dieses gewünscht hat, zwischen den Einwohnern des Dorfes [...] / auch den Grabstein dieses Schwiegersohnes werde ich zu zeichnen versuchen, seine fremdartig sich von dem roten Sandstein abhebenden parthenonischen Reitergestalten in ihrer ewigen Jugend / und die Mauer, die der Herr Matern, der Sohn des Reiters, um die Gräber der Familie gezogen hat und über die sich die Schwestern, die zwei, die damals noch am Leben waren, sehr aufgeregt haben [...] / auch die zweite rote Sandsteinplatte werde ich beschreiben, das romanische Kapitell und die eingemeißelte Gedichtzeile und sagen, daß unter diesem Grabstein die junge zweite Frau des Herrn Matern liegt, deren Glieder, Augen, Stimme, Atem gelähmt waren, die fünf Wochen lang an einem Scheinleben erhalten wurde und ohne Besinnung starb / ferner das kleine Urnengrab, das vor kurzem über den Gebeinen des Reiters und seiner Frau ausgehoben worden ist und das die Asche der zweiten Schwester des Herrn Matern enthält [...].«

Das Kaschnitz-Zimmer im Rathaus zeigt wertvolle Dokumente zum Leben und Schreiben der hier verstorbenen Dichterin.

## Aus der Zeit treten

Der Name Erhart Kästner (*1904 Dresden, † 1974 **Staufen**) ist zuerst einmal eng mit Griechenland verbunden. Während des Krieges dort im Einsatz, beschrieb er die Landschaft als zeitlos und meditierte sich damit aus seiner momentanen Lage heraus. 1956 setzt er mit »Die Stundentrommel vom heiligen Berg Athos« der Mönchsrepublik ein Denkmal. »Jeder braucht etwas Wüste« ist ein Zitat aus dem »Zeltbuch von Tumilat«, einem Werk Kästners, das kurz nach dem Krieg erschien und ebenfalls seine Erfahrungen mit Kriegsgefangenschaft und Schicksal reflektiert. Darin kommt er zu der Erkenntnis, dass der Mensch grundsätzlich einsam und Träger von Erinnerungen ist, »die nicht mitteilbar sind«. Das Leben in Gefangenschaft wird darin als Gelegenheit beschrieben, sozusagen aus der Zeit zu treten und angesichts der immer gleichen Wüste zu den Grundfragen des Seins zu gelangen. Die Gelassenheit gegenüber allem Geschehen wird bei Kästner immer in Gegensatz zu modernen Werten der Wissenschaft, Bildung und des Fortschritts gesetzt. »Es war ein Dasein im Leeren. Anfangs war das eine heftige Qual. Wenn der Tag begann, war man von Ekel erfüllt. Mit der Zeit aber, freilich nach vielen Monaten erst, vollzog sich ein Wandel. Die Unruhe fiel ab. [...] Abgesehen vom alles untermalenden Schmerz, der sich auf die Heimat bezog [...] abgesehen davon war keine Unrast mehr da. Kein Wunsch mehr, sich zu verändern. Kein Wunsch, zu erleben. Kein Wunsch, neue Menschen zu sehen.

Dagegen entwickelte sich ein anderer Sinn. Er befähigte einen zu sein, wo man wollte. Die Einbildung war deutlich wie die Realität. Die Wirklichkeit hätte nichts mehr dazu zu schenken vermocht. Man besaß alles, was in der Ferne und in der Erinnerung war, man besaß es reiner, abgezogener und vom Zufall des Momentanen befreit. Das Dasein in der Wüste war nichts. Aber in dieses Nichts stürzten Bilder hinein.«

### Der Wortfischer

> Könnte ich stürzen
> heller hinab
> ins fließende Dunkel
> um mir ein Wort zu fischen,
> wie diese Wasseramsel [...]

So beginnt das Gedicht »Die Wasseramsel« von Peter Huchel (*1903 Berlin, † 1981 **Staufen**), einem der wichtigsten Dichter des 20. Jahrhunderts in deutscher Sprache. Jährlich, an seinem Geburtstag, dem 3.4, wird vom Land Baden-Württemberg und dem Südwestrundfunk der nach ihm benannte Lyrikpreis vergeben.

Nach dem Krieg wurde Huchel Direktor des Berliner Rundfunks (1945–48), danach Chefredakteur der DDR-Zeitschrift »Sinn und Form« (1949–62), deren Redaktion er wegen Angriffen von Kulturpolitikern abgeben musste. In der Folgezeit widmet er sich ausschließlich der Lyrik, darf diese aber bald nicht mehr veröffentlichen. Seine Gedichte werden in einer Anthologie als »Naturlyrik märkischer und italienischer Eindrücke« charakterisiert. Huchel hat in seinen Dichtungen auch literarische Stoffe (Macbeth, Undine, griechische Mythologie) verarbeitet. Schließlich sind Geschichte (Nîmes, 1452) und Politik eingeflossen. Sein Stil wird mit »präziser Gegenständlichkeit« und »Stimmungskonzentration« beschrieben.

> Die See schreibt
> in der Schrift der Algen
> die letzte Seite des Logbuchs
> auf salzige Felsen –
> verleugne die Heimkehr,
> sei unterwegs
> auf Meeren mit stürzendem Himmelsstrich,
> wo jeder Name verlorengeht [...]

Huchel schöpft aus den Naturbildern, die gleichnishaft für das Sein stehen: »...ein großer Vorrat an ländlichen Bildern [...] Metaphern [...] von dem ich heute noch zehre, [ist] der eigentliche Urgrund des Schaffens«, gab er in einem Interview an. Nach Staufen und zu Kästner kam er, nachdem er sieben Jahre in der DDR in Isolation und unter Publizierverbot gelebt hatte, im Jahre 1971. In Staufens »Stubenhaus«, Hauptstr. 54a, kann man sich über ihr Leben und Schaffen informieren. Im Kapitel »Steine, Gebäude, Unterirdisches« sind die Gräber auf dem Friedhof **Staufen** beschrieben.

# Kaleidoskop der Originale

In den meisten Orts- und Touristenführern werden die »Helden« des Alltags nur allzu oft vergessen. Deshalb soll hier – nach dem Jahr ihrer Geburt geordnet – den Verschrobenen, Außergewöhnlichen und Exzentrikern ein Denkmal gesetzt werden; haben sie doch auch einen Teil zum Charakter des Breisgaus beigetragen.

### Weltweit auf Draht

Bereits im Jahre 1512 war die Familie »aktenkundig«: Ein elsässischer Landgraf verbriefte den Trabers aus **Vogtsburg** das Recht, im ganzen Land umherzuziehen und aufzutreten. Ihr Metier bestand seit 1799 in ununterbrochener Linie im Seiltanz, bevor sie durch zum Teil halsbrecherische Stunts in schwindelerregenden Höhen, immer aber auf dem Seil und ohne Netz, berühmt wurden. Weltweit bekannt wurden die Artisten unter anderem mit einem Höhenweltrekord, uraufgeführt von Alfredo und Henry Traber 1953 auf der Zugspitze in 2963 Metern Höhe. Die nächste Generation hieß Johann Traber sen., Johann jun. und Falko. Ihre Shows ziehen tausende Zuschauer an. In den letzten Jahren machten die Hochseilartisten wegen einiger Guinnessrekorde Schlagzeilen, aber auch aufgrund eines spektakulären Unfalls. Zuerst die Erfolge: Johann Traber hält den Rekord als schnellster Artist, seit er 1998 am **Freiburger** Schlossberg mit einem Motorrad eine Geschwindigkeit von 96 km/h auf dem Seil erreichte. Falko war am 16.5.1996 auf dem mit 650 Metern längsten Seil der Welt unterwegs. Und hier passierte es: Artistenkollege Lutz Schreyer wollte den Gang mit der Kamera verfolgen, das Seil bewegte sich und er stürzte ab. Wer zusah, bekam einen bleibenden Eindruck der Gefahr, die immer droht, wenn die Seiltänzer gen Himmel streben. 21. Mai 2006: Der 22-jährige Johann Traber stürzt in Hamburg, als der Mast, auf dem er steht, umknickt. Über 2 Millionen Neugierige am Rathausplatz verfolgen gebannt das Geschehen. Johann will bald wieder hinauf aufs Seil, kann jedoch inzwischen nur noch am Boden arbeiten. Ans Aufgeben denkt keiner, trotz der Abstürze, denn die Trabers halten immer zusammen. Johann Traber: »Die Familie ist das Netz.«

### Der fliegende Landbaumeister

Auch der Breisgau hat seinen »Schneider von Ulm«, nur dass dieser von höherem Stand war. Im Jahre 1784 macht der 47-jährige hochfürstlich markgräflich badische Landbaumeister Carl Friedrich Meerwein zu **Emmendingen** einen Flugversuch mit seinem Flugapparat.

Vorausgegangen war eine jahrelange Vorbereitung, die auch in Schriftstücken ihren Niederschlag fand. Meerwein wird gern mit der rhetorischen Frage zitiert: »Der Mensch, sollte der nicht auch mit Fähigkeiten zum Fliegen gebohren seyn?« Den Anfang macht der hohe Beamte mit der Beobachtung der Vögel und ihrer Flugtechnik. Er vermisst Enten, Schwäne und anderes Geflügel, auch um das Verhältnis zwischen Körpergewicht und Tragflächen herauszubekommen, übrigens lange vor Otto Lilienthal. Daraus folgt für den Körper des Landbaumeisters eine Fläche von 12 Quadratmetern, so dass er seinen Apparat auf 10 m Spannweite auslegen muss. 1781 ist es dann so weit: er hat, mit Hilfe des Schreiners Lips, sein Gerät fertiggestellt. Noch zögert er aber,

*Flugpionier Carl
Friedrich Meerwein*

es auszuprobieren, da es an den nötigen Bedingungen fehlt: »Die sicherste Gegend vor [für] einen Lehrling, ohne Lebensgefahr den ersten Versuch zu wagen, wäre ein tiefes Wasser, unmittelbar unter einer etwas beträchtlichen Anhöhe! wie etwann an dem sogenannten Rheinsprung in Basel.« Emmendingen hat so etwas natürlich nicht zu bieten. Gerhard Behnke vermutet in seiner Ortschronik, dass der Erfolg der Brüder Montgolfier, die im Juli 1783 ihren ersten Ballon starteten, Meerwein dann doch dazu veranlasste, einen ersten Flug zu versuchen. Toni Rothmund beschreibt die Szene in seiner Novelle etwa so: Der Pionier steigt im Sommer des darauffolgenden Jahres mit seinem Flugapparat auf einem Handwagen, den sein Helfer Lips den Hang hinaufschiebt, zur Burg hoch. Unten stehen die Emmendinger, möglicherweise auch Oberamtmann Johann Georg Schlosser (vgl. Kapitel »Von Schreibern und Geschriebenem«) und halten den Atem an. Das Gerät wird zusammengesetzt, Meerwein fädelt sich in die unterhalb des Flügeldachs befestigte »Hose« ein, ergreift die Querstange zum Lenken und springt, wohl von einem Schrei der Zuschauer unten begleitet, ab. Der Flug währt leider nicht lange: der kühne Flieger landet – ja, ist es zu fassen? – auf dem Misthaufen des Engelwirts und bleibt dort bewusstlos liegen. Immerhin: Die Dunghaufen-Landung schafft es knapp 200 Jahre später ins renommierte »The Aeronautical Journal«, in dem alle Flugversuche der Menschheit aufgelistet sind. Sicher angesichts des Spotts durch seine Zeitgenossen eine angemessene Würdigung des mutigen Landbaumeisters posthum.

## Vererbtes Fernweh

Gleich eine ganze Familie soll hier vorgestellt werden: Die Schur-hammers vom Rindsberghof im **Glottertal** scheinen so etwas wie ein Fernweh-Gen von Generation zu Generation weitergegeben zu haben. Chronologisch korrekt beginnen wir bei den Brüdern Blasius und dem »hitzigen Joseph« Schurhammer, die von ihrem choleri-schen aber auch rebellischen Vater in die Ferne getrieben wurden. Der eine, Blasius, zieht um 1850 mit Schwarzwälder Uhren in den Osten, letztlich bis zum Ural und verkauft sie dort. Der »Uhren-Bläsi« ist aber nicht nur als ambulanter Verkäufer ein Draufgänger: Er bandelt mit einer Zofe der Stroganows in St. Petersburg an, wird dann aber von einem Gardesoldat ausgestochen. Als nächste Bettstatt finden wir ihn dann in Eriwan auf dem Diwan einer - ver-heirateten – Tatarin. Auch bei ihr kann er aber nicht bleiben. Der ruhelose Geselle wird auf seinen Reisen mindestens drei Mal von Räubern überfallen, kann sich aber immer wieder retten.

Den jüngeren Bruder Sepp zieht es nach Westen, in den wilden nämlich. Er war ebenfalls im heimatlichen Tal ein »unersättlicher Raufbold und Schürzenjäger« (Badische Zeitung vom 12.1.2002), vor allem im **Glotterbad**. Vater Andreas, Jahrgang 1792, der zeit-weise mit dem Rebellen Hecker in der Badischen Revolution ge-meinsame Sache gemacht hatte, schloss sich Sohn und Schwieger-tochter an, weil er den Rindsberghof verkauft hatte. Gemeinsam ziehen die drei an den Mississippi und wer nun meint, die Wogen glätteten sich, hat nicht mit dem oben genannten Gen gerechnet: Der Rindbergsepp verwandelt sich zum »Black Bear« und unter-stützt in voller Rothaut-Montur die Indianer 1862 beim Aufstand der Sioux. Ob dies aufgrund der Liebe zu einer Jolipi Summerwind geschah, wie die Großnichte Romy Schurhammer in ihrem biogra-fischen Roman »Die Wildlinge« beschreibt, wird wohl immer ein Familiengeheimnis bleiben. Sie selbst hat natürlich das Fernweh geerbt und sich bereits als 19-jährige Reporterin nach Afrika bege-ben, ohne männliche Begleitung, mitten in die Mau-Mau-Unruhen 1956. Das war der Beginn ihrer zahllosen Reisen, von denen sie leidenschaftlich berichtete. Schließlich begab sie sich auf den vor-läufig letzten Trip – in die Vergangenheit, zu ihren vom Fernweh getriebenen Vorfahren ...

## Im Bann der Bilder

In welchem Zusammenhang nannten Mitte des 19. Jahrhunderts Fürsten, ja sogar Kaiser und Zaren den Ort **Krozingen**? Auch die Zusatzinformation, dass es sich um die Gebrüder Schneider handel-te, dürfte den meisten Lesern nichts nützen – die beiden Künstler

Art.Anstalt für Photographie u. Stereoscopie von Gebrüder Schneider i.Krozingen.

*Das Atelier der Brüder Schneider in Bad Krozingen*

sind fast in Vergessenheit geraten. Dabei hatten sie im Bereich der Kunst Bahnbrechendes geleistet.

Das Elternhaus der Brüder Heinrich und Wilhelm stand in **Ehrenstetten**, der Vater Trutpert betrieb eine Schreinerei und war bekannt für seine vortrefflichen Arbeiten. Ausgerechnet in dessen Werkstatt soll sich der Franzose Louis Daguerre, der sein Verfahren zur Fotografie überall präsentierte, vorgestellt haben, um sich Kassetten anfertigen zu lassen. Dabei musste er natürlich auch den Schneiders seine neue Technik der Bildbannung zeigen und es heißt, die beiden Buben seien davon geradezu infiziert worden. Der Papa stieg ebenfalls darauf ein und eröffnete 1847 in Krozingen (Staufener Str.1) sein erstes Fotoatelier. Doch ihm war die Warterei auf Kunden zu langweilig und so reiste er, wie sein Vorbild, bald durch die Lande. Nun entwickelte man auch ein Verfahren, stereoskopische Bilderserien zu erstellen, der Durchbruch für das ganz große Geschäft war gelungen. Nun tourte man von Fürstenhof zu Fürstenhof und baute das Wander-»Atelier für photographische Portraitierung« auf. Nachdem der Vater sich aus dem Geschäft zurückgezogen hatte, gingen die Söhne auf Geschäftsreise. Insgesamt 40 Jahre lang zogen die Gebrüder Schneider mit ihrer »Artistischen Anstalt für Photographie und Stereoscopie« durch ganz Europa. Zu dieser Zeit war das Reisen aber nicht ungefährlich, vor allem in östlichen Ländern waren Abenteuer zu bestehen. Einmal wurde der Fotografenzug von einer Meute heulender Wölfe verfolgt, die nur angesichts des Unfalls, wobei die Kutsche mit samt Ladung im Schnee landete, die Flucht ergriff. Wie im Märchen endet die Geschichte der Gebrüder Schneider, nachdem der Film die Zuschauer in seinen Bann geschlagen und die Fotografie nicht mehr *das* Ereignis geworden war. 1890 musste das Geschäft mangels Aufträgen geschlossen werden.

### Der Odysseus des Schwarzwaldes

Eine der schillerndsten Figuren des späten 19. Jahrhunderts in unseren Breiten war gewiss Lorenz Urban Ehrenbiet, 1858 in **Norsingen** geboren und jahrelang mit dem Pfarrer Baur aus **St. Trutpert** brieflich verbunden. Er war von unehelicher Herkunft und viele Autoren, allen voran Ingeborg Hecht, die ihn auch als den »unheiligen Heiligen vom Münstertal« bezeichnet, diagnostizierten diese Tatsache als Urgrund des künftigen, unsteten und immer am Rande des Legalen vagabundierenden Lebenswandels. Immerhin hatte der kleine Lorenz, bei den ersten von insgesamt vierzehn Pflegeeltern aufgewachsen, eine gewisse leidenschaftliche Neigung zu allem Heiligen, Liturgischen. Dabei nahm er es mit der Wahrheit nicht so genau und musste einige Male seinen angeborenen Charme und seine »frische geweckte Art« einsetzen, um nicht bestraft zu werden, was meistens gelang. Mit 13 wollte er ins Kloster gehen und bewarb sich in Basel im Konvent Maria Stein. Dass man ihn dort nicht wollte, scheint so etwas wie eine Wende bei ihm bewirkt zu haben: Er begann ein Leben, das zwischen Anmaßung priesterlicher Ämter und der Flucht vor der Strafverfolgung wechselte. So trieb es ihn, der eigentlich Schneidergeselle war, von Deutschland nach Österreich, Italien, Frankreich, in die Türkei und bis nach Jerusalem. Meist war seine Aufenthaltsorte Kirchen und Klöster oder – wenn er geschnappt worden war – Gefängnisse. Am 27.5.1887 kehrte er einmal wieder ins Münstertal zurück. Vor **Staufen** wurde er aber von einem Gendarmen festgehalten. Wie so oft musste Pfarrer Baur seinen guten Namen einsetzen und Ehrenbiet schriftlich für »nicht recht im oberen Giebelstübchen« erklären. Weil er unerlaubt in **Horben** als Kapuziner gekleidet eine Maiandacht hielt, wurde er verfolgt, konnte aber noch entkommen. Aus einem Brief kann man die ganze Enttäuschung über den »Verrat« des Pfarrers lesen: »Seine Hochwürden Pfarrer Baur hat mich einen Strolch geheißen, weil ich ein Ordensgewand angezogen und in Horben das Evangelium gepredigt habe; das ist also das Gericht dieser Welt. O, ihr Münstertäler! Könnte ich euch doch die Worte des Heilands tief ins Herz prägen: Richtet nicht, damit ihr nicht gerichtet werdet! [...] Ihr Münstertäler gleicht dem Pharisäer im Tempel, der Gott dankte, daß er nicht sei wie die anderen Sünder! [...] O man hört schreckliche Dinge von euch! der eine hat sich erhängt, der andere ersäuft,

Vagabund mit Hang
zum Priester: Lorenz
Urban Ehrenbiet

dem einen hat Gott den Verstand genommen [...] Selbst Unzucht, Kindsmord, Meineid und dergleichen Greuel herrschen unter euch. Genug davon, zur Zeit befinde ich mich auf der Pilgerfahrt nach Jerusalem [...]« – wo er überraschend mal eben zum Islam konvertierte. Gewillt, wieder zum katholischen Glauben zurückzukehren, musste er von Smyrna heimlich nach Jaffa und Jerusalem fahren, denn man wollte von ihm eine öffentliche Buße. Ab 1900 weilte er dann in Südfrankreich und sein Leben ging auch so weiter. Von Selbsttäuschung und Enttäuschung vorangetrieben, aber nicht vor kleinen Diebereien zurückschreckend, zog er durch Deutschland, bis er 1935 in Wiesenau/Oberfranken starb.

### Der Robin Hood des Elztals

In Oeflingen bei Donaueschingen wurde im Jahre 1859 der Mann geboren, der als lediger Schlosser in der Gegend von **Elzach** sein Unwesen treiben sollte. Im Gegensatz zu den im Kapitel »Aus der Geschichte« beschriebenen Räubern begnügte sich Johann Mauthe oft mit kleineren Diebstählen und vor allem – er war Einzeltäter. Wahrscheinlich wirkte er, zumal er sich fast unsichtbar machen konnte und mal hier mal dort auftauchte, wie eine ganze Bande. Von **Freiamt** bis Simonswald und ins **Glottertal** reichte sein Revier. Er suchte sich seine Opfer genau aus, bestahl nie die ganz Armen,

Die Fastnachtsfigur
des »Maudi« geht
auf einen
Räuber zurück

sondern verteilte oft genug unter ihnen, was er den Reicheren genommen hatte. Diese erpresste er, indem er an die Türen schrieb:
»Maudi dagewesen«. Es gab auch ein programmatisches Gedicht
über seine vermeintliche Bande: »Wir sind unserer dreißig / stehlen
tun wir fleißig / den Armen nehmen wir nichts / und den Reichen
schadet's nichts.« Am 4.6. 1897 wird er in **Denzlingen** im »Grünen
Baum« verhaftet und nach **Waldkirch** überstellt, wo er sich in der
Zelle das Leben nimmt. Viele Geschichten gab's über ihn, auch
viele, die ihn als Schreckgespenst darstellten.

Interessant ist, dass diese auch »Maudi« genannte Figur später in
der **Elztäler** Fastnacht zum Nachtwächter mit Frau stilisiert wurde.
Bis heute rufen die Narren:

        Stehn uff, stehn uff!
        Ihr Narre alli wissts,
        der Moudi Schwarz euer Hauptmonn isch!

### Der erste Aussteiger

Der gebürtige **Jechtinger** Emil Gött (1864–1908) ist vor allem als
Schriftsteller (vgl. Kapitel »Von Schreibern und Geschriebenem«)
und als Autor der Zeitschriften »Simplicissimus« und »Jugend« bekannt geworden. Er selbst aber sah sich als Bauer und Erfinder, und

auf Reisen pflegte er sich ins Fremdenbuch als »Gärtner« einzutragen. Sein Lebensziel: die Kluft zwischen Natur und Intellekt zu überwinden.

Sein Haus am Waldrand bei **Freiburg**-Zähringen zog Freigeister und Querdenker magisch an. Tage- und nächtelang wurde hier diskutiert. Gött selbst war kein Theoretiker; er zog es vor, im Garten zu arbeiten oder sich dem Erfinden zu widmen: Auf sein Konto gehen ein Rucksack, der zugleich als Hängematte oder Schlafsack dienen konnte; die ausfahrbare Feuerwehrleiter; Schutzvorrichtugen gegen Eisenbahnunfälle; Gipsplatten zum Bau preiswerter Häuser und vieles mehr. Kurz vor seinem Tod entwickelte er ein Verfahren, mit dem aus Ginster Textilfasern gewonnen werden können. Seine Schulden wurde er durch

Der erste Aussteiger Emil Gött

diese Erfindungen nie los, da ihm das Talent fehlte, sich und seine Ideen gewinnbringend zu vermarkten. Idealist und Menschenfreund, der er war, hatte er freilich auch ganz andere Prioritäten. So erwarb er eine Kiesgrube, um Arbeitslose zu beschäftigen. Dass er sich das Geld für deren Lohn zusammenborgen musste, störte ihn nicht weiter. Auf Vorhaltungen seiner Freunde, er ruiniere sich, zuckte er nur die Schultern: »Wenn nur die Armen florieren!«

Antriebskraft für seine Unternehmungen war ein zutiefst humanistisches, ja christliches Denken. 1900 schrieb er in sein Tagebuch: »Ich habe nur den einen und höchsten Wunsch, ein tägliches Gebet: Nur dem Leben nicht schaden.« Einer seiner Bewunderer, der Freiburger Schriftsteller und Journalist Franz Schneller (auch er ein Unangepasster), schrieb: »Sein Haus brauchte keine Schlösser. Er störte keinen Wanderer, der nachts über die Holzbrücke vom Hang zum Boden lief, um in einer Kammer zu nächtigen. Es war noch Zeit, ihn am Morgen mit Tee und Brot zu bewirten und ihn bei einem Schmaus von frischem Obst zu fragen, was ihn zu ihm geführt. Wer gekommen wäre, um zu stehlen, hätte auch ein Schloss aufgebrochen. Es gab wohl solche, die ihn ausnützten, aber das war eine menschliche Schwäche, leicht zu verzeihen. Seine Freiburger Zeitgenossen sahen in ihm den Spinner, heute ist eine Schule in Zähringen nach ihm benannt – jene Volksschule, zu der er immer den ersten Ertrag seiner Apfelbäume brachte. Er starb 1908, knapp 44-jährig an einem Herzleiden (UF, 177f).

### Harriet Straub

Manche sagen, dass das Leben der Maria Hedwig Luitgardis »Harriet« Straub, am 20.1.1872 in **Emmendingen** geboren, im krassen Gegensatz zu der Existenz Cornelia Goethes steht. Diese uneheliche Tochter eines Notars, aus sehr einfachen Verhältnissen, befreit sich und zieht in die Welt, Cornelia Schlosser darbt und vegetiert innerlich in der als Gefängnis empfundenen Kleinstadt (siehe Kapitel »Von Schreibern und Geschriebenem«).

Der Lebensweg der Harriet Straub ist zu reich, als dass man alle Details aufzählen könnte. Stationen der im Laufe der Zeit immer kritischer vor allem gegenüber der Männerwelt werdenden selbstbewussten Frau sind: Berlin (1891 Gymnasialkurse der Helene Lange), Aarau (1895 Abitur und Studium in Zürich), Paris (Sorbonne, Abschluss als Dr.med. umstritten). Die folgende Episode hat sie bekannt gemacht und zeigt ihre Unerschrockenheit und innere Stärke. Im Auftrag der französischen Regierung geht sie als Ärztin in die Sahara – ein Foto zeigt sie in Beduinen-Kleidung. Was sie dort besonders fasziniert, sind die Harems-Gemeinschaften, die sie erforscht und in dem bereits in Berlin erfahrenen Feminismus bestärken. Hier entstehen auch einige Erzählungen, die die Wüste als spirituellen Ort beschreiben. Nach zwei kurzen Ehen kehrt sie

1904 nach Freiburg zurück, um ihr Medizinstudium zu vertiefen und lernt dort den Philosophen Fritz Mauthner kennen, der durch seine »Sprachkritik« bekannt wurde, an deren Entstehung Straub einigen Anteil hatte. Auch jetzt schreibt sie wieder, nach den Wüstenerzählungen sozusagen die Gegen-Exotik: »Rupertswiler Leut«, Dorfgeschichten aus dem Schwarzwald, die, laut Kritik, alles andere sind als Heimatliteratur, »vielmehr mit subversivem Witz die Lebens- und Überlebenskünste von Frauen in einer von geistlichen und ungeistigen Würdenträgern dominierten Welt schildern«. Die späte Literatin und Abenteurerin lebt bis zu ihrem Tod zurückgezogen in Meersburg. Ihre Haltung fern jeder Konvention zeigt auch ihr letzter Wille: »Bitte mich so in den Sarg zu legen, wie ich gerade bin. Nicht an mir herumwursteln, anziehen, waschen etc. Für die Würmchen ist das alles Nebensache.«

### Ein großherzoglich-badischer Kammerherr

Mit diesem Titel hätte man ihn ansprechen müssen, wenn man ihm Ende des 19. Jahrhunderts in **Biengen** begegnet wäre. Die Bewohner des idyllischen Breisgauortes sprachen von Franz Anton Joseph Freiherr von Neveu (1889–1918) aber liebevoller vom »Franzele«. Das hat seinen Grund in dem nicht gerade hochherrschaftlichen Benehmen des Adligen, um den es zahlreiche Anekdoten gibt. Jennifer Ruh beschrieb in der Badischen Zeitung sein Naturell einmal als »Inbegriff südbadischer Treuherzigkeit«. Er soll auch recht umfangreich gewesen sein und einen gesegneten Appetit gehabt haben. Zu dem Original gehörte auch sein unverwechselbarer Dialekt. Eines sonntags ver-

*Franz von Neveu, Schlossherr von Biengen*

langte er vom Ochsenwirt in **Bad Krozingen**: »Siegel, wissetse was, am liebschte tät i jetz e Paar Knackwürscht verdrucke!« Er konnte aber auch anders: Da der Erzbischof Nörber den Baron öfters, vor allem werktags im **Freiburger** Münster gesehen hatte, sprach er »s'Franzele« direkt an und teilte ihm mit, er sei sehr erfreut, dass dieser den Weg ins Gotteshaus gefunden habe. Der Baron antwortete, »Exzellenz, mein Weg führt mich halt von einer Gottesgabe zur anderen Gottesgabe« und verschwand. Der Gourmet hatte nämlich bemerkt, dass der kürzeste Weg vom Gasthaus »Hummele« zum »Rappen«, beide auf dem Münsterplatz, durch die Kathedrale führte. Sein Appetit war legendär und genauso scheinen die Umstände seines Todes gewesen zu sein. Denn als er am 29.7.1918 starb, wähnten einige Krozinger, er sei schlicht verhungert.

### Der glückliche Glottertäler

Das Fernweh scheint mehreren Bewohnern des idyllischen Tals in die Wiege gelegt worden zu sein. Der 25-jährige Müllergeselle Hermann Hoch vom Gullerhof aus dem **Glottertal** las 1897 in der Zeitung von Goldfunden in Klondike (Kanada). Ohne lange zu überlegen schloss er sich den Vielen an, die dem Ruf des Edelmetalls im sogenannten »Goldrausch« folgten und die in den allermeisten Fällen scheiterten. Hoch muss mit unsäglicher Zähigkeit und unbeugsamem Ehrgeiz gesegnet gewesen sein, denn er überwand zuerst einmal die beschwerliche Reise nach Dawson im Nordwesten Kanadas.

*Hermann Hoch:*
*Glottertäler*
*mit Fernweh*

Was den meisten nicht gelang, Hermann Hoch gelang es, auch wieder dank zähem Fleiß: Mit einem Kollegen fand er insgesamt 28 000 Unzen Gold, was etwa dem Wert von einer halben Million Dollar entsprach. Durch den Reichtum dennoch nicht leichtsinnig geworden, erwarb er in New Mexico eine Mühle, kehrte ins Glottertal zurück und heiratete eine junge Schwarzwälderin. Das Märchen geht jedoch nicht gut aus: Hoch hatte, so berichten es die Quellen, bei seiner fieberhaften Goldsuche auch seine Gesundheit aufs Spiel gesetzt. Der Norden des Landes ist allerdings auch berühmt für seine harten Winter. Der Millionär starb, erst 40-jährig, 1912 an einer Lungenentzündung. Von ihm blieb ein altes Foto, das ihn mit Fellmantel und Pelzmütze sowie dicken Handschuhen zeigt. Sein Blick verrät jene Entschlossenheit, die ihn von der Glotter an den Yukon getrieben und ein kurzes Glück beschert hatte.

### Ein Leben auf dem Rad

Schon nach dem Ersten Weltkrieg wurde in **Merzhausen** der Radlerverein »Rekord« gegründet, der dem Zweirad einige Freunde gewann. In den 30er-Jahren allerdings wurde er wieder aufgelöst. Die Begeisterung für die Drahtesel verebbte jedoch nie, vor allem nicht in der Familie des ehemaligen Vorsitzenden Sütterlin, der 1937 den Schauinslandrekord aufstellte. Dessen Sohn Fritz, der in den Nachkriegsjahren mit Fahrzeugen aller Art handelte, erreichte in den frühen 60ern mit dem Rennrad große Popularität. 1963 fuhr er eine Strecke von 9042 km in 30 aufeinanderfolgenden Tagen und stellte damit den Langstreckenweltrekord auf. Täglich schwang er sich in den Sattel und meisterte durchschnittlich 301 km. Die Strecke führte ihn von Merzhausen über Weil am Rhein, zurück nach **Freiburg**, bis Offenburg, zurück zum Startort, um dann eine Schleife über **Staufen** zu drehen. Im Jahr darauf wollte Sütterlin wissen, wie lange er am Stück durchhalten würde und kam auf eine Summe von 1003 km in einer Zeit von 37 Stunden, 40 Minuten. Er war »Sportler des Jahres« 1964. »Mein Vater ist nie mit einem schmutzigen Rad gefahren, er trug immer schneeweiße Socken«, berichtete einmal Sohn Manfred. Sport hält jung: 2014 starb der Radprofi mit 99 Jahren.

Zu dem Pionier mit der Draisine vgl. UF, 141f.

### Der Weinrebell

»Franz Keller (*1927 in **Oberbergen**; † 28. März 2007 ebenda) war ein deutscher Winzer, Weinhändler, Gastronom und Hotelier.« So informiert uns die Wikipedia-Seite zu einem der interessantesten Kaiserstühler Dickschädel. Als 17- oder 18-Jähriger wurde er beim Rückzug der deutschen Truppen 1945 für sein weiteres Leben geprägt, als er in einem Gut untergebracht wurde, dessen Herrin viel Geschmack für guten Wein hatte. Hier wurde Keller mit französischem Wein vom Feinsten verwöhnt. Nach Oberbergen zurückgekehrt, baute er einerseits über die Jahre das größte Bordeaux-Lager Deutschlands auf, gründete andererseits mit Frau Irma das Restaurant »Schwarzer Adler«, das 1969 seinen ersten Michelin-Stern bekam. Seit dieser Zeit hat das bekannte Gourmet-Haus jährlich mindestens einen der begehrten Symbole aufzuweisen. Wegen seiner Liebe zum französischen Rotwein wurde er in den Anfangsjahren angefeindet – es soll sogar Demonstrationen gegeben haben –, außerdem zeigte er sich auch sonst als streitbarer Verteidiger einer Gegenposition zum Mainstream. Unter dem Pseudonym Fridolin Schlemmer (der er ja auch war!) zog er mit Parolen wie »Sortenvielfalt statt Funktionärseinfalt« in den önologischen Kampf. Ein Höhepunkt seiner Unbotmäßigkeit stellte die Verurteilung in zweiter Instanz durch die VIII. Strafkammer des Landgerichts **Freiburg** am 19.2.1993 dar. Keller hatte widerrechtlich die alte Rebsorte Elbling – die die Römer hier einst einführten – von Winzern angekauft und verarbeitet. Diese war nur noch als Haustrunk genehmigt. Außerdem hatte der Rebell den verbotenen Lemberger an- und zu Rotwein ausgebaut. Vor Gericht gab sich der streitbare Winzer selbstbewusst: So sei er »seit 1960 schon ein unbequemer Mann« gewesen, der »eine Gegenfront gegen die Unkultur der gewaltsamen Verfälschung der Weine in den Winzergenossenschaften aufgebaut« hätte, gegen »die Selbstherrlichkeit der Funktionäre und Geschmacksdiktatoren«. Seine Anti-Regulierungs-Eskapaden brachten ihm übrigens auch die Bezeichnung »Don Quichotte vom **Kaiserstuhl**« ein, berichtete die Badische Zeitung am 22.2.1993.

### Bis zu den Sternen

Es gäbe sicherlich viele Künstlerpersönlichkeiten, die man vorstellen könnte, dennoch ragt einer durch seine geradezu weltgewandten Arbeiten heraus: Helmut Lutz, 1941 in **Freiburg** geboren und seit 1971 in **Breisach** tätig, wollte mit seinen Plastiken schon immer weit über den Breisgau hinaus. Er habe Schwierigkeiten, »die Ideen abzustellen« äußerte er sich gegenüber der Badischen Zeitung anlässlich seiner Abschiedsaufführung im Juni 2017 im Breisacher Münster. Einerseits also kam er selbst seinen Inspirationen mit dem Schaffen nicht hinterher, andererseits zelebrierte er das Ende seines Kreierens, wie wenn er in Rente ginge. Genauso originell nehmen sich seine Kunstwerke aus, von denen viele in der Region, aber auch im übrigen Europa stehen. Eine Auswahl: Sternenweg, Sarajewo – Klangschiff »Im Augenblick«, Friedrichshafen – »Radbühne« am Radbrunnen Breisach (vgl. Kapitel »Aus der Geschichte«), »Europa greift nach den Sternen«, Münsterplatz, Breisach – »Sackträgerbrunnen«, **Denzlingen**, 1974 – Brunnen vor dem Landratsamt Freiburg – Gestaltung des »Cafés Galerie Etoile«, Breisach, 2011, das er verpachtet hat und in dessen Nähe er wohnt. Der Vater von sechs Kindern hat aber auch insgesamt 35 Kirchen gestaltet, neben kleineren Plastiken wie etwa vor dem Martin-Schongauer-Gymnasium in Breisach. 2011 hatte er auch – aus Liebe zum Münster – die neuen Glocken der Kathedrale seiner Wahlheimat entworfen und damit seinen persönlichen Beitrag zur Baugeschichte des Gotteshauses geleistet, an dem ihm besonders viel liegt. Die Lutzschen Werke, die man als Riesencollagen verschiedener symbolischer Elemente bezeichnen könnte, verweisen meistens auf Menschliches, aber auch die europäische Geschichte, bis hin zu den Sternen. Sie sollen Gesamtkunstwerke sein, Lutz hat zu einigen Großinstallationen sogar eigene Mysterienspiele verfasst. Sein Abschiedswerk nannte sich denn auch »Welt*uhr*aufführung«, ein Spiel um und mit Zeit und Vergänglichkeit. »Es ging mir immer nur ums Finden und weniger ums Suchen«, gab er in dem obengenannten Interview an – ob er wohl genug Ruhe findet?

# Bibliographie

Allgeier, Rudi: Die Snewlin von Landeck 1300-1620. In: Schmidt, Peter: Teningen. Ein Heimatbuch. Teningen 1990.

Arbeitsgemeinschaft Heimatkunde Kenzingen: Kenzingen. Bühl 1953.

Arbeitskreis Heimatkunde Emmendingen: Tennenbacher Klosterbesitz. Emmendingen 2004.

Arens, Christoph: Das Jahr ohne Sommer. In: Badische Zeitung, 8.4.2015.

Auer, Gerhard (Hrsg.): Jechtingen am Kaiserstuhl. Sasbach 1992.

Bächtold-Stäubli, Hanns/Hoffmann-Krayer, Eduard (Hrsg.): Handwörterbuch des deutschen Aberglaubens. Berlin, Leipzig 1927.

Behnke, Gerhard: Emmendingen im Jubiläumsjahr 1590-1990. Emmendingen 1990.

Bender, Hans/Oberhauser, Fred: Schwarzwald und Oberrhein – Literarischer Führer. Frankfurt 1993.

Birkmann, Thomas/Dieke, Maren: Runen in Südbaden. Freiburg 2005.

Bittel, Kurt: Die Kelten in Baden-Württemberg. Stuttgart 1981.

Brinkmann, Rolf: Die Hochburg bei Emmendingen. München, Berlin 2007.

Brommer, Hermann: Der Tuniberg. München, Zürich 1978.

Brommer, Hermann: Merdingen. München, Zürich 1989.

Brommer, Hermann: Wallfahrten im Erzbistum Freiburg. München, Zürich 1990.

Döblin, Alfred: Berlin Alexanderplatz. Olten 1961.

Doelfs, Isolde/Geiges, Leif: Bad Krozingen. Freiburg 1979.

Erdmann, Elisabeth (Hrsg.): Staufen i.Br. Freiburg 1989.

Fahl, Walter: Schönberg-Batzenberg-Panorama. Freiburg o.J.

Feger, Robert: Ritter, Fürsten und Melusinen. Geschichte und Geschichten von Burgen und Schlössern in Südbaden. Freiburg 1978.

Fritz, Astrid: Die Hexe von Freiburg. Reinbek 2003.

Fritz, Astrid: Der Pestengel von Freiburg. Reinbek 2011.

Fritz, Astrid: Die Himmelsbraut. Reinbek 2012.

Fritz, Astrid: Unter dem Banner des Kreuzes. Reinbek 2016.

Fritz, Astrid/Thill, Bernhard: Unbekanntes Freiburg. Freiburg 2015.

Futterer, Adolf: Achkarren am Kaiserstuhl. Achkarren 1969.

Geiges, Leif: Fausts Tod in Staufen. Freiburg 1981.

Geiges, Leif: Das Hexental. Freiburg 1983.

Gloger, Bruno/Zöllner, Walter: Teufelsglaube und Hexenwahn. Wien 1999.

Grimm, Jacob und Wilhelm: Kinder- und Hausmärchen. München 1956.

Grimmelshausen von, Hans Jacob Christoffel: Der abenteuerliche Simplicissimus Deutsch. Stuttgart 1996.

Gürth, Peter: Alte Heimat, neue Welt. Tübingen 2012.

Hacker, Werner: Auswanderungen aus Baden-Württemberg. Aalen 1980.

Hauptmann, Arthur: Burgen einst und jetzt, Band 2. Konstanz 1987.

Hauß, Heinrich / Schmid, Adolf: Badisches Kalendarium. Leinfelden-Echterdingen 2006.

Hecht, Ingeborg: Der Siechen Wandel. Freiburg 1982.

Hecht, Ingeborg: In tausend Teufels Namen. Freiburg 1977.

Hecht, Ingeborg: Münstertal / Schwarzwald. Geschichte und Geschichten. Münstertal 1974.

Heim, Ines (Bearb.): Die Schwarzen Führer: Schwarzwald. Freiburg o. J.

Henning, Rudolf: Amoltern – eine christliche Kommune? In: Watzka, Volker: 's Eige zeige. Jahrbuch des Landkreises Emmendingen 9/95. Emmendingen 1988.

Hermann, Manfred: Kath. Pfarrkirche St. Fides und Markus – Sölden. Lindenberg 2002.

Hoch, Bernhard: Das Glottertal. Glottertal 1995.

Hudek, Franz-Peter: Burgen am südlichen Oberrhein. Freiburg 1983.

Hug, Wolfgang / Barghop, Dirk.: Der Breisgau. Zeugnisse seiner Geschichte. Quellenleseheft zur Regionalgeschichte. Frankfurt 1991.

Huggle, Ursula: Für unser' Müh' und Arbeit nit ein Korn. Bühl 1996.

Jahnke, Dargleff: Von den Ketzerprozessen zur Hexenverfolgung. In: Badische Zeitung, 27.10.2015.

Jebens, Klaus: Die Burg in Staufen und ihre Bewohner. Freiburg 2001.

Kaschnitz, Marie-Luise: Beschreibung eines Dorfes. Frankfurt 1979.

Kästner, Erhart: Zeltbuch von Tumilat. Frankfurt 1976.

Katholische Pfarrgemeinde St. Peter und Paul – St. Ulrich. Regensburg 1967.

Kern, Franz: Sölden. Geschichte eines kleinen Dorfes. Sölden 1995.

Killian, Hans: Emil Gött – ein Jechtinger. In: Auer, Gerhard (Hrsg.): Jechtingen am Kaiserstuhl. Sachbach 1992.

Killy, Walther: Literatur-Lexikon. Berlin 2005.

Klock, Paul: Ein Findender, kein Suchender. In: Badische Zeitung, 10.6.2017.

Kluckert, Ehrenfried: Mittelalterlicher Bilderbogen. Bremgarten 1999.

Koll, Anna: Tornado-Chronik. In: Badische Zeitung, 30.8.2014.

Kremp, Vinzenz: Geschichte des Dorfes Umkirch. Umkirch 1984.

Krieger, Albert / Badische Historische Kommission (Hrsg.): Topographisches Wörterbuch des Großherzogtums Baden. Heidelberg 1904.

Krumm, Erwin: Masken unserer Stadt Elzach. Stuttgart 1975.

Künzig, Johannes: Schwarzwald-Sagen. Jena 1930.

Kurrus, Karl: Die St. Katharinenkapelle auf dem Kaiserstuhl. Endingen 1962.

Kurrus, Karl: Die unschuldigen Kinder von Endingen. Endingen 1965.

Kury, Josef: Horben bei Freiburg. Villingen o. J.

Lange, Manfred: Äbte, Vögte, Bergleute. Gewerbechronik der Gemeinde Münstertal / Schwarzwald. Freiburg 1991.

Leßner, Reinhard: »Die Zeiten eines Robin Hood sind längst vorbei«. In: Badische Zeitung, 22.2.1993.

Losch, Bernhard: Steinkreuze in Südwestdeutschland. Tübingen 1968.

Ludwig, Hermann: Der Schniederlihof. Freiburg, o. J.

Mahal, Günther: Faust. Bern / München 1980.

Meckel, Eberhard: Bad Krozingen. Vergangenheit und Gegenwart. Freiburg 1959.

Mecking, Hans / Weber, Josef: Heimat am Oberrhein. Freiburg 1961.

Meier, Hermann: Die Geschichte des Benediktinerklosters St. Trutpert. In: Hecht, Ingeborg: Münstertal / Schwarzwald. Münstertal 1974.

Merkle, Anton: Au im Hexental. Freiburg 1981.

Merkle, Eberhard: Bad Krozingen. Freiburg 1959.

Meroth, Ekkehrad / Berkemer, Susanne: Bad Krozingen – Vergangenheit und Gegenwart. Freiburg 2008.

Metz, Hermann (Hrsg.): 850 Jahre Hochstetten. Breisach 1989.

Mühleisen, Hans-Otto: Kunst am Kaiserstuhl. O.O. 2006.

Müller, Peter: Stehn uff, stehn uff! Ihr Narre alli wissts, der Maudi Schwarz euer Hauptmann isch! In: Watzka, Volker: 's Eige zeige. Jahrbuch des Landkreises Emmendingen 9/95. Emmendingen 1988.

Nachbar, Toni: Geister am Himmel, Herzinfarkt im Stall. In: Badische Zeitung: 27.12.2015.

Oeschger, Bernhard (Hrsg.): Endingen am Kaiserstuhl – Die Geschichte der Stadt. Endingen 1988.

Perger, Anton von: Deutsche Pflanzensagen. Stuttgart 1864.

Pölzl, Johanna: Wie die Kirche ins Dorf kam. Kirchzarten 2011.

Rambach, Hermann: Die Agatha stand im Hexenbuch. In: Badische Zeitung, 29.10.1964.

Rambach, Hermann: Waldkirch und das Elztal. Band 2. Waldkirch 1991.

Regierungspräsidium Freiburg (Hrsg.): Die Naturschutzgebiete im Regierungsbezirk Freiburg. Ostfildern 2004.

Rieple, Max: Sagen und Schwänke vom Oberrhein. Konstanz 1969.

Rombach, Peter: Unbekanntes Dreisamtal. Stegen 2006.

Schanno, Fritz: Ernstes und Heiteres aus Breisachs Geschichte. Breisach o. J.

Schmidt, Kurt: Thaddäus Rinderle. München 1981.

Schmidt, Peter: Teningen. Ein Heimatbuch. Teningen 1990.

Schmidt-Abels, Georg: Südwestwind. Freiburg 1989.

Schmidt-Abels, Georg: Wunderquell und Heidenstein. Tübingen 2010.

Schönhuth, Ottmar (Hrsg,): Die Burgen, Klöster, Kirchen und Kapellen Badens und der Pfalz. Lahr 1870.

Schott, Clausdieter: Totschlag – »Schmach« – Friedbruch. Die Ebringer Kirchweih. In: Zeitschrift des Breisgau-Geschichtsvereins »Schau-ins-Land«, 130. Freiburg 2011, S. 51 ff.

Schott, Clausdieter / Weeger, Edmund (Hrsg.): Ebringen – Herrschaft und Gemeinde. Ebringen o. J.

Schuler, Max: Im Windschatten flattern die Vorhänge. In: Badische Zeitung, 18.5.2016.

Schwarz, Peter (Red.): Beiträge zur Geschichte von St. Ulrich. Bollschweil 1993.

Siebold, Heinz: Das Grundgesetz in der Tonne. In: Der Sonntag, 9.10.2016.

Stadler, Joh. Evang.: Heiligen-Lexikon. Augsburg 1858.

Steffens, Thomas: 1200 Jahre Neuershausen. March 1989.

Steinhart, Andrea / Frietsch, Manfred: Heuweiler wacht auf: Wir sind 750! In: Badische Zeitung, 22.3.2016.

Süss, Rolf (Hrsg.): Opfingen – Heimat am Tuniberg. Opfingen 1978.

Tolksdorf, Stefan: Die Saga aus dem Glottertal. In: Badische Zeitung, 12.1.2002.

Trenkle, Hermann: Der Totentanz in der Beinhauskapelle zu Bleibach. Sexau 2009.

Treu, Ursula (Hrsg.): Physiologus. Hanau 1987.

Walser, Gerhard: Tagebuchmuseum im Alten Rathaus. In: Badische Zeitung, 21.9.2012.

Watzka, Volker: 's Eige zeige. Jahrbuch des Landkreises Emmendingen 9/95. Emmendingen 1995.

Weber, Josef: Zur Geschichte der Stadt Elzach. Elzach 1978.

Welker, Klaus: Volksfrömmigkeit im Erzbistum Freiburg. Straßburg 1997.

Wellmer, Martin: Altes und Neues von der Burg Landeck. In: Alemannisches Jahrbuch. Bühl 1970, S. 38ff.

Werner, Johannes: Bock und Sündenbock. In: Hecht, Ingeborg: In tausend Teufels Namen. Freiburg 1977, S. 121ff.

Wickram, Jörg: Das Rollwagenbüchlein. O.O. 1962.

Wißler, Karl: Merzhausen. Geschichte eines Breisgaudorfes im Hexental. Freiburg 1981.

Zink, Gerold: Plopp – mit Zug den richtigen Dreh finden. In: Badische Zeitung, 24.7.2015.

Zoberst, Ernst: Sitten, Gebräuche und Aberglaube zu Weisweil. In: Alemannia, 1912, S. 140ff.

Zweig, Stefan: Marie Antoinette. Stuttgart o. J.

## Im Internet

www.gleichsatz.de/b-u-t/221149/lulu.html (=Lütkehaus, Lutger: Die Schriftstellerin Harriet Straub)

www.traber-show.de (=Familie Traber)

# Bildnachweise

## Facetten des Breisgaus

Karte aus: Hug, Wolfgang: Der Breisgau. Zeugnisse seiner Geschichte. Frankfurt 1991, Umschlag

Kometenformen aus: Bächtold-Stäubli, Hanns (Hrsg.): Handwörterbuch des deutschen Aberglaubens. Berlin 1930, Bd. 5, Sp. 153/4

Marie Antoinette aus: Bahnke, Gerhard: Emmendingen im Jubiläumsjahr 1590–1990. Emmendingen 1990, S. 81

Maria Theresia aus: Schanno, Fritz: Ernstes und Heiteres aus Breisach, Breisach 1997, S. 22

Wappen Hercules aus: Badische Zeitung, 20.7.1988

Anzeige Auswanderung aus: Lange, Manfred: Äbte, Vögte, Bergleute. Freiburg 1991, S. 22

Auswanderer aus: Gürth, Peter: Alte Heimat, neue Welt. Tübingen 2012, S. 108

Abschiedsszene aus: Gürth, Peter: Alte Heimat, neue Welt. Tübingen 2012, S. 107

Elzach-Dollar aus: Weber, Josef: Zur Geschichte der Stadt Elzach, Elzach 1978, S. 90

Pferdle aus: Badische Zeitung, 24.7.2015

## Alltagskultur und Brauchtum – Museen

Glottertäler Nachtigallen aus: Badische Zeitung, 22.8.2017

Bauern übergeben den Zehnten aus: Huggle, Ursula: Für unser' Müh' und Arbeit nit ein Korn. Bühl/Baden 1996, Titelseite

Bauernpaar beim Mähen aus: de Crescentis, Petru: Commodorum ruralium. Speyer 1493, aus: Steffens, Thomas: Neuershausen, S. 72

Tanzende Bauern aus: Orthbrandt, Eberhard: Bildbuch Deutscher Geschichte. Baden-Baden 1955, S. 263

Wappen Horben aus: Kury, Josef: Horben bei Freiburg. Villingen o.J., Titelseite

Glotterbad aus: Rambach, Hermann: Waldkirch und das Elztal, Bd. 2. Waldkirch 1991, S. 491

Wundmensch aus: Paracelsus, (Philippus Theophrastus von Hohenheim): Die große Wundarznei. Augsburg 1536, XXv

Lehrer Lämpel beim Orgeln aus: Busch, Wilhelm: Max und Moritz. München 1953, S. 27

Mundlelarve aus: Krumm, Erwin: Masken unserer Stadt Elzach. Stuttgart 1975, S. 22

Guy-Fawkes-Maske aus: www.geckoandfly.com/9982/printable-guy-fawkes-mask-cut-out/

Zauberkreis aus: Faust, Dr. Johann: Vierfacher Höllenzwang. ND Augsburg 1977, S. 53

»Valedictio« aus: Faust, Dr. Johann: Manual-Höllenzwang. ND Augsburg 1977, Titelseite

Untersuchung eines Aussätzigen aus: Hecht, Ingeborg, Der Siechen Wandel. Freiburg 1982, S. 34

Kellermeister aus: Lange, Manfred: Äbte, Vögte, Bergleute. Freiburg 1991, S. 101

Schniederlihof aus: Ludwig, Hermann: Der Schniederlihof. Freiburg o.J., S. 8

## Aus der Geschichte

Burg mit Ritter und Bauern aus: Konrad Botho: Cronecken der Sassen. Mainz 1492

Wappen Achkarren: Futterer, Adolf: Achkarren am Kaiserstuhl. Achkarren 1969, Titelseite

Rekonstruktion Schneeburg aus: Hauptmann, Arthur: Burgen einst und jetzt, Bd. 2. Konstanz 1987, S. 39

Bauer und Soldat/Dreißigjähriger Krieg aus: Steffens, Thomas (Red.): 1200 Jahre Neuershausen. March 1989, S. 88

Musketiere/Deißigjähriger Krieg aus: Hauptmann, Arthur: Burgen einst und jetzt, Bd. 2. Konstanz 1987, S. 31

Greueltaten/Angreifer auf dem Schwert aus: Rinker, Reiner: Die Geschichte Baden-Württembergs. Stuttgart 1986, S. 92

Gemäldeausschnitt mit Gräfin aus: ebd., S. 295

Wappen Duran aus: Steffens, Thomas (Red.): 1200 Jahre Neuershausen. March 1989, S. 93

Schinderhannes/Geheimschrift aus: Faltblatt zur Ausstellung »Schurke oder Held?«. Badisches Landesmuseum Karlsruhe 1995

Geheimzeichen der Räuber aus: Auer, Gerhard A. u.a.: Vörstetten - Ein Dorf im Wandel der Zeit. Vörstetten 1993

Überfall auf ein Pfarrhaus aus: ebd., S. 116

Burg Landeck/Panorama aus: Ring, Max von: Malerische Ansichten der Ritterburgen des Großherzogtums Baden (4), o.S.

Talvogtei aus: Badische Zeitung, 23.11.2015

Landkartenausschnitt mit »America« aus: Orthbrandt, Eberhard: Bildbuch Deutscher Geschichte. Baden-Baden 1955, S. 250

Globusausschnitt aus: Orthbrandt, Eberhard: ebd., S. 251

Textstelle mit »America« aus: ebd., S. 202

Siegel Breisach aus: Schanno, Fritz: Ernstes und Heiteres aus Breisachs Vergangenheit und Gegenwart. Breisach 1999, S. 12

Hinrichtung Hagenbach aus: ebd., S. 14

Löwe mit Jungen aus: Glasmalerei aus Wimpfen im Tal, um 1300

Ansicht Breisach aus: Schanno, Fritz: Ernstes und Heiteres aus Breisachs Vergangenheit und Gegenwart. Breisach 1999, S. 11

Gervasius/Protasius aus: Wallfahrtsbüchlein des Johann Berkin, 1505 (Titelblatt) aus: Klein, Gerhard: Das Breisacher Sankt-Stephans-Münster. Breisach 2002, S. 28

## Heiliges und Heidnisches

Wappen Umkirch aus: John, Herwig (Red.): Wappenbuch des Landkreises Breisgau-Hochschwarzwald. Stuttgart 1994, S. 381

Stift St. Trutpert aus: Künzig, Johannes: Schwarzwald-Sagen. Jena 1930, S. 219

Klosterfrau beim Schreiben aus: Missale Lebucense. Lübeck um 1487

Breverl aus: Welker, Klaus: Volksfrömmigkeit im Erzbistum Freiburg. Mutzig (F) 1998, S. 5

Recluse aus: Borst, Arno: Alltagsleben im Mittelalter. Frankfurt 1983, S. 179

Unfall Johannes XXIII. aus: Aus einer Handschrift von 1414

Burg Schwarzenberg aus: Zeichnung von F. Lederle, 1891

Zisterzienserkloster Tennenbach aus: Steffens, Thomas (Red.): 1200 Jahre Neuershausen. March 1989, S. 53

Initialen Tennenbacher Güterbuch aus: AK Heimatkunde Emmendingen: Tennenbacher Klosterbesitz. Emmendingen 1990, S. 77

Glöcklehof-Kapelle aus: Doelfs, Isolde / Geiges, Leif: Bad Krozingen. Freiburg 1979, S. 18

Blick auf Sölden aus: Kern, Franz: Sölden – Geschichte eines kleinen Dorfes. Sölden 1995, S. 93

Hl. Fides aus: Geiges, Leif: Das Hexental. Freiburg 1983, S. 113

Töchter des Heidenhofbauern aus: ebd., S. 115

Selbsporträt F. L. Hermann aus: Kern, Franz: Sölden – Geschichte eines kleinen Dorfes. Sölden 1995, S. 79

## Naturwunder, Fauna und Flora

Mammut, Rekonstruktion aus: Futterer, Adolf: Achkarren am Kaiserstuhl. Achkarren 1969, S. 13

Limberg, Panorama aus: Ring, Malerische Ansichten (6)

Die Venusgrotte aus: Flamm, H. / Waibel, G. (Hrsg.): Badisches Sagenbuch. Freiburg 1898, S. 77

Alte Darstellung Saurier aus: Zimmermann, W.F.A.: Die Wunder der Urwelt. Berlin 1865, Vorsatzblatt

Paläotherium aus: Cox, Barry u.a.: Dinosaurier und andere Tiere der Vorzeit. München 1989, S. 254

Initiale mit Dinoskelett aus : Zimmermann, W.F.A.: Die Wunder der Urwelt. Berlin 1865, S. 1

Wappen Oberried aus: John, Herwig (Red.): Wappenbuch des Landkreises Breisgau-Hochschwarzwald. Stuttgart 1994, S. 292

Jungfrau + Einhorn aus: Treu, Ursula: Physiologus. Hanau 1981, S. 43

Kandelfelsen aus: Gerlach, Hildegard (Red.): Die Schwarzen Führer – Schwarzwald. Freiburg o.J., S. 178

Schlange aus: Treu, Ursula: Physiologus. Hanau 1981, S. 107

Scharferstein aus: Landesdenkmalamt Stuttgart: Stadt Staufen - Münstertal (Denkmaltopografie, Bd. III.1). Stuttgart 2002, S. 11

## Steine, Gebäude und Unterirdisches

Birchiburg aus: Meroth, Ekkehard / Berkemer, Susanne: Bad Krozingen. Freiburg 2008, S. 65

Rödelsburg aus: Landesdenkmalamt Stuttgart: Stadt Staufen – Münstertal, (Denkmaltopografie, Bd. III.1). Stuttgart 2002, S. 22

Wappen Litschgi aus: Doelfs, Isolde / Geiges, Leif: Bad Krozingen. Freiburg 1979, S. 85

Bergwerksarbeitenaus: Künzig, Johannes: Schwarzwald-Sagen. Jena 1930, S. 303

Hochburg: Ring, Malerische Arbeiten (3)

Wegweiser zum Thermalbad aus: Meroth, Ekkehard / Berkemer, Susanne: Bad Krozingen. Freiburg 2008, S. 178

Lichteneck aus: Ring, Malerische Ansichten (5)

Grundriss Neues Schloss Heimbach aus: Schmidt, Peter (Hrsg.): Teningen. Ein Heimatbuch. Teningen 1990, S. 329

Neues Schloss Heimbach: ebd.

Ritter Kuno aus: Gerlach, Hildegard (Red.): Die Schwarzen Führer – Schwarzwald. Freiburg o.J., S. 101

Berghausen aus: Schott, Clausdieter (Hrsg.): Ebringen, Herrschaft und Gemeinde, Bd. 1. Ebringen o.J., S. 115

Karte Geheimgänge aus: ebd., S. 86

St. Ulrich »Taufbecken« 1736 aus: Geiges, Leif: Das Hexental. Freiburg 1983, S. 55

Panorama St. Ulrich aus: ebd., S. 113

## Tragödien und Katastrophen

Panorama Elzach aus: Krumm, Erwin: Masken unserer Stadt Elzach. Stuttgart 1975, S. 8/9

Judenverbrennung aus: Schedelsche Weltchronik. Nürnberg 1493, CCXXXv

Jude mit Hut aus: Meyers Konversationslexikon. Leipzig 1893, Bd. 10, S. 341

Folterinstrumente aus: Süß, Rolf: Hochgericht und Lasterstein. Freiburg 1980, S. 49

Strafen aus: ebd., S. 53

Strafgeige aus: Schwarz, Peter (Red.): Beiträge zur Geschichte von St. Ulrich. Bollschweil 1993, S. 52

Landfahrer aus: Künzig, Johannes: Schwarzwald-Sagen. Jena 1930, S. 32

Unwetter aus: Paracelsus (Philippus Theophrastus von Hohenheim): Die große Wundarznei. Augsburg 1536, LVIv

Pestarzt mit Maske, Kupferstich von 1656, aus: Die Zeit, 11.8.1994, S. 50

Getreideernte aus: Steffens, Thomas (Red.): 1200 Jahre Neuershausen. March 1989, S. 107

Markgraf Jakob III. aus: Bahnke, Gerhard: Emmendingen im Jubiläumsjahr 1590–1990. Emmendingen 1990, S. 21

Steinkreuze aus: Schott, Clausdieter (Hrsg.): Ebringen, Herrschaft und Gemeinde, Bd. 1. Ebringen o. J., S. 218

## Magier, Teufel, Hexen und Geister

Hexenritt aus: Künzig, Johannes: Schwarzwald-Sagen. Jena 1930, S. 9

Hexe öffnet Weinfass aus: ebd., S. 10

Teufel und Frau: 6. und 7. Buch Moses (ND). Berlin 1984, Anhang o. S.

Teufel skurril: ebd., o. S.

Teufel aus Stein aus: Gerlach, Hildegard (Red.): Die Schwarzen Führer – Schwarzwald. Freiburg o.J., S. 149

Ansicht Kenzingen aus: AG für Heimatkunde: Kenzingen – Auszüge aus der Geschichte der Stadt Kenzingen. Bühl o.J., S. 52

St. Katharinenkapelle aus: Kurrus, Karl: Die St. Katharinenkapelle auf dem Kaiserstuhl. Endingen 1962, Titelseite

Mephisto und Faust, Staufen aus: Erdmann, Elisabeth (Hrsg.): Staufen im Breisgau. Freiburg 1989, S. 13

Zauberbuchinhalt Faust aus: Jebens, Klaus: Die Burg in Staufen und ihre Bewohner. Freiburg 1989, S. 77

Faust im Zauberkreis aus: ebd.

## Aus der Vorgeschichte

Skelett im offenen Grab aus: Mecking, Hans / Weber, Josef: Heimat am Oberrhein. Freiburg 1961, S. 30

Löffel mit Andreas aus: Mühleisen, Hans-Otto: Kunst am Kaiserstuhl. O.O. 2006, S. 32

Mithras Stieropfer aus: Holzapfel, Otto: Lexikon der abendländischen Mythologie. Freiburg 1993, S. 276

Rekonstruktion Römerbad aus: Brommer, Hermann u.a.: Merdingen - Rebdorf am Tuniberg reich an Geschichte und Kunst. Festschrift. München, Zürich 1989, S. 7

Karte Gündlingen aus: Bittel, Kurt: Die Kelten in Baden-Württemberg. Stuttgart 1981, S. 317

Murus Gallicus aus: ebd., S. 81

Römerkastell aus: Luckenbach, H.: Baden in Kunst und Geschichte. München, Berlin 1914, S. 23

Skelett mit Beigaben aus: ebd., S. 21

Alamannische Halskette aus: Futterer, Adolf: Achkarren am Kaiserstuhl. Achkarren 1969, S. 19

Frauengrab + Kleidung, Eichstetten aus: Hug, Wolfgang / Barghop, Dirk: Der Breisgau. Frankfurt 1991, S. 22

## Von Schreibern und Geschriebenem

Titel Grimmelshausen aus: Simplicissimus 1669

Hartmann v. Aue, Cod. Manesse aus: Merkle, Anton: Au im Hexental. Freiburg 1981, S. 23

Johann Wolfgang Goethe aus: Bahnke, Gerhard: Emmendingen im Jubiläumsjahr 1590–1990, S. 63

Cornelia Goethe aus: Neumann, Ludwig: Der Schwarzwald in Wort und Bild. Stuttgart o.J., S. 60

Jakob Michael Reinhold Lenz aus: Bahnke, Gerhard: Emmendingen im Jubiläumsjahr 1590–1990, S. 54

Rollwagen aus: Wickram, Jörg: Das Rollwagenbüchlein. O.O. 1557, Titelseite

Schloss Bollschweil aus: Fahl, Walter: Schönberg-Batzenberg-Panorama, Freiburg. o.J, S. 40

## Kaleidoskop der Originale

Herrmann Hoch: Gürth, Peter: Alte Heimat, neue Welt. Tübingen 2012, S. 156

C. F. Meerwein aus: Bahnke, Gerhard: Emmendingen im Jubiläumsjahr 1590–1990, S. 66

Ansicht Fotoatelier aus: Doelfs Isolde / Geiges, Leif: Bad Krozingen. Freiburg 1979, S. 90

Lorenz Ehrenbiet aus: Hecht, Ingeborg: Münstertal / Schwarzwald. Münstertal 1974, S. 193

Fastnacht Taganrufen aus: Krumm, Erwin: Masken unserer Stadt Elzach. Stuttgart 1975, S. 57

Emil Gött, Zeichnung aus: Auer, Gerhard A. (Hrsg.): Jechtingen am Kaiserstuhl. Sasbach 1992, S. 343

Harriet Straub: Badische Zeitung, 20.3.1992, S. 5

Franzele aus: Doelfs, Isolde / Geiges, Leif: Bad Krozingen. Freiburg 1979, S. 105

Herrmann Hoch: Gürth, Peter: Alte Heimat, neue Welt. Tübingen 2012, S. 156

# Personen- und Ortsregister

Gütermann, Alexandra 17
Gütighofen 126, 185
Guy Fawkes 34

Hachberg, Markgrafen von 27, 49
Hagenbach, Peter von 64, 67
Hannikel 56
Hansjakob, Heinrich 196
Hans-Jergen-Kreuz 74
Harelungen 49, 188
Häring, Johann 162
Hartheim 145
Hartmann von Aue 196
Hebel, Johann Peter 196
Hecker, Friedrich 218
Hecklingen 72, 121, 199
Heidenhof-Töchter 92
Heiligenberg, Schloss 80
Heimbach 30, 122, 166
Helena, Hl. 89
Herbolzheim 79
Herkules III.
    Herzog von Modena 13
Herrmann, Ludwig 92
Herrmann zu Zarten 134
Hesso, Abt 85
Heuweiler 20
Hexental 53, 164
Himmelreich
    Hexen 162
Hochburg 118
Hochdorf 108
Hoch, Hermann 226
Hochstetten 31, 63, 187, 189
Hofsgrund 155
Hohenems, Johann Hannibal
    von 48
Hohenheim, Theophrastus von
    (Paracelsus) 166
Hood, Robin 56
Horben 27, 58, 98, 99, 163, 220
Hornberg, Familie von 50
Höschel, Martin 145
Hoselips 39
Huchel, Peter 132, 214
Hug, Appolonia und Joseph 78
Hugenstein, Talvogt von 76
Hugo, Ritter von Staufen 110

Hummel, Karl Josef 138
Hunnen 178
Hus, Jan 82
Hutter, Andreas 15

Ihringen 107, 190, 194
Ingoldt, Michael 210
Innozenz, Hl. 85
Innozenz VIII., Papst 160
Isele, Philipp 102

Jahnke, Dargleff 20
Jakob III., Markgraf 152
James, Jesse 56
Jechtingen 179, 182, 189, 200, 222
Jennetal 97
Johannes der Täufer 76, 88
Johannes XXIII., Gegenpapst 82
Joyce, James 206

Kageneck, Graf von 74
Kaiserstuhl 49, 96, 106, 107, 183,
    189, 228
    Badberg 96
Kalmerwald 98
Kammerer, Edmund 34
Kandel 105, 115
    Hexen 162, 163
Kandelfelsen 80, 209
Kandelwald 168
Kappel 29, 55
    Kybbad 29
Karl August von Weimar, Her-
    zog 205
Karl der Kühne 64
Karl II., Markgraf 152
Karl V. 140
Kaschnitz, Marie Luise 210, 212
Kastelberg
    Hexen 163
Kästner, Erhart 132, 213
Katzenmoos
    Hexen 163
Keller, Franz 227
Keller, Irma 227
Kenzingen 46, 58, 65, 79, 85, 149,
    166, 170, 199, 200
Kiechler, Judith 210

*Personen- und Ortsregister*

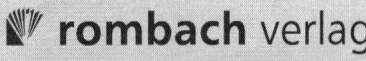